Böger · Erziehung und weibliche Identität

Claudia Böger

Erziehung und weibliche Identität

Zur Thematisierung der Geschlechterdifferenz in der pädagogischen Semantik

Deutscher Studien Verlag · Weinheim 1995

Über die Autorin:
Claudia Böger, Dr. phil., Dipl.-Päd., Jg. 58, ist in Forschung, Lehre und Erwachsenenbildung tätig.

Diese Arbeit ist als Dissertation unter dem Titel »Die Thematisierung der Geschlechterdifferenz in der pädagogischen Semantik mit Blick auf die Konstituierung weiblicher Identität« von der Kulturwissenschaftlichen Fakultät der Universität Bayreuth angenommen worden.

Die Deutsche Bibliothek – CIP-Einheitsaufnahme

Böger, Claudia:
Erziehung und weibliche Identität : zur Thematisierung der Geschlechterdifferenz in der pädagogischen Semantik / Claudia Böger. – Weinheim : Deutscher Studien Verlag, 1995
Zugl.: Bayreuth, Univ., Diss., 1993 u. d. T.: Böger, Claudia: Die Thematisierung der Geschlechterdifferenz in der pädagogischen Semantik mit Blick auf die Konstituierung weiblicher Identität
ISBN 3-89271-564-5

Herstellung der Druckvorlage: Gabi Plöger, 33178 Borchen
Druck: Druck Partner Rübelmann, 69502 Hemsbach
Seriengestaltung des Umschlags: Atelier Warminski, 63654 Büdingen
Printed in Germany

ISBN 3 89271 564 5

Inhaltsverzeichnis

Einleitung

Es gibt nicht „Menschen“, sondern wir sind Frauen oder Männer; und es gibt auch nicht einfach „Kinder“, sondern es gibt Jungen und Mädchen. Das ist der Sachverhalt, von dem diese Arbeit ausgeht und dem sie in der Sprache der Pädagogik nachgeht. Wir sprechen aber weithin über Erziehung, als ob es um „Menschen“ ginge und „Kinder“.

Die Themenformulierung läßt sich folgendermaßen erläutern: Der Begriff Thematisierung umfaßt die Artikulation wie auch die Bewußtmachung des Themas Geschlechterdifferenz. Unter pädagogischer Semantik werden zwei verschiedene Gesichtspunkte zusammengefaßt. Es geht primär um die Sprache über die Erziehung, also um die Begrifflichkeit, um

> „....diejenigen Figuren und Argumente, in denen wir sagen, wie und wozu die nachkommende Generation zu erziehen ist.“ (Prange, 1990:18)

Prange erläutert diesen Aspekt pädagogischer Semantik folgendermaßen:

> „Gemeint ist damit nicht nur die Rede derjenigen, die professionell über Erziehung sprechen, sie beschreiben, erklären, deuten, sondern auch und vor allem die Rede derjenigen, die sich berufen und gedrängt sehen, der Erziehung allgemein und insonderheit der Schule, den Medien, der Literatur, der öffentlichen Sphäre erzieherische Aufgaben und Programme, aber auch Tabus und Grenzen zuzudenken oder gar vorzuschreiben. (...) Diese Gemengelage von Alltagswissen, sensus communis und common nonsense, Berufswissen der praktischen Pädagogen und Professionswissen des pädagogischen Establishment soll pädagogische Semantik genannt werden.“ (Prange, 1989:126)

In der Art und Weise, wie über Erziehung geredet wird, drückt sich aus, wie wir über Erziehung denken und wie wir letztlich erziehen. Dieser Begriff der pädagogischen Semantik wird in der vorliegenden Arbeit um den Aspekt des erzieherischen Sprechens erweitert, das heißt: um die Sprache in der Erziehung. Das erzieherische Sprechen wird im Gegensatz zur Sprache über die Erziehung zwar nicht systematisch analysiert, aber es fließt immer wieder unter dem Aspekt ein, daß immer, wenn erzogen, auch gesprochen wird. (Loch, 1970) Mit Mädchen und Jungen wird direkt geredet, pädagogische

Slogans (Scheffler, 1971) fließen ein. Beide Aspekte der pädagogischen Semantik hängen miteinander zusammen, denn entsprechend der These Humboldts (1767-1855) von der Sprachgebundenheit des Handelns strukturiert das Begreifen der Wirklichkeit (in der Begrifflichkeit) das Ergreifen der Wirklichkeit (in der erzieherischen Rede).

Folgende These ist Ausgangspunkt dieser Arbeit: Indem die pädagogische Semantik mit der Einheitsformel „Mensch"/"Kind" operiert, entscheidet sie sich de facto für die männliche Seite. Unter dem Mantel dieser „neutralen" Semantik verbergen sich unterschiedliche Wahrnehmungen und Erwartungen bei Beratenden in der Erziehung und Erziehenden, je nachdem ob ein Mädchen oder ein Junge gemeint ist. Und auch in das erzieherische Reden geht, obschon die Pädagogik mit der Einheitsformel operiert, eine Ungleichheitserwartung ein, die sich am biologischen Geschlecht orientiert und so auf die soziale Dimension der Geschlechtszugehörigkeit verweist. Intention dieser Arbeit ist es, diesen (verleugneten) Unterschied sichtbar zu machen und die praktischen Folgen der begrifflichen Egalisierung aufzuzeigen. Denn um sozialen Ausgleich zu schaffen, muß der Unterschied beleuchtet, statt wie bislang durch Einheitsformeln verdeckt werden. Gezeigt wird dies nicht an den „großen" Theorien, sondern an durchschnittlichem Material, wie der Sprache der Gesetze, der Gesetzestexterläuterungen und vor allem der Beratungssprache. Die Arbeit bezieht sich über Sprache auf Erziehung unter der Voraussetzung, daß Erziehung und Sprache zusammengehören: Wie wir über Erziehung und in der Erziehung reden, darin dokumentiert sich unser Erziehungsverständnis, das selbst soziale Wirklichkeit erzeugt. Denn über die pädagogische Semantik wird die für die Identitätsgenese wichtige Selbst- und Fremdzuschreibung von Eigenschaften und Fähigkeiten maßgeblich beeinflußt. Das bedeutet aber auch, daß durch die inhaltliche Bestimmung vom Mann- und Frausein, die sich im Erziehungsverständnis dokumentiert, die Möglichkeit einer von Geschlechterstereotypen freien Entwicklung und Entfaltung der individuell je unterschiedlichen Persönlichkeit verstellt wird. Daß dies vor allem negative Konsequenzen für die Entwicklung der weiblichen Identität birgt, soll gezeigt werden.

Die Thematisierung der Geschlechterdifferenz mit Blick auf die Problematik der Konstitution weiblicher Identität ist nicht neu: Vielmehr gibt es eine lange, wenn auch verdrängte Tradition in der Pädagogik, die Geschlechterdifferenz unter einem emanzipatorischen Aspekt zu behandeln. Bereits Mathilde Vaerting, erste Professorin für Erziehungswissenschaft in Deutschland (Jena 1923-1933), beleuchtete „weibliche Aspekte" und erklärte die Geschlechtstypik nicht allein durch angeborene Verschiedenheit, sondern als ebenso gesellschaftlich bedingte.[1] Unter Einbeziehung anthropologischer, ethnographischer und soziologischer Literatur kommt ihre Analyse typischer Merkmale von Männer- und Frauenherrschaften zu dem Schluß, daß das jeweils herrschende Geschlecht, ebenso wie das beherrschte, bestimmte, durch die Herrschaft determinierte Eigenschaften annimmt; d.h. sie greift auf den Einfluß soziokultureller Faktoren zurück:

„Ein exakter Vergleich von Mann und Frau, welcher die wirklichen angeborenen Geschlechtsunterschiede aufdecken will, fordert als erste Vorbedingung eine neue Vergleichsbasis. Es dürfen nur Geschlechter verglichen werden in völlig gleicher Lage, also Männer bei männlicher Vorherrschaft mit Frauen bei weiblicher Vorherrschaft, oder Frauen bei männlicher Vorherrschaft mit Männern bei weiblicher Vorherrschaft oder Männer und Frauen bei völliger Gleichberechtigung der Geschlechter." (Vaerting, 1921:1)

Ein solches Vorgehen offenbart

„...... das überaus wichtige Grundgesetz, daß die heutige weibliche Eigenart in ihren Hauptlinien durch den Männerstaat bestimmt wird und ihre genaue und vollkommene Parallele hat in der männlichen Eigenart im Frauenstaat." (Vaerting, 1921:2)

Die Eigenschaften von Männern und Frauen sind bei Vaerting demnach austauschbar; die Prämisse von je unterschiedlichen Geschlechtscharakteren ebenso fragwürdig wie geschlechtsspezifische Attribuierungen. Wenn Unterschiede auf der Phänomenebene bestehen, werden sie von ihr durch unterschiedliche Sozialisationen und Erwartungshaltungen erklärt. (vgl. Kraul, 1987) Ihrem Versuch, sexistische Strukturen in der Wissenschaft aufzudecken, wird von der zeitgenössischen pädagogischen (Männer)-Zunft jedoch ebenso wenig Beachtung geschenkt wie ihrer Kritik an der Erziehung der Frau zu einem Ideal „einseitig generativer Art". (Vaerting, 1923 in: Kraul, 1987:483) Das Differenzproblem findet keine Beachtung und geht nicht in die Theoriebildung ein.

Angesichts all dessen, was in der Hitlerzeit verdrängt, verboten und vernichtet worden war, zieht sich die Pädagogik in den 50er Jahren auf die Sicherung, Neufundierung, Wiedergewinnung eines für die Erziehung maßgebenden Menschenbildes zurück.

„Wie ist der Mensch zu verstehen, sein Lernen, um ihn zu erziehen, und wie ist die Erziehung zu verstehen und einzurichten, um das Menschliche des Menschen zur Erscheinung zu bringen?" (Prange, 1991:5)

Der Blick auf die sich neu formierende soziale Wirklichkeit ist weitgehend verstellt, und so bleibt auch das Thema Geschlecht und Erziehung unberücksichtigt – es geht vorrangig um den Menschen, nicht um Mädchen und Jungen.

In den 60er Jahren wird die analytisch-empirische Pädagogik – als historisch fällige – durch Roth mit dem Ziel eingeleitet, die „realistische Wendung der Erziehungswissenschaft“[2] zu ermöglichen. An die Stelle der Orientierung an einem wie auch immer konstruierten Menschenbild tritt die Orientierung an den gesellschaftlichen Funktionen der Erziehung mit der Intention:

„Aufhebung der Klassen, Zerstörung des Schleiers von der nivellierten Mittelstandsgesellschaft, Erschließung aller Zugänge für die Benachteiligten und Lohnabhängigen, die sprachlich und kulturell Unterprivilegierten....“ (Prange, 1991:7)

Diese kritische Wende thematisiert die Differenz von arm und reich, von oben und unten. Das Thema Geschlecht und Erziehung spielt aber weiterhin eine eher randständige Rolle. Die Unterprivilegierung der Frau wird einzig auf ihre benachteiligte sozio-ökonomische Stellung reduziert. Dies birgt die trügerische Hoffnung, mit der Beseitigung der „oben-unten“ Differenz verschwinde diese ganz automatisch.

Gegen Ende der 60er Jahre formiert sich die „Neue Frauenbewegung“, deren Theorie der Feminismus ist (Pusch, 1983). Sie orientiert sich an zwei Zielen, wie sie beim Workshop „Feministische Perspektiven“ in Groningen 1984 formuliert wurden:

„(1) Gleichheit, Würde und Entscheidungsfreiheit für Frauen auf der Basis der Kontrolle der Frauen über ihr eigenes Leben und ihren Körper, innerhalb wie außerhalb des Hauses;
(2) Beseitigung aller Formen von Ungleichheit, Herrschaft und Unterdrückung durch die Schaffung einer gerechteren sozialen und ökonomischen Ordnung, national und international.“ (zit. in: List, 1989:10)

Initiiert und getragen von der Frauenbewegung kommt es zu einer immer stärker werdenden Problematisierung der Geschlechterhierarchie. Am tatsächlichen Ungleichverhältnis von Männern und Frauen ändert sich jedoch nicht viel. Trotz der Erfolge, die bei der formalen Gleichstellung der Geschlechter erzielt werden, ist die berufliche und familiäre Situation der Frauen durch einen eklatanten Widerspruch von Gleichheitserwartung und Ungleichheitswirklichkeit gekennzeichnet. (vgl. Seidenspinner/Burger, 1982; Metz-Göckel/ Müller, 1986; Beck, 1990) Es bleibt die Erkenntnis, daß formale Gleichheit allein nicht ausreicht, um eine tatsächliche Anerkennung der Geschlechter jenseits von Hierarchie durchzusetzen und wirksam werden zu lassen (Prengel, 1987). Vielmehr stellt sich die Frage, ob nicht Ungleichheit z.B. in die öffentliche Erziehung investiert werden muß, um öffentliche Gleichheit herzustellen.

Die Aufnahme der sogenannten Frauenfrage[3] in die Pädagogik an derzeit zentraler Stelle läßt sich mit dem Charakter der Erziehungswissenschaft selbst erklären, die aktuelle Themen von Dringlichkeiten aufgreift, um darauf pädagogisch zu reagieren. Entsprechend stammt die „Frauenfrage" nicht aus der fachwissenschaftlichen pädagogischen Diskussion, sondern aus der gesellschaftlichen Lage der Frau in Industrieländern Westeuropas. Feministische Pädagogik ist kein eigenständiges Teilgebiet der Erziehungswissenschaft. Vielmehr greift sie horizontal zu deren Einzeldisziplinen das Verhältnis der Geschlechter als Frageperspektive auf – und nicht nur als einen Forschungsgegenstand.

Die Arbeit gliedert sich in insgesamt vier Kapitel. Kapitel I behandelt sozialwissenschaftliche Aspekte der Identitätsgenese. Identität und Erziehung gehören zusammen, denn Ziel der Erziehung war und ist die Identität. Deshalb muß die Erziehungswissenschaft an den Theorien interessiert sein, die sich mit der Identitätsgenese befassen. Im Gewand unterschiedlicher Termini zieht sich der Identitätsbegriff durch die Geschichte der Pädagogik. Er erscheint beispielsweise als Prinzip der Individualität bei Humboldt (1767-1855) und ist kennzeichnend für dessen Bildungsgedanken. Humboldt forderte die Bildung des Menschen zum Menschen (vgl. Tenorth, 1988:121ff.):

„..der einzelne soll möglichst selbst zur ‚Menschheit' werden, er soll ‚Eigentümlichkeit ohne Einseitigkeit' haben. Jedoch wie beim Kunstwerk muß in der Mannigfaltigkeit gerade die Einheit gewahrt bleiben, d.h. das Ich soll eine möglichst vielgliedrige Ganzheit, eine Totalität sein." (Reble, 1989:194)

Diese Ausprägung des eigenen Wesens, die Ausbildung der Individualität betrachtete er als unmittelbarste Pflicht des Menschen. Was der Individualität jedoch zugrunde liegt, ist

„...etwas an sich Unerforschbares, Selbständiges, seine Wirksamkeit selbst Beginnendes, und aus keinem der Einflüsse, welche es erfährt, (...) Erklärbares." (Humboldt zit. in: Meyer, 1979:203)

Bei Schleiermacher (1768-1834) erscheint der heutige Identitätsbegriff als „persönliche Eigentümlichkeit des Einzelnen":

„Wenn wir den Menschen in seiner persönlichen Vollkommenheit betrachten am Ende der Erziehung, so muß jeder Einzelne in dem Ganzen durch eine eigentümliche Bestimmtheit sich von allen anderen, wenn auch nur graduell, unterscheiden, so daß der Grad, in welchem er persönlich eigentümlich ausgebildet ist, zugleich das Maß für die Vollkommenheit seiner Entwicklung überhaupt ist. ... Das Ende der Erziehung ist die Darstellung einer persönlichen Eigentümlichkeit des Einzelnen." (Schleiermacher zit. in: Schmidt, 1979:229/30)

Erziehung kann also fördernd, unterstützend in den Prozeß der Selbstbildung, der Eigentümlichkeits- oder Identitätsgenese eingreifen. Sie kann dazu beitragen, das Potential, d.h. die Fähigkeiten und Möglichkeiten der Mädchen und Jungen zu erkennen und zu nutzen. In diesem Sinn ist Identität, Charakter, Selbst etwas, das nicht primär in, sondern vor der Person liegt und als (pädagogische) Aufgabe betrachtet werden kann. (vgl. Prange, 1981) Ziel einer solchen Auffassung von Erziehung ist die Selbständigkeit des Individuums, Schicksal der zugehörigen Erziehungspraxis ist es, ihr eigenes Ende zu intendieren:

„Die Finalität der pädagogischen Praxis, ihr eigenes Ende zu intendieren, folgt aus der Dialektik der beiden ersten Prinzipien pädagogischen Denkens und Handelns, an die Bildsamkeit der Erziehungsbedürftigen dadurch anzuknüpfen, daß diese zur Selbsttätigkeit aufgefordert werden, und die pädagogische Ausübung von Autorität an die Autorität der Zu-Erziehenden abzutreten. Im Sinne dieser Dialektik der die interaktive Seite der pädagogischen Praxis bestimmenden Prinzipien ist pädagogisches Handeln nur dort erlaubt, wo der Zu-Erziehende der Fremdaufforderung zur Selbsttätigkeit bedarf, muß Erziehung stets dort ihr Ende herbeiführen, wo die Fremdaufforderung zur Selbsttätigkeit in eine Selbstaufforderung übergehen kann." (Benner, 1991:72)

Generell kann die Identität oder das Ich einer Person nur aus der Einheit von Geist und Körper entstehend gesehen werden, d.h. nicht losgelöst vom Leiblichen der Person. (vgl. z.B. Prange, 1981; Macha, 1989) Identitätsgenese in einer solchen Ganzheitlichkeit zu behandeln, würde jedoch den Rahmen dieser Arbeit sprengen. So wird auf einen für die Fragestellung wesentlichen Aspekt fokussiert; nämlich, wie die Deutung der sozialen Wirklichkeit die Identitätsgenese beeinflußt. In Augenschein genommen wird vor allem die Bedeutung der Wechselbeziehung zwischen dem Ich und anderen, dem Ich und der Welt als Voraussetzung dafür, daß sich ein Ich bilden und sich eine überdauernde Identität entwickelt. (vgl. Macha, 1989:11) Prämisse ist, daß die soziale Bezogenheit der Menschen ein konstituierendes Merkmal der Identität einer Person ist. Theorien, die diesen Aspekt behandeln, wurden aber vor allem in der Soziologie und Sozialpsychologie entwickelt. So erklärt es sich, daß in Kapitel I nicht spezifisch pädagogische, sondern „klassische" sozialwissenschaftliche Theorien rezipiert werden. (in der Reihenfolge ihrer Behandlung in dieser Arbeit: Allport, 1937, 1961; Piaget, 1932; Kohlberg, 1974; Mead, 1934; Goffmann, 1963; Strauss, 1959) Diese sind für die vorliegende Arbeit insofern unverzichtbar, als vor ihrem Hintergrund Identitätsgenese prinzipiell verstanden werden kann. Deutlich zeigt sich aber auch in Kapitel I, daß die vorgestellten Identitätskonzepte das Problem der weiblichen Identität nicht zureichend thematisieren; d.h. sie berücksichtigen die Geschlechterdifferenz nicht in der Weise, daß sie zentral in die Konstitution von Identität eingeht. Vielmehr wird die weibliche Identität unter einen generellen, d.h. männlichen Identitätsbegriff subsummiert. Die Thematisierung des Zusammenhangs von Geschlechterdifferenz und Identität, d.h. die Berücksichtigung einer spezifisch weiblichen Identität, ist jedoch Voraussetzung für eine an den Interessen von Mädchen und Frauen orientierten erzieherischen Praxis.

In Kapitel II geht es deshalb um Geschlechterdifferenz und Identität. Folgendes wird gezeigt: Die Geschlechterdifferenz hat sich historisch in gesellschaftlichen Strukturen, aber auch in symbolischen Ordnungen Geltung verschafft. Indem sich Attribuierungsprozesse als Resultate kognitiver Deutungen bis heute an dieser symbolischen Ordnung kultureller Zweigeschlechtlichkeit orientieren, tragen sie maßgeblich zu einer differentiellen Identitätsgenese von Mädchen und Jungen, Frauen und Männern bei. Denn Prozesse der Selbst- und Fremdwahrnehmung haben entscheidenden Einfluß auf Lern- und Sozialisationsvorgänge und somit auf die Entwicklung der Identität, da das Verhalten einer Person in weitestgehendem Maße dadurch bestimmt wird, welche Eigenschaften sie sich selbst zuschreibt und welche Absichten sie in der Interaktion mit anderen diesen zuschreibt. Attribuierungsprozesse erzeugen eine soziale Wirklichkeit, da die Handlungen vor allem durch Vorstellungen und nicht durch realitätsgetreue Abbildungen ausgelöst werden. So beeinflussen alltagstheoretische Vorstellungen von dem, was „männlich" oder „weiblich" ist, maßgeblich die Identitätsgenese von Mädchen und Jungen – mit folgenschweren Konsequenzen für die Mädchen.

Im Einzelnen wird in diesem Kapitel folgender argumentative Weg beschritten: Zunächst erhellt die Behandlung historischer und zeitgeschichtlicher Aspekte des Begriffs „Weiblichkeit", warum in den in Kapitel I behandelten sozialwissenschaftlichen Identitätstheorien die „weibliche Identität" keine besondere Berücksichtigung findet, sondern von dem „Modell Mensch", verstanden als Mann, männliches Kind oder männlicher Jugendlicher ausgegangen wird: Durch die bürgerliche Moral kam es zur Überformung der Kreatürlichkeit weiblicher Natur und damit zur Begrenzung des Menschseins der Frau. (vgl. z.B. Beauvoir, 1968; Zinnecker, 1973; Steinbrügge, 1983; Schlüter, 1987; Schmid, 1987; Schröder, 1990) Symbolische Grundmuster, die die Weiblichkeitsideologie mitbestimmten, waren die Rolle der Dame, der Gattin und der Mutter. Tugenden wie „Demut" und „Sanftheit" wurden positiv verstärkt, selbst wenn diese realiter den zu bewältigenden Aufagben entgegenstanden – wie beispielsweise bei den proletarischen Frauen. Sie fungierten als Idealbild und verhinderten die Verbreitung anderer, selbstbewußterer Haltungen. Letztlich wurden Frauen zu „Spezialistinnen des subjektiven Urteils" (Nölleke, 1985:162) sozialisiert und stilisiert. Noch heute rechtfertigt der normative Charakter fortbestehender bürgerlicher Weiblichkeitsideologie die Ausgrenzung der Frau aus zentralen Bereichen des Arbeitsmarktes und führt zu einer damit einhergehenden normativen Sicherung von Privilegien. (Abschnitt II.1.1) So ist auch momentan die Situation von Frauen nach wie vor durch einen eklatanten Widerspruch von Gleichheitserwartung und Ungleichheitswirklichkeit (Beck, 1990) gekennzeichnet. (II.1.2)

Diese Situation spiegelt sich in intensiven Auseinandersetzungen mit dem Begriff „Weiblichkeit“ wider, der sich gegenwärtig in zum Teil stark divergierenden Konzeptionen niederschlägt. (vgl. z.B. Rich, 1979; Gilligan, 1982; Brownmiller, 1984; Daly, 1986; Schaeffer-Hegel, 1987; Wildt, 1987) Zugestimmt wird Konzeptionen, die in der kritischen Analyse der gegenwärtigen Situation von Frauen einen Weg sehen, zu einer fundierten Kritik und neuen Perspektiven zu gelangen. Kritisiert wird in dieser Arbeit hingegen die ausschließliche Favorisierung einer „Neuen Weiblichkeit“, in der das Weibliche Synonym für die Verkörperung alles Positiven ist und damit diese Bewegung in die Nähe einer „Geschlechtermetaphysik mit umgekehrten Vorzeichen“ (List, 1989) rückt. (II.1.3)

Geleitet von der Intention, die durch patriarchale Denkkategorien geschaffenen Begrenzungen etablierter wissenschaftlicher Dogmen zur Identitätsgenese aufzuzeigen, formierte sich in Form feministischer Theorie, was historisch überfällig war: eine andere Sicht. Im zweiten Teil des Kapitels werden drei Facetten eines solch traditionsfernen, innovativen feministischen Blickwinkels vorgestellt: Zunächst wird mit Gilligan (1982) eine für Mädchen und Frauen andere, nämlich weibliche Entwicklung und Moral aufgezeigt. Nicht Autonomie, sondern Verantwortung erweist sich als die Maxime weiblichen Handelns. Generell lenkt Gilligan mit ihren Arbeiten die Aufmerksamkeit auf das grundsätzliche Fehlen der weiblichen Lebenserfahrung in empirischen Untersuchungen und verdeutlicht somit, daß nur durch das Aufgreifen der sozialen Realität auch der „anderen“ Hälfte der Menschheit zu einer wirklichkeitsnäheren Gesamttheorie menschlicher Entwicklung gelangt werden kann. (II.2.1)

Danach verweist die Übertragung der Goffman'schen Stigmatheorie (1963) auf den weiblichen Lebenszusammenhang auf eine durch das männliche Wertesystem bestimmte Öffentlichkeit, in der Weiblichkeit als natürliches Stigma und damit implizit als Zeichen „beschädigter Identität“ – so die Metaphorik Goffmans – betrachtet wird. Als Konsequenz werden Frauen von vollständiger sozialer Akzeptanz ausgeschlossen. Denn Normalität und Abweichung werden an der Institutionalisierung von Weiblichkeit gemessen, und die damit verbundene Normalitätserwartung wird durch das Netz gesellschaftlicher Kontrolle gestützt. (II.2.2)

Abschließend wird gezeigt, wie die feministische Weiterentwicklung der Sozialisationstheorien auch zu einer „anderen Sicht“ des Erwerbs von Geschlechtsidentität führt. In einer um sozialhistorische und soziologische Überlegungen erweiterten psychoanalytischen Deutung wird die geschlechtsspezifische Arbeitsteilung in Familie und Gesellschaft als auslösendes Moment für die Entwicklung unterschiedlicher Geschlechtscharaktere bei Jungen und Mädchen gesehen, die letztlich bei den Frauen zur Reproduktion der Mütterlichkeit beitragen. (vgl. Harding, 1989; Chodorow, 1990) Mit Hagemann-White (1984) wird die Signifikanz einer soziokulturellen Welt, in der die kulturelle Zweigeschlechtlichkeit zentrales Ordnungsprinzip ist, für das Heranwachsen der Kinder unterstrichen. Das durch diese symbolische Ordnung hervorgerufene altersabhängige Normbewußtsein führt zur Entwicklung eines typisch männlichen und weiblichen Sozialcharakters (vgl. hierzu auch Macha, 1992), wobei die Verwirklichung einer eigenen, nicht-angepaßten Identität für Mädchen höchst riskant ist. In diesem Zusammenhang zeigt sich immer deutlicher, daß sich mit Chancengleichheit allein dieses Problem nicht lösen läßt, sondern nur mit einem veränderten freien Rollenverständnis. (vgl. hierzu z.B. Kuhn, 1980)/(II.2.3)

Im dritten Teil des Kapitels werden die für diese Arbeit außerordentlich wichtigen attributionstheoretischen Konzepte (z.B. Kelley, 1967; Rosenthal/Jacobsen, 1968) aufgegriffen. Die Identität stellt sich auch hier über Beziehungen her, aber die Individuen definieren sich über die Deutungen der Konstellation, nicht über eine wirklichkeitsgetreue Abbildung der Realität. (II.3.1) Die Übertragung attributionstheoretischer Ergebnisse auf die Geschlechterproblematik (vgl. z.B. Dweck/Götz, 1978; Enders-Dragässer/Fuchs, 1988; Hemmerich, 1987; Mühlen-Achs, 1987) verdeutlicht, daß die für die Lehrpersonen wahrnehmbare Geschlechterdifferenz den schulischen Lehr- und Lernprozeß maßgeblich beeinflußt. Durch die unbewußte Präsenz der in den Vorstellungen fest verankerten Rollenstereotype „Weiblichkeit“ und „Männlichkeit“ werden nicht nur die Wahrnehmungen der Lehrpersonen beeinflußt, sondern darüber hinaus die kognitiven Prozesse der Leistungsattribuierung. Unterschiedliche Attribuierungen, die z.B. gute Leistungen der Mädchen auf das Ergebnis von Fleiß reduzieren, beeinträchtigen zwangläufig das Selbstwertgefühl von Mädchen. So werden häufig unbewußt die in den weiblichen und männlichen Sozialcharakter hineininterpretierten und damit determinierenden Unterschiede weiter fortgeschrieben. Die Attribuierungen werden auch in der Konstruktion des Konzeptes einer „weiblichen Identität“ wirksam. Sie erzeugen eine Wirklichkeit, da die Handlungen vor allem durch Vorstellungen und nicht durch realitätsgetreue Abbildungen ausgelöst werden. So kann die Vorstellung „Eine Frau strebt keine Führungsposition an“ eine Wirklichkeit im Sinne der „self-fullfilling-prophecy“ schaffen. (vgl. hierzu auch Watzlawick, 1977) Attributionen sind Symbolisierungsvorgänge; Männer mit grauen Schläfen oder blonde Frauen sind nicht tatsächlich durch spezifische Eigenschaften, wie die des „Charmeurs“ oder die der „kessen Blondine“ gekennzeichnet, aber sie werden ihnen zugeordnet und Assoziationen werden geweckt. Diese, eine soziale Wirklichkeit konstruierenden Prozesse erfolgen durch die Semantik und resultieren in der individuellen Verankerung gesellschaftlicher Leitbilder von Männlichkeit und Weiblichkeit. (II.3.2)

Kapitel III deckt geschlechtsspezifische Attribuierungen in der pädagogischen Semantik und damit im Erziehungsverständnis selbst von professionell Beratenden auf. Sowohl in Gesetzestexten und Gesetzestexterläuterungen als auch in weit verbreiteten Erziehungshilfen mit beratender Funktion für Eltern kommt es unter dem Mantel einer „neutralen“ Kind- und Jugendlichensemantik zur Reproduktion von Geschlechterrollenstereotypen mit inhärent pejorativer Konnotation bzgl. der Mädchen und jungen Frauen. Die inhaltliche Sprachanalyse zeigt deutlich, daß selbst da, wo professionell beratende Personen sich ausdrücklich darum bemühen, den Realitätsgehalt der Wesenskategorien weiblich-männlich infrage zu stellen, dennoch veraltete, internalisierte Rollenklischees wirksam werden. Wenn aber als Erziehungsleitfaden gedachte pädagogische Semantik von solchen geschlechtstypischen Attribuierungen durchdrungen ist, so muß das Auswirkungen auf das erzieherische Sprechen und Handeln der Eltern haben und kann hierdurch zu einer „Deformation in der Persönlichkeitsentwicklung von Mädchen“ (Kuhn, 1980) führen.

Bevor jedoch die Analysen der Erziehungssemantik öffentlicher Einrichtungen dargestellt und ihre Ergebnisse interpretiert werden, wird zunächst die Bedeutung der Sprache für das Erziehungsverständnis aufgezeigt. Erziehung ist ohne Sprache nicht denkbar. Die Verwirklichung der Erziehung kann als sprachliche Interaktion gedeutet werden, wobei die kommunikative Funktion der Sprache als soziale Vermittlerin von Handlungsintentionen fungiert. (vgl. Loch, 1970; Prange, 1981) In der Sprache und durch sie vollzieht sich die Entfaltung des kindlichen Bewußtseins. Sie ist maßgebliches Vehikel für die Weltwahrnehmung des Kindes (Loch, 1968) und leistet als Medium der Erfahrung eine Vorinterpretation der Wirklicheit durch die Perspektiven, die sie bereits enthält. Das schon bestehende Sprachgebäude des Elternhauses, in das ein Kind hineinwächst, ist demzufolge von fundamentaler Bedeutung, da hiervon abghängt, wie ein Kind in der Folge die Welt erlebt und zu ihr Position bezieht.

In der Sprache sind auch gesellschaftliche Wertvorstellungen kodifiziert, die den Mädchen und Jungen im Sprachgebrauch des Elternhauses oder auch im Interaktionsgeschehen, beispielsweise der Schule, im erzieherischen Reden begegnen. Sie fließen nahezu unbemerkt ein und beeinflussen so die Identitätsgenese, da überall, wo erzogen, auch gesprochen wird. Akte des Benennens geschehen jedoch nicht willkürlich, sondern wie soziale Akteure einander und ihre Umwelt definieren, ist eine Frage der Macht, genauer: ihrer Definitionsmacht durch die Sprache. (vgl. Becker, 1981; Schräpel, 1985; Hubbard, 1989) Sprachanalyse wird somit synonym zur Gesellschaftsanalyse. (Berger/Kellner, 1965) Was ein Wort, ein Signifikant, in einem bestimmten Augenblick bedeutet, hängt jedoch von den Diskursbeziehungen ab, innerhalb derer er seinen Platz hat. Das heißt, die Schaffung alternativer Diskurse kann mit dazu beitragen, neue Weiblichkeitsmodelle zu entwerfen. (vgl. Weedon, 1991)/(III.1)

Anschließend wird in einem Exkurs auf die Sprache als Gegenstand feministischer Forschung eingegangen. (vgl. Guentherodt, 1982; Trömel-Plötz, 1982, 1987; Werner, 1983; Pusch 1984, 1990; Hellinger, 1985) Anhand von Ergebnissen der feministischen Linguistik wird nachgewiesen, daß der semantische Raum im Deutschen durch die männliche Perspektive dominiert und von ihr durchdrungen ist. Das Sprachsystem referiert auf eine männliche Dominanz, weshalb weitaus mehr Chancen des Gemeintseins und Identifiziertwerdens für Männer als für Frauen bestehen. Entsprechend wird die Assoziation „weiblich“ sprachsystematisch erschwert, ebenso das Auffinden von Möglichkeiten des Selbstausdrucks für Mädchen und Frauen. (Klann, 1978) Gefolgert wird, daß die Sprache als entscheidende Sozialisationsinstanz somit die Konstruktion einer Wirklichkeit unterstützt, die die Repräsentanz von Frauen ignoriert und die Ungleichheit zwischen den Geschlechtern perpetuiert.

In den Ausführungen zur Bedeutung der Sprache für das Erziehungsverständnis sowie im Exkurs zur „Sprache als Gegenstand feministischer Forschung“ wird gleichzeitig die Basis für die pädagogische Analyse der öffentlichen Erziehungssemantik geschaffen. Das „Bild Mädchen“ wird zum einen in Gesetzestexten, entsprechenden Kommentaren und Auslegungen rekonstruiert, zum anderen in einer weitverbreiteten Erziehungshilfe für Eltern von ein- bis sechsjährigen Kindern – den Peter-Pelikan Heften. Es zeigte sich, daß im juristischen Bereich nur über geschlechtsneutrale Kinder und Jugendliche gesprochen wird. Aber der „Schutz“ bzw. die Kontrolle von Mädchen bemißt sich an anderen Normen und moralischen Wertvorstellungen als bei Jungen und verweist damit deutlich auf die Wahrnehmung einer Geschlechterdifferenz seitens der Rechtsprechung. Durch diese „neutrale" Semantik bleibt die Reproduktion von Rollenstereotypen verborgen. (III.2.1)

Die weitaus umfassendere und detailliertere Analyse der Peter-Pelikan Hefte zeigt einerseits das Bemühen, die dem Geschlecht zugeordneten stereotypen Rollen und die daran geknüpften Verhaltensmaßregeln aufheben zu wollen. Andererseits enthüllt die Analyse der „neutralen" Kind- und Referenzsemantik, der über Abbildungen, Textbeispiele, Prädikate, Adjektive und Adverbien vorgenommenen Attribuierungen sowie der Spielzeugauswahl in Text und Bild ein zugrunde liegendes Mädchen- und Jungen- als auch Mutter- und Vaterbild, das konventionelle Rollenklischees festschreibt und zu einer Weiblichkeitskonstruktion führt, die grundsätzlich die Aktivitäten von Mädchen jenseits stereotyper Bilder verdeckt. Dieser Widerspruch zwischen Intention und Realisierung spiegelt eine Diskrepanz in den Kognitionen der Beratenden wider: Rollenstereotype zu überwinden, gelingt nur, wenn die Geschlechtsrollenproblematik direkt thematisiert wird. Dann kommt es zu bewußten Gegenattribuierungen. In all den anderen Fällen, in denen sich nicht direkt auf die Geschlechterfrage bezogen wird, werden jedoch – vermutlich außer-bewußt – geschlechtstypische Attribuierungen vorgenommen. Die Analyse der Elternbriefe zeigt somit deutlich, wie die Beratenden, die den Eltern ihre Kinder verständlich machen, in die eigene Geschichte ihrer Erziehung verstrickt sind und ihr internalisiertes Verständnis von Geschlechtlichkeit in ihr Beratungskonzept einfließt. So entsteht eine Diskrepanz zwischen fortschrittlicher Intention (der Beratenden) und mädchendiskriminierender erzieherischer Praxis (der Eltern). (III.2.2)

In Kapitel IV wird deshalb abschließend der Frage nachgegangen, wie sich ein aufgeklärtes Verständnis von Erziehung mit Blick auf die Geschlechterdifferenz in wirkliche Handlungen und Verhaltensweisen übersetzen läßt. Natürlich kann dieses Thema hier nicht erschöpfend behandelt werden. Hierzu bedürfte es einer eigenen Arbeit. Vielmehr werden ausgehend vom theoretischen Rahmen und der inhaltlichen Sprachanalyse einige Gedanken skizziert, wie das traditionelle Konzept weiblicher Identität aufgebrochen werden kann, damit es zum „Aufbruch der Weiblichkeit" kommt.

Zunächst muß am Erziehungsverständnis der Erziehenden/Beratenden angesetzt werden. Die Form ist primär Aufklärung, Bewußtmachung, Reflexion. Kritisches Bewußtsein hinsichtlich des geschlechterdifferenten Verhaltens und der gute Wille, dies zu verändern, allein scheinen jedoch nicht ausreichend, um den Widerspruch von faktisch ungleicher Behandlung der Mädchen und Jungen einerseits und dem eigenen Eindruck gerechten Verhaltens andererseits sichtbar zu machen. Deshalb ist nicht nur generelle kritische Reflexion, sondern Selbstreflexion, nicht nur das Erhellen des bewußt gesteuerten Verhaltens, sondern auch die Analyse „außer-bewußter" internalisierter Handlungsformen notwendig.

Daß sich immer dann, wenn die Geschlechterrollenproblematik nicht explizit thematisiert wird, Übernommenes und Internalisiertes gewohnheitsmäßig, d.h. geschlechterdifferent offenbart, spiegelt verinnerlichte Attribuierungsvorgänge durch die Erziehenden wider, die ihre Orientierung am Geschlecht der Jungen und Mädchen finden. Da auf diese Attributionen hin gehandelt wird, können veränderte Attributionen zu Verhaltensänderungen beitragen. Attribuierungen sind aber Symbolisierungsvorgänge, die ohne die Sprache nicht zu denken sind. Deshalb lassen sich durch Sprachveränderung Attribuierungen wenn schon nicht steuern, so doch zumindest beeinflussen. So wird die Bearbeitung der Sprache im allgemeinen und die der pädagogischen Semantik im besonderen ein wichtiger unterstützender Schritt sein, konventionelle Attribuierungen bzgl. der Geschlechter bei den Erziehenden und Beratenden zu relativieren. Ziel muß deshalb ein Wandel hin zu einer Sprache sein, die nicht weiterhin patriarchalisch kodiert ist. Intention ist die Sichtbarmachung von Mädchen und Frauen durch Schaffung von Symmetrie und Gleichbehandlung. Ausgehend von den Erkenntnissen, die die Analyse der pädagogischen Semantik in dieser Arbeit erbrachte, heißt es auch, Abschied von einer „neutralen" Kind- und Jugendlichensemantik zu nehmen, denn in einer Gesellschaft, die durch das System der kulturellen Zweigeschlechtlichkeit charakterisiert ist, gibt es keine „neutralen" Kinder und Jugendliche, sondern Mädchen und Jungen, weibliche und männliche Jugendliche.

Die Veränderung der Sprache hin zu einem bewußt nicht sexistischen Sprachgebrauch wird jedoch nicht nur die Vorstellungswelt und Attribuierungsvorgänge der Erziehenden und Beratenden beeinflussen, sondern das Durchsetzen sprachlicher Innovation hat auch tiefgreifende Bedeutung für die heranwachsenden Mädchen selbst. Denn nur wenn das Spezifische weiblichen Denkens und weiblicher Erfahrung adäquat in der Sprache zum Ausdruck kommen, wenn Mädchen und Frauen die Möglichkeit haben, sich selbst aus ihrer Perspektive zu benennen, kann es zur Entwicklung einer nicht fremd-, sondern selbstbestimmten weiblichen Identität kommen.

Natürlich wird mit Sprachwandel allein dieses Ziel nicht zu erreichen sein. Vielmehr muß zusätzlich die Handlungskompetenz von Mädchen und Frauen erweitert werden. Vor allem mit Selbstsicherheits- und „social skill" Trainings könnte erreicht werden, daß Mädchen dem entgehen, was Volkmann (1984) als „Entwirklichung der Frau durch das System der Weiblichkeitszuschreibung" bezeichnet.

Angesetzt werden muß immer auch an den Institutionen der Erziehung, was in der Regel auch heißt: an Vorschriften, Quoten, rechtlichen Regelungen. Auf diese Punkte wird in dieser Arbeit nicht eingegangen. Es wird jedoch darauf verwiesen, daß auf dieser Ebene vorübergehend Ungleichheit investiert werden, d.h. institutionell verankert werden muß, um zu einer wirklichen Gleichberechtigung von Mädchen und Jungen, Frauen und Männern zu gelangen.

I Sozialwissenschaftliche Aspekte der Identitätsgenese

Die Pädagogik muß an fundierten Erkenntnissen zur Identitätsgenese und der Interdependenz von intrapsychischen und intersubjektiven Variablen interessiert sein, da die Identität erklärtes Ziel der Erziehung ist. Eine Voraussetzung zur Behandlung der Fragestellung dieser Dissertation ist deshalb die Auseinandersetzung mit grundlegenden Identitätskonzepten in den Sozialwissenschaften. Entsprechend werden in diesem Kapitel „klassische“ Theorien, die Relevanz für die vorliegende Arbeit haben, vorgestellt und kritisch hinterfragt, auch daraufhin, wie sie die Geschlechterdifferenz berücksichtigen, die dann in der Pädagogik bearbeitet wird. Weder erhebt die Darstellung der einzelnen Theorien Anspruch auf Vollständigkeit, noch stellt die hier getroffene Auswahl an Vorstellungen das gesamte Spektrum aktuell diskutierter sozialwissenschaftlicher Ansätze dar.

Behandelt werden substanztheoretische (Allport, 1937, 1961), kognitionspsychologische (Piaget, 1932; Kohlberg, 1974) und interaktionistische (Mead, 1934; Strauss, 1959; Goffman, 1963) Theorien. Zunächst wird mit Allport die Einmaligkeit des Individuums, seine Unverwechselbarkeit mit anderen herausgestellt. Das Ich wird hier als Kern der Persönlichkeit definiert, der mit der ganzen Motivkraft der reifen Person identisch ist. Dieser Kern wird als Handlungskonzept benutzt, auf das man sich berufen kann und das in der zeitgenössischen Formulierung des „Ich bin eben so“ als identitätsbestimmende Funktion zur Wirkung kommt. Die biophysische Verankerung der Individualität, die laut Allport das Verhalten eines Individuums in konsistenter und charakteristsicher Weise bestimmt, wird in der vorliegenden Arbeit zwar nicht thematisiert. Es gehen in die Schlußfolgerung (vgl. Kapitel IV) jedoch Überlegungen ein, der Individualität – wie bei Allport – mehr Beachtung zu schenken vor allem durch das Auflösen von geschlechtsstereotypen Vorstellungen in unserem Erziehungsverständnis.

Piagets kognitive Entwicklungstheorie (1932), die im Anschluß behandelt wird, beinhaltet eine ontogenetische Dimension, indem sie auf eine Stufenfolge in der Entwicklung der Denkfähigkeit verweist. Für die Erklärung des Verhaltens einer Person ist diese innere Logik ebenso wichtig, wie die bisherige Biographie, die Vererbung oder die aktuelle Umwelt. In Anlehnung an Piaget entwickelte Kohlberg (1974) eine Stufenfolge moralischer Urteilsfähigkeit und verweist auf die fundamentale Interdependenz von Moralentwicklung und Identitätsgenese. Diese Theorie ist insofern von Interesse, weil – wie in Kapitel II ausführlich behandelt wird – aktuelle feministische Arbeiten (Gilligan, 1982) sie unter dem Gesichtspunkt einer spezifisch weiblichen Identität erweitern und hierdurch kognitive Prozesse der Selbstkategorisierung erklärbar werden, die begrenzende Auswirkungen auf die Identitätsgenese von Mädchen haben.

Von besonderer Bedeutung für die vorliegende Arbeit sind interaktionistische Theorien. (Mead, 1932; Strauss, 1959; Goffman, 1963) Hier wird die Wechselbeziehung zwischen dem Ich und anderen, dem Ich und der Welt als Voraussetzung dafür, daß sich ein Ich bilden und sich eine überdauernde Identität entwickeln kann, aufgegriffen. Prämisse ist, daß die soziale Bezogenheit der Menschen wesentlich konstituierendes Merkmal der Identität einer Person ist. Die Bedeutung dieser Konzeptionen erklärt sich wie folgt: Erziehung ist sprachliche Interaktion, die Einfluß auf die Identität nimmt. Aber nur, wenn wir die Regeln menschlicher Interaktion verstehen, lassen sich Erziehungsvorgänge zureichend beschreiben und erklären.

Nach Mead produziert der soziale Prozeß das Selbst des Menschen und wird durch Muster aufeinander bezogenen Handelns strukturiert, die dem Individuum sprachlich vermittelt sind und es ermöglichen, in sich selbst die Erwiderung hervorzurufen, die sein Handeln im Partner hervorruft und diese Erwiderungen zur Kontrolle des eigenen Verhaltens einzusetzen. In Anlehnung an Mead verweist Goffman auf die Stigmatisierungsrealität im Interaktionsprozeß und den inhärent repressiven Charakter institutionalisierter Vorstellungen. Fast jedes Individuum erfährt immer dann, wenn bestimmte Verhaltensweisen, Attribute oder ähnliches von der gesellschaftlichen Kategorie des „Normalen“ abweichen, eine je nach Größe des Verstoßes ausgeprägte Stigmatisierung, so auch Mädchen und Frauen, wenn sie dem enggefaßten und damit begrenzendem konventionellen Bild von Weiblichkeit nicht entsprechen. (vgl. Kapitel II) Mit Strauss wird die Wichtigkeit des Faktors Sprache bezüglich der Identitätsentwicklung hervorgehoben. Identitätstransformationen sind institutionell präformiert. Die Sprache ist diejenige Institution, in der dieser Vorgang sich zeigt und reflektiert wird. In der Sprache vollzieht sich Identitätsentwicklung und Identitätsveränderung. Das Benennen durch die Sprache ist Bedingung der Möglichkeit subjektiver Weltkonstitution. Das heißt aber auch, daß die Analyse der pädagogischen Semantik (vgl. Kapitel III) – das erzieherische Sprechen und vor allem die Sprache über Erziehung – Einblicke in die Verknüpfung von Sprache, Erziehung und Identitätsgenese der zu erziehenden Mädchen und Jungen erlaubt. (vgl. Kapitel IV)

Insgesamt verdeutlicht dieses Kapitel also, auf welche Faktoren und Prozesse sich die Konstitution der Identität aus der je spezifischen Perspektive – substanztheoretisch, kognitionspsychologisch, interaktionistisch – stützt. Deutlich wird daneben aber auch gezeigt, daß die Geschlechterdifferenz und damit die Berücksichtigung weiblicher Erfahrung und Entwicklung nicht explizit Eingang in die „klassischen" theoretischen Vorstellungen zur Konstitution von Identität fand.

G. W. Allport

Führende Repräsentanten der Persönlichkeitspsychologie berufen sich heute auf Gordon W. Allport (1937, 1961), dessen Arbeiten vor dem Hintergrund der Auseinandersetzung mit den damals im anglo-amerikanischen Bereich dominierenden Reiz-Reaktions- bzw. Lerntheorien zu sehen sind. Diese reichten seiner Meinung nach nicht aus, um komplexes menschliches Verhalten, dessen Strukturiertheit sowie vor allem die individuumspezifische Prägung vollständig und angemessen zu erklären. Zwar gesteht er zu, daß es gelungen sei, Formeln aus einer „verallgemeinerten Psyche" zu gewinnen, ergänzt aber, dies berücksichtige

„...in keiner Weise den besonderen Reichtum und die Einzigartigkeit der Psyche, die zu einem einzelnen Menschen mit Fleisch und Blut gehört." (Allport, 1959:6)

Er selbst ist überzeugt von der Existenz eines inneren kohärenten Systems und greift mit seiner Merkmals- oder Propriumstheorie die Frage nach der Einmaligkeit des Individuums auf, oder wie es Pongratz (1984:142) formuliert, die Frage nach dem „Johnartigen an John". Unter Bezugnahme auf Stern (1911)[4] ist das übergeordnete Ziel seiner Arbeit, allgemeine Prinzipien der Entwicklung, der Organisation und des Ausdrucks der Persönlichkeit bei gleichzeitiger Betonung der Einzigartigkeit eines Menschen zu entdecken.

Trotz zeitweiliger Kritik berufen sich seit Ende der 50er Jahre Strömungen, wie die ‚Humanistische Psychologie', die ‚Philosophische Psychologie' und die ‚Existentialpsychologie' auf ihn, indem sie unter Hinweis auf den phänomenologischen Befund und die psychotherapeutische Erfahrung die stärkere Beachtung der Individualität des einzelnen in seiner Lebenswirklichkeit fordern. (vgl. Pongratz, 1984:143) Bis zum heutigen Tag beschäftigt sich die Persönlichkeitsforschung mit Allports Konzept der idiographischen Persönlichkeitserfassung.[5]

Nach Allport stellen charakteristische Eigenschaften („traits") die Bausteine der Persönlichkeit dar, die Wegweiser für sein Handeln und Ursprung seiner Einmaligkeit sind. Er faßt die „traits" als biophysikalische Gegebenheiten auf und definierte sie als hypothetisch abgeleitete Prädispositionen, die das Verhalten eines Individuums in konsistenter und charakteristischer Weise bestimmen. Die Konsistenz des Verhaltens ergibt sich auch deshalb, weil die „traits“ überdauernde Eigenschaften sind, die als intervenierende Variablen unterschiedliche spezifische Reize und Reaktionen vereinheitlichen bzw. mit einander in Verbindung bringen. Sie sind für Allport die brauchbarste Untersuchungseinheit der Persönlichkeitserforschung. Methodisch insistiert er auf einem „idiographischen“ Vorgehen und wirft Disziplinen wie der Differentiellen Psychologie vor, der Einzigartigkeit des Individuums nicht gerecht werden zu können.

Allport unterscheidet die Eigenschaften in „allgemeine Eigenschaften“, welche „organisierte Mannigfalten“ darstellen und als allgemein in einer Bevölkerung betrachtet werden, und in „persönliche Dispositionen“; dies sind neurophysische Einheiten, die in individuellen Personen gefunden werden:

„Die Art und Weise, wie ihre Persönlichkeit strukturiert ist, wird keineswegs gut mit dem analytischen Schema der allgemeinen Eigenschaften harmonieren. Der Terminus „persönliche Disposition“ (...) lenkt die Aufmerksamkeit auf alles, was an Strukturen tatsächlich in dem neuropsychischen System der einzelnen Person vorhanden ist.“ (Allport 1970:366)

Die „persönliche Disposition“ ist somit eigentümlich für das Individuum und stellt einen Kern oder Fokus dar, der als derjenige „modus vivendi“ zu verstehen ist, den die Eigenschaft in Erfüllung ihrer Aufgabe, nämlich der Anpassung an die persönliche Umwelt realisiert. (vgl. Laux/Weber, 1985:241)

Überzeugt von der Existenz dieses inneren kohärenten Systems, das das Wesen der Persönlichkeit ausmacht, versteht Allport Persönlichkeit als das, was ein Mensch wirklich ist, „unabhängig davon, wie andere Menschen seine Eigenschaften sehen oder wie wir sie erforschen“. (Allport, 1970:34)

Trotz der Fokussierung auf einen inneren Kern schließt er zwar weder die allmähliche Veränderung einer Person noch die Einflüsse der Kultur auf die Bildung der Persönlichkeit aus, die Reduzierung der Persönlichkeit auf Rollen, zwischenmenschliche Beziehungen und Zufälligkeiten in einem soziokulturellen System lehnt er aber kategorisch ab:

„Gewiß sind Kultur und Gesellschaft wichtig; man sollte ihnen aber nicht gestatten, das innere kohärente System in den Schatten zu stellen, welches das Wesen der Persönlichkeit ausmacht. Es ist natürlich richtig, daß die Persönlichkeit sich in einem sozialen Milieu formt und ausprägt. Aber sie ist auch ein selbständiges System, und als solches verdient sie, in der Wissenschaft zu ihrem Recht zu kommen.“ (Allport, 1970:VIII)

Ausgehend von einer biologischen Determination versteht Allport Maskulinismus und Feminismus als einen der wenigen Kerne, um die herum sich die Struktur der Persönlichkeit allmählich bildet. (1959:441) Er sieht jedoch deutlich die Problematik, daß erst dann sinnvoll von diesen Begriffen gesprochen werden kann, nachdem ein präziseres – aus seiner Sicht biologisch verwurzeltes – Kriterium zu ihrer Kennzeichnung herausgearbeitet worden ist. Trotz dieser biologisch orientierten Grundhaltung bzgl. der Genese von Geschlechterdifferenz leugnet er nicht die mögliche kulturelle Vermittlung dieser Unterschiede. So wird das Minderwertigkeitsgefühl, welches im weiblichen Geschlecht oftmals stärker ausgebildet ist, keineswegs als biologisch determiniertes Merkmal betrachtet.[6] Und auch geschlechtsspezifische Unterschiede in der Fähigkeit zur Menschenbeurteilung, die bei Frauen deutlicher als bei Männern ausgeprägt erscheint, sieht Allport ebenfalls als gesellschaftlich determiniert. Als Ursache hierfür erkennt er die wirtschaftliche Abhängigkeit, die dazu führt, daß persönliche Beziehungen im Leben der Frau eine besondere Wichtigkeit einnehmen. Das bessere Beurteilungsvermögen der Frau wird also nicht als angeborene intuitive Befähigung betrachtet, sondern als Resultat und/oder Erfordernis ihrer Rolle in der Gesellschaft.

Auf Allport zurückzugreifen erschien mir aufgrund seiner heutigen Position innerhalb der Persönlichkeitsspsychologie als sinnvoll.

- Es zeichnet ihn aus, daß er um eine Erweiterung der konventionellen Persönlichkeitsforschung bemüht war. Beachtlich ist, daß er den Einfluß situativer Faktoren bei der Persönlichkeitsentwicklung nicht ganz ausschloß, auch wenn er ihm nicht den Stellenwert zubilligte, der ihm heute zugeordnet wird.[7]
- Relevanz für die vorliegende Arbeit erhält seine Individualtheorie deshalb, weil hier das Ich, definiert als Kern der Persönlichkeit, der mit der ganzen Motivkraft der reifen Person identisch ist, als Handlungskonzept benutzt wird, auf das man sich berufen kann und das in der Formulierung des „ich bin eben so“ als einer identitätsbestimmenden Funktion, als Rechtfertigung des „Status Quo“, zur Wirkung kommt. In diesem Kontext ist es nicht von Bedeutung, daß Allport die Genese des „Frauseins“ primär als biologisch determiniert begreift, während die vorliegende Arbeit Geschlechtsspezifität vorwiegend aus einer sozialen Konfiguration heraus versteht.[8]
- In der Auseinandersetzung mit dem Begriff der Geschlechterdifferenz soll in dieser Arbeit nicht dem gesellschaftlichen Einklagen einer ursprünglichen Weiblichkeit und der damit verbundenen normativen Bestimmung eines spezifischen Frauseins gefolgt werden, das, mit Maihofer formuliert,

„...allen Frauen auf dieser Welt und zu allen Zeiten ‚einfach' aufgrund ihrer Zugehörigkeit zum weiblichen Geschlecht zukommt, (...)". (Maihofer, 1991:51)

Vielmehr soll der Begriff der Geschlechterdifferenz die Anerkennung der Verschiedenheit der Frauen mit je spezifischem kulturellen, ethischen, klassenspezifischen Hintergrund mit einbeziehen. Das gesellschaftliche Ziel, das sich mit der Betonung der Geschlechterdifferenzen verbindet, ist die gesellschaftliche Anerkennung jeder Person in ihrer konkreten historischen Individualität und Besonderheit. Diese Anerkennung reicht über die Feststellung des Andersseins zum jeweils anderen Geschlecht hinaus. In diesem Punkt besteht meines Erachtens eine hohe Affinität zum Allport'schen Bemühen um eine methodische und inhaltliche Erfassung der Einmaligkeit von Individuen.

- Unakzeptabel aus heutiger feministischer Perspektive ist jedoch Allports Versuch, Kriterien für die Reife einer Persönlichkeit zu erstellen, ohne in diesem Punkt nach den Geschlechtern zu differenzieren. Obwohl er selbst die gesellschaftlich determinierte und damit andere Position vieler Frauen sowie die damit verbundenen Konsequenzen in deren Verhaltensdispositionen sieht, werden die spezifisch weiblichen Fähigkeiten und die „anderen" Erfahrungen nicht in den Kriterienkatalog für die Reife einer Person mitaufgenommen bzw. berücksichtigt. Vielmehr bleibt er einem falschen Universalismus verhaftet, wenn Kriterien, wie „realistische Auffassung", „Selbstobjektivierung" oder eine „vereinheitlichende Weltschau", die während der Sozialisation vermittelte männliche Stärken repräsentieren, zur Maxime für die Frau erhoben werden.

Lautete die Definition der Persönlichkeitspsychologie noch: Eine gesunde Persönlichkeit zeichnet sich aus durch die Beherrschung der Umwelt, durch eine Übereinstimmung mit sich selbst und der Fähigkeit, die Welt und sich selbst zutreffend wahrzunehmen, so wird die Differenz zu den Vertretern anderer Schulen deutlich in deren Annahme, daß der heranwachsende Mensch sich einer immer mehr ausweitenden sozialen Gemeinschaft bewußt werden und mit ihr interagieren muß. Die kennzeichnende Fragestellung lautet deshalb hier: Wie kann eine Person die Vielzahl der ihr zugemuteten Rollen zu einem zwar differenzierten, aber noch konsistenten Ich integrieren?

Eine Möglichkeit, sich der Beantwortung dieser Frage zu nähern, ist die Untersuchung der Persönlichkeitsentwicklung im Laufe der Ontogenese. Hierbei kann der gesamte Komplex der stufenweisen Persönlichkeitsentfaltung betrachtet[9] oder nur auf einzelne Persönlichkeitsdimensionen fokussiert werden. Einen für die vorliegende Arbeit besonders wichtigen Ansatz stellt das von Kohlberg (1974) in Anlehnung an Piaget (1932) entwickelte Stufenschema der moralischen Entwicklung dar. Denn zum einen gehören Identität und Moral eng zusammen, weil an die Moral das gesamte System der Selbstbeurteilung gekoppelt ist. Zum anderen läßt sich am Beispiel dieser Theorie aufzeigen, wie etablierte „klassische" Konzepte aus feministischer Perspektive modifiziert und weiterentwickelt werden können. (vgl. Kapitel II/2) Im Folgenden soll deshalb in einem ersten Schritt Piagets Theorie der kognitiven Entwicklung kurz erläutert und anschließend Kohlbergs Stufenschema dargestellt werden.

J. Piaget

Der Schweizer Psychologe Piaget gehört zu den bedeutendsten Vertretern der Kognitionspsychologie. Die kognitive Entwicklungspsychologie ist vom Ansatz her ontogenetisch angelegt, indem sie darauf verweist, daß für einen erfolgreichen Lernprozeß im Subjekt angemessene innere Bedingungen vorhanden sein müssen, die sich in der Interaktion mit der Umwelt entwickeln und mehrfach umstrukturiert werden. Seinem Entwicklungsmodus liegt die Annahme zugrunde, daß sich das Ich zunehmend aus kontextuellen Bezügen löst und durch wachsende Differenzierung von anderen zur Autonomie und damit zur Unabhängigkeit von Identifikationsangeboten und Konventionen gelangt.

Über einen Zeitraum von mehr als fünfzig Jahren beschäftigte er sich mit der kognitiven Entwicklung von Kindern. Im Gegensatz zur psychoanalytischen Vorstellung, die Subjektentwicklung erfolge aufgrund einer zu bewältigenden Triebdynamik, basiert Piagets zentrale Annahme kognitiver Strukturen auf der Erkenntnis, daß das Motiv der Subjektwerdung in den Aktivitäten des Kindes liegt, die auf Aneignung der Umwelt ausgerichtet sind. In deutlicher Abgrenzung zur Lerntheorie betont er den Aufbau innerer kognitiver Strukturen, als Ergebnis der Auseinandersetzung des Kindes mit der Umwelt, angetrieben durch den Prozeß der Äquiliberation.

Nach Piaget durchläuft das Kind bis zur vollen Entfaltung seiner Denkfähigkeit vier Entwicklungsstufen. Die erste als sensomotorisch bezeichnete Stufe reicht bis zum Alter von ca. zwei Jahren. Hier entdeckt das Kind, daß ein Gegenstand noch weiter existiert, selbst wenn er nicht mehr sichtbar ist (Objektpermanenz). Aber erst auf der zweiten, präoperationalen Stufe von ca. 2-7 Jahren gelingt es dem Kind schrittweise, symbolische Vorstellungen für anwesende Dinge zu entwickeln, so daß es für seine Interaktion mit der Umwelt von dem bis dahin notwendigen Vorhandensein von Objekten befreit ist. In dieser Phase der Sprachentwicklung ist das Denken und Sprechen durch ein egozentrisches Weltbild geprägt. Es nimmt an, daß alle denken und wünschen wie es selbst, so daß auch von einem „amoralischen Stadium"

(Colby/Kohlberg, 1986:137) gesprochen wird. In dieser Phase ist der moralische Begriff der Gerechtigkeit noch an den Gehorsam geknüpft. „Wenn Mutti will, daß (...), dann ist das richtig." (Piaget, 1986:115)

Mit ca. 7-12 Jahren erreicht das Kind die Stufe des konkreten Operierens Es ist nun fähig, über Dinge logisch nachzudenken, kann mit konkreten Objekten logisch umgehen. In diesem Alter löst sich die Gerechtigkeitsauffassung vom Gehorsam: „Die Mutti hat es gesagt, man muß es natürlich tun, aber das ist nicht gerecht." (Piaget, 1986:116) Das heißt: Die frühere heteronome Moralität, die auf der unhinterfragten Annahme der Autorität Erwachsener beruht, wird durch eine autonome Moralität ersetzt.

In der frühen Adoleszenz erreicht das Kind die Stufe des formalen Operierens. Es kann nun logische Operationen zu Operationen höherer Ordnung verallgemeinern und somit im Denken eine Meta-Ebene erreichen, d.h. beispielsweise eigene Gedanken reflektieren. Experimente werden systematisch gelöst, indem das hypothetische Denken an den Anfang gesetzt wird. Dieses Reflexionsniveau ist für Tillmann (1990:87) eine wesentliche Voraussetzung, um in der Adoleszenz die eigenen Identitätsprobleme bearbeiten zu können, da die Heranwachsenenden nun fähig sind, über sich selbst nachzudenken.

Diese Abfolge von Stadien läßt sich als durch eine innere Logik bestimmt beschreiben, deren hohe Signifikanz Loevinger (1977), Piaget folgend, erläutert:

„Für die Erklärung des Verhaltens einer Person – (...) – ist diese innere Logik der Entwicklung ebenso wichtig wie seine bisherige Biographie, seine erbliche Ausstattung oder seine gegenwärtige Umwelt." (Loevinger, 1977:161)

Piagets Theorie des kognitiven Wachstums liegen folgende Annahmen zugrunde: (1) Jede Stufe zeigt qualitativ deutlich unterscheidbare Formen des Denkens; d.h. auf jeder folgenden Stufe denkt eine Kind nicht einfach mehr, sondern anders. (2) Die kognitive Entwicklungslogik ist Ausdruck einer nicht reversiblen und nicht überspringbaren Folge aufeinander aufbauender Entwicklungsschritte; d.h. es liegt eine Invarianz der Sequenz vor. (3) Die erworbenen Denk- und Problemlösungsfähigkeiten einer Stufe werden in das „neue Denken" der nächsten Stufe transformiert: Es erfolgt eine hierarchische Integration.

Für die Pädagogik ergeben sich wichtige Implikationen. Beispielsweise folgern Gage/Berliner (1986):

„Vorderhand sollten Lehrer, wenn es um moralische Probleme geht, berücksichtigen, daß Schüler aus der Darstellung von Überzeugungen, die der jeweils nächsten Entwicklungsstufe entsprechen, Nutzen ziehen können. Die Darstellung moralischer Überzeugungen, die durch ein hohes Abstraktions- und Komplexitätsniveau ausgezeichnet sind und für deren Verständnis relativistisches Denken Voraussetzung ist, wird bei jüngeren Kindern vermutlich ineffektiv sein. Jugendliche zeigen demgegenüber eine typische Bereitschaft, moralischen Fragen auf den Grund zu gehen (Mitchell, 1975) denn solche Fragen nehmen ihre Aufmerksamkeit stark in Anspruch." (Gage/Berliner, 1986:185)

L. Kohlberg

Aufbauend auf dieser Entwicklungstheorie Piagets entwickelte Kohlberg, dem Prinzip der Entwicklung der Denkfähigkeit folgend, eine Stufenfolge moralischer Urteilsfähigkeit.

„Da moralisches Denken natürlich auch Denken ist, hängt fortgeschrittenes moralisches Denken von fortgeschrittenem logischen Denken ab. Es scheint eine Parallelität zu bestehen zwischen dem moralischen Stadium eines Individuums und dem Stadium seines logischen Denkens." (Colby/Kohlberg, 1986:142)

Da die Entwicklung des logischen Denkens eine notwendige, aber nicht hinreichende Bedingung für die Moralitätsentwicklung ist, werden von Kohlberg auch die Stadien der sozialen Wahrnehmung hinzugezogen. Sie kennzeichnen das Niveau, auf dem eine Person andere Menschen wahrnimmt und ihre Gedanken und Gefühle interpretiert. Diese Entwicklung der sozialen Wahrnehmung geht ebenso wie das logische Denken der Ausbildung des parallelen Stadiums moralischen Urteilens voran. Colby/Kohlberg sprechen von einer „horizontalen Folge von Entwicklungsschritten, vom logischen Denken über die soziale Wahrnehmung zum moralischen Urteilen". (ebd. 1986:143) Hier liegt also eine enge Verknüpfung von moralischer Entwicklung und den Möglichkeiten zur Rollenübernahme vor, wie sie noch ausführlich bei Mead dargestellt werden wird.

Kohlberg geht von drei Stadien des moralischen Denkens aus, denen jeweils zwei Entwicklungsstufen hinsichtlich der moralischen Urteilskraft zugeordnet werden. Die leitende Fragestellung lautet: Wie wird in den einzelnen Stufen der moralischen Entwicklung in bezug auf eine Konfliktsituation bzw. Dilemma-Situation gedacht und sich verhalten?

Auf der ersten Stufe orientiert sich das Individuum an Strafe und Gehorsam. Die Motivation, das Rechte zu tun, ergibt sich aus dem Wunsch, Bestrafung zu vermeiden. Keniston (1977) charakterisiert die Typik dieser Stufe mit der Frage, was man alles tun kann, ohne erwischt zu werden. (vgl. Keniston, 1977:296)

Auf der zweiten Stufe ergibt sich die Motivation aus dem Interesse der Befriedigung eigener Bedürfnisse. Die soziale Perspektive läßt sich mit der Einsicht beschreiben, daß die verschiedenen individuellen Interessen miteinander im Konflikt liegen, so daß Gerechtigkeit relativ ist. Durch eine potentielle Frustration eigener Bedürfnisse erkennt der Mensch den relativen Wert der Bedürfnisse anderer.

Diese ersten beiden Stufen zeichnen sich durch moralische Wertvorstellungen aus, die sich an egozentrischen Bedürfnissen orientieren und durch diese definiert werden. Sie werden der „präkonventionellen Ebene“ zugeordnet, der eine relativ egozentrische Konzeption von Recht und Unrecht zugrunde liegt.

Auf der ditten Stufe wird der Mensch konkret darüber motiviert, soziale Mißbilligung zu vermeiden.

„‚Gut zu sein‘ ist wichtig und bedeutet, ehrenwerte Absichten zu haben und sich um andere zu sorgen.“ (Colby/Kohlberg, 1986:146)

Hier herrscht die Moralvorstellung des „guten Jungen“ oder des „guten Mädchens“ vor.

Auf der vierten Stufe richten sich die moralischen Wertvorstellungen nach der Erwartung der Gesellschaft aus und führen den Menschen bei seiner Entscheidung zur Pflichterfüllung. Um das Funktionieren von Institutionen zu gewährleisten, folgt man der Urteilsmaxime, „wenn jeder es täte“. (Colby/Kohlberg, 1986:147)

Diese dritte und vierte Stufe füllen die „konventionelle Phase“ aus. In ihr zeigen sich moralische Wertvorstellungen in der Konformität mit stereotypen Vorbildern in der Gesellschaft. Gut und böse stimmen mit den Normen der Allgemeinheit – des Gesetzes – überein. Dies wird am Beispiel des „braven Mädchens“ deutlich. Selbst wenn man nicht danach handelt, weiß man, daß Moral etwas ist, das draußen existiert.

„...die essentielle moralische Frage ist nicht: Was ist recht? sondern: Tut man das, von dem man weiß daß es recht ist, und unterläßt das, was unrecht ist?“ (Keniston, 1977:296)

Moralische Imperative werden als absolut betrachtet.

Auf der fünften Stufe vermeidet der Mensch die Rechte anderer Menschen oder das Interesse der Mehrheit zu verletzen. Er sieht seine Pflicht als eine Art Vertrag an. Kohlberg bezeichnet dieses Stadium als Stadium des sozialen Kontraktes bzw. der gesellschaftlichen Nützlichkeit und zugleich als Stadium individueller Rechte. Die damit assoziierte soziale Perspektive ist die eines rationalen Individuums, „...das sich der Existenz von Werten und Rechten bewußt ist, die sozialen Bedingungen und Verträgen vorgeordnet sind“. (Colby/Kohlberg, 1986:147)

Die sechste Stufe ist durch die Erkenntnis des Menschen gekennzeichnet, sich auf sein eigenes Gewissen zu verlassen und anderen Menschen mit Respekt zu begegnen. Dies ist das Stadium der „universalen ethischen Prinzipien“. Es handelt sich um Prinzipien der Gerechtigkeit nach der Maxime: „...alle Menschen haben gleiche Rechte, und die Würde des Einzelwesens ist zu achten". (ebd.) Er, der Mensch, erkennt das individuelle Prinzip, das hinter sozialen Abmachungen liegt, und versucht, es als Prinzip des moralischen Handelns anzuwenden. (Hampden-Turner, 1982:31) Bezeichnend für diese Stufe ist eine Haltung zur Gerechtigkeit, mit der die Rechte und die Autonomie anderer geschützt werden. Gründe, das Rechte zu tun, erklären sich aus dem Glauben an die Gültigkeit universaler moralischer Prinzipien und einem Gefühl persönlicher Verpflichtung ihnen gegenüber. Die dem Stadium entsprechende soziale Perspektive läßt sich als Perspektive eines „moralischen Standpunktes" beschreiben, von dem sich gesellschaftliche Ordnungen herleiten. (vgl. Colby/Kohlberg, 1986:147)

Diese beiden Stufen V und VI gelten als höchste Ebene der moralischen Entwicklung und werden der „postkonventionellen Ebene" zugeordnet. Statt an blinder Konformität oder egozentrischen Interessen wird die Entscheidung anhand der Betrachtung gemeinsam geteilter Werte getroffen. Gerechtigkeit und Fairneß werden als oberstes normierendes Prinzip erkannt, wobei unter dem Prinzip eine „verallgemeinerte präskriptive Aussage" verstanden wird, „die moralischen Urteilen über den situativen Konflikt zwischen miteinander konkurrierenden Regeln oder Normen als Leitfaden zugrundeliegt". (Kohlberg et al., 1986:214)

Den Zusammenhang zwischen moralischer Entwicklung und den Möglichkeiten zur Rollenübernahme sieht Kohlberg darin begründet, daß es nicht möglich ist, moralisch zu urteilen, ohne sich in die Lage von Menschen zu versetzen, die in einen moralischen Konflikt verwickelt sind. Das Niveau der Rollenübernahme stellt ihm zufolge das Bindeglied zwischen dem logischen und dem moralischen Niveau dar. Hieraus ergibt sich eine wichtige Implikation für die Pädagogik. Eltern und Lehrende können z.B. die Wirkung der sozialen Umgebung auf die moralische Entwicklung darüber erkennen, welche Möglichkeiten der Rollenübernahme sich dem Kind bieten.

„Diese variieren in Abhängigkeit von der Beziehung zur Familie, zur Gruppe der Gleichaltrigen und zur Schule sowie in Abhängigkeit von seinem sozialen Status innerhalb der umfassenderen ökonomischen und politischen Struktur der Gesellschaft." (Colby/Kohlberg, 1986:156)

Dies erklärt auch die „Rennaissance" der Theorie Kohlbergs in den letzten zehn Jahren und deren Aufnahme in jüngere Arbeiten zur Sozialisation im Jugendalter. Wagner-Winterhager betont Kohlbergs pädagogisches Interesse

„....an stimulierender Förderung von Schülerinnen und Schülern zur besseren vernunftsgeleitenden Handhabung moralischer Konflikte in schulischen und außerschulischen Alltagssituationen (vgl. Schreiner 1979)." (Wagner-Winterhager, 1990:8)

Kohlbergs Analyse der Entwicklung moralischer Autonomie des Individuums findet jedoch nicht nur uneingeschränkte Zustimmung, sondern wird vor allem seit Ende der 70er Jahre kontrovers diskutiert und unter unterschiedlichen Aspekten kritisiert. So verweist Bertram (1986:16ff.) darauf, daß die von Durkheim (1893) problematisierte Wechselbeziehung zwischen der moralischen Autonomie und dem gesellschaftlichen Zwang wieder stärker in das Zentrum der Diskussion gerückt werden muß, da erst dann pädagogische Konsequenzen aus dem Ansatz der individuellen Moralentwicklung gezogen werden können, sobald die hemmenden und fördernden sozialen Faktoren bekannt sind. Wallwork (1986) kritisiert, daß das, was Kohlberg über das Rollenspiel als eine notwendige Bedingung zur moralischen Entwicklung (s.o.) beschreibt, nicht wirklich die Unterschiede an Intensität und Umfang von Mitleid und Fürsorge erklärt. Er bemängelt ferner, daß die wichtige Rolle der altruistischen Gefühle im moralischen Leben unterschätzt wird. Moralische Beziehungen wie z.B. Freundschaft können nach seiner Ansicht nicht angemessen gerechtfertigt werden, wenn Moral einzig mit universalistischen Prinzipien begründet wird. Vor allem Gilligan (1982) betont die Bedeutung dieser Gefühle für die Moral, indem sie eine „Vorliebe für Nahbeziehungen" im weiblichen moralischen Denken konstatiert.

Eine vor allem aufgrund der Kritik Gilligans begründete Erweiterung des Kohlberg'schen Moralkonzeptes durch das Einbeziehen von Wohlwollen erfolgte zum Teil durch Kohlberg selbst in der Wiederaufnahme des von Piaget (1973) als moralkonstitutiv eingeführten Begriffes der Achtung, von dem er beide Prinzipien, Gerechtigkeit und Wohlwollen abzuleiten versucht. (vgl. Kohlberg et al., 1986:208) Beide Prinzipien, Gerechtigkeit und Wohlwollen, werden nun in der Anwendung der für die höchste Stufe der Moralentwicklung charakteristischen Operationen auf konkrete moralische Dilemmata miteinander koordiniert. (vgl. Edelstein/Nunner-Winkler, 1986:11) In diesem Zusammenhang verweist er auf die Sympathie, die die Identitifikation mit anderen und Empathie für andere umfaßt, als einer Haltung, die wesentliche Grundlage für die Wohlwollenskomponente der Achtung vor anderen Personen darstellt. (vgl. Kohlberg et al., 1986:222) Die Intention eines Interessensausgleiches wird durch die „mentale Operation" einer wechselseitigen Rollenübernahme erleichert, was auf einen idealen Konsens abzielt. Anders ausgedrückt:

> „Wenn jeder den ‚moralischen Standpunkt' einnimmt, kann im Dialog eine konsensuelle Lösung erreicht werden." (Kohlberg et al., 1986:228)

Mit der „Universalisierbarkeit" letztlich will Kohlberg eine allgemeine und projektive Konsistenzüberprüfung des Verhaltens beschreiben. Darin drückt sich das Interesse an der Auseinandersetzung mit der Frage aus, wie Leute im allgmeinen bzw. jeder in einer gleichen Situation, handeln sollte. Die damit einhergehende Entsprechung des kategorischen Imperativs: Handle so, daß die Maxime Deines Willens jederzeit und zugleich als Prinzip einer allgemeinen Gesetzgebung gelten könne, heißt bei ihm, die Handlungen im Hinblick darauf zu überprüfen, wie menschliche Würde am besten respektiert wird (vgl. Kohlberg et al., 1986:229ff.), denn die Universalisierbarkeit steht im Dienste gleicher Achtung vor menschlicher Würde. Mit Hilfe dieser als notwendig erachteten Komponenten – Sympathie, ideale wechselseitige Rollenübernahme und Universalisierbarkeit – kann im Gedankenexperiment die Achtung vor jeder Person auf der Stufe sechs verwirklicht werden.

Diese erweiterte Konstruktion der sechsten Stufe wird durch Puka (1986) einer heftigen Kritik unterzogen, da es seiner Ansicht nach Kohlberg weder gelungen ist, den empirischen Nachweis seiner hypothetischen Stufe VI zu erbringen, noch leuchte die theoretische Notwendigkeit dieser Konstruktion einer obersten Stufe ein.

Auch der Universalismusanspruch Kohlbergs wird kritisch hinterfragt. Für Nunner-Winkler (1986) ist der höchste, noch vertretbare Anspruch auf Universalismus der „eingeschränkte Universalismus“, „...der weiterhin an der These einer rationalen Begründbarkeit des moralischen Entscheidungsverfahrens festhält – aber mit der rationalen Unentscheidbarkeit echter moralischer Dilemmata lebt“, (Nunner-Winkler, 1986:140) was sie unter anderem durch die Tatsache unterstreicht, daß einige Dilemmata über Jahrtausende hinweg Dilemmata geblieben sind, ohne je eine endgültige Lösung gefunden zu haben, wie beispielsweise das Problem des Tyrannenmordes. (vgl. Nunner-Winkler, 1986:135)

Ebenso wie Nunner-Winkler wendet sich auch Gilligan (1982), eine ehemalige Schülerin Eriksons und spätere Mitarbeiterin Kohlbergs, in ihrer Kritik gegen den universalistischen Anspruch seines Stufenmodells, allerdings aus einer anderen Perspektive, denn sie wirft dem Stufenmodell die Parteilichkeit einer männlichen Subjektivität vor. Sie weist in ihren Forschungsarbeiten auf ein Interpretationsproblem in der Entwicklungspsychologie hin, die bislang die Unterschiedlichkeit des weiblichen und männlichen Lebenszusammenhanges bei der Erfassung der moralischen Reife unberücksichtigt ließ, so daß sich das moralische Urteil eines Mädchens den vorhandenen Kategorien der Entwicklungsbewertung entzog. Moralische Reife bemißt sich, den bisherigen Modellen folgend, an deduktiver Logik, an einer prinzipienorientierten Auffassung von Gerechtigkeit und am Ideal der Perfektion. Die Reife einer Person entspricht der Autonomie, der Fähigkeit zur Trennung. Dem steht im Hinblick auf die weibliche Erziehung und die entsprechende Vorstellungswelt von Mädchen und Frauen jedoch eine andere Moralauffassung entgegen, die beispielsweise in Konfliktsituationen nicht abstrakte, sondern kontextorientierte Lösungsvorschläge favorisiert, die sowohl die Konfliktgenese als auch die Konsequenzen des eigenen Tuns für die anderen berücksichtigen.

Sowohl Piagets als auch Kohlbergs Theorien liegt die Annahme einer ontogenetischen Persönlichkeitsentwicklung zugrunde. Betont wird vor allem die Subjektseite des Sozialisationsprozesses. Im Gegensatz hierzu, versteht der symbolische Interaktionismus, der im folgenden behandelt werden soll, Identität als ein Ergebnis sozial vermittelter Reflexion und damit als ein ausschließlich gesellschaftliches Phänomen. Im Vordergrund steht hier die Thematisierung der Wechselwirkung von Individuum und Gesellschaft, von Wahrnehmung und Handeln in dem Bemühen, den Prozeß der Persönlichkeitsbildung zu erfassen und die abstrakte und radikale Dichotomisierung von Gesellschaft und Individuum zu überwinden. Dabei tritt das Interesse an der Genese zugunsten einer Analyse der aktuellen, subjektiv-phänomenalen Gegebenheit des Gesellschaftlichen im Bewußtsein zurück. (vgl. Geulen, 1977:35) Identität entsteht im System symbolischer Interaktion; dabei ist die Sprache das Gespinst, „an dessen Fäden die Subjekte hängen, an ihnen zu Subjekten sich erst bilden". (Habermas, zit. in: Brumlik, 1973:34)

Die Theorie des symbolischen Interaktionismus ist vor allem mit der Person G. H. Meads verbunden, dessen grundsätzliche Überlegungen zur Identität (1934) in einem ersten Schritt behandelt werden. Mit Goffman (1963) wird dann die Stigmatisierungsrealität im Interaktionsprozeß hervorgehoben und abschließend die sprachtheoretische Reformulierung der Rollentheorie des symbolischen Interaktionismus (Strauss, 1959) dargestellt. Ebenfalls gefragt wird, ob und inwieweit die „polarisierte" Geschlechterdifferenz in diesen Theorien bei der Konstitution der Identität berücksichtigt wird.

G. H. Mead

Mead gilt als der Klassiker der Sozialpsychologie und als geistiger Vater des symbolischen Interaktionismus.[10] Diese Theorie wurde maßgeblich durch den amerikanischen Pragmatismus (Peirce (1839-1914), James (1842-1910), Dewey (1859-1952)) bestimmt, der sich der naiven Alltagserfahrung und dem Herausarbeiten der Zusammenhänge zwischen dem Denken und Handeln zugewandt hatte und sich sowohl von der Psychoanalyse als auch von der behavioristischen Psychologie abgrenzte. Mead beschreibt mit Hilfe der theoretischen Kategorien des symbolischen Interaktionismus die auf der Interaktion basierende Identitätsbildung. Er orientierte sich hierbei an Cooley (1864-1929) und Thomas (1863-1947).

Cooley (1926) hatte den für den symbolischen Interaktionismus zentralen Gedanken entwickelt, daß die Erwartungen und Vorstellungen anderer vom Ego antizipiert werden und seine Identität bestimmen. (vgl. Geulen, 1977:35)

Er leitete als erster den sozialpsychologischen Identitätsbegriff aus der Sprache ab. Bei Cooley ist das „self“ als Subjekt, als die Vorstellungen der anderen definiert, d.h.: es kommt zur Entstehung des „Spiegelselbst“, indem wir uns eine Vorstellung davon machen, wie die anderen uns sehen, und indem wir uns dann mit deren Augen betrachten. Es entsteht für uns unser „self“ also durch eine vom Indivdiuum vorgestellte Reflexion der eigenen Person in anderen Menschen. Aber, wie Helle formuliert, ist für Mead die Gesellschaft nicht ein Chor schwebender Geister. Deshalb schaltet er die materielle, die objektivierbare Seite des Individuums, seine Körperlichkeit, als Voraussetzung für die Teilnahme an der symbolischen Interaktion dazwischen. (vgl. Helle, 1977:74f.) Thomas (1931)[11] stellt in seinem Konzept die „Definition der Situation“ dem Gedanken der „Selbstbestimmung im Handeln“ voran. Jedem selbstbestimmten Handeln geht das Stadium des Prüfens und des Überlegens voraus, in dessen Verlauf die Situation, in der gehandelt werden soll, definiert wird. Dieses Konzept wird nicht nur auf einzelne Handlungsverläufe, sondern auf den gesamten Lebensentwurf bezogen, der sich aus einer Serie solcher Situationen ergibt. (vgl. Helle, 1977:60) Cooley, Thomas und Mead stimmen in vielen Grundfragen überein, so in ihrem Bemühen, die Wechselwirkung zwischen Wahrnehmung und Handeln und die Unterscheidung zwischen psychischer Umwelt und soziokultureller Umwelt des Menschen aufzugreifen, zu analysieren. Die Theorie der symbolischen Interaktion entstand aus der Verflochtenheit dieser Arbeiten. (vgl. Helle, 1977:73)

Meads[12] Grundauffassung von Identität hebt sich deutlich von den vorher behandelten Identitätsvorstellungen ab, da seiner Meinung nach die Identität vom eigentlich physiologischen Organismus verschieden ist. Biologische Erklärungsversuche werden somit überwunden und individuelles Verhalten und Bewußtsein einzig aus dem sozialen Prozeß heraus erklärt. Er vertritt die These: Sein folgt dem Prozeß, im Gegensatz zu den vorstehenden Variationen des Satzes: Handeln folgt aus dem Sein.

Deutlicher als bei Erikson und Kohlberg wird der prozeßhafte Charakter der Identität hervorgehoben, der unabhängig von einer ontogenetischen Sichtweise ist. Seine entscheidende These ist, daß das Selbstbewußtsein genetisch nicht immanent – z.B. aus dem Bewußtsein – entsteht, sondern erst aus bestimmten sozialen Erahrungen in der Interaktion. (vgl. Geulen, 1977:115)

> „Identität entwickelt sich; sie ist bei der Geburt anfänglich nicht vorhanden, entsteht aber innerhalb des gesellschaftlichen Erfahrungs- und Tätigkeitsprozesses, d.h. im jeweiligen Individuum als Ergebnis seiner Beziehungen zu diesem Prozeß als Ganzem und zu anderen Individuen innerhalb dieses Prozesses.“ (Mead, 1973:177)

Sie ist eng mit der alltäglichen Kommunikation verbunden, da nur der Interaktionsprozeß die Selbtsreflexion ermöglicht.

Die Frage, die Mead stellt, lautet: Wie kann ein einzelner für sich selbst zum Objekt werden? Dies ist für ihn das entscheidende psychologische Problem der Identität. Die Lösung dieser Frage ergibt sich für ihn daraus, daß man sich an den gesellschaftlichen Verhaltensprozeß hält, in den die jeweilige Person eingeschaltet ist. Es ist der soziale Prozeß, der das Selbst des Menschen produziert und der das Muster aufeinander bezogenen Handelns strukturiert. Diese sind dem Individuum sprachlich vermittelt und ermöglichen ihm, in sich selbst die Erwiderung hervorzurufen, die sein Handeln im Partner evoziert, und diese Erwiderungen zur Kontrolle seines eigenen Verhaltens einzusetzen. Das heißt, der einzelne wird sich selbst zum Objekt, indem er die Haltung anderer Individuen gegenüber sich selbst innerhalb einer gesellschaftlichen Umwelt oder eines Erfahrungs- oder Verhaltenskontextes einnimmt, in den er ebenso wie die anderen eingeschaltet ist. Das Ich wird bestimmt als ein System von introjizierten Attitüden. (vgl. Mead, 1973:180ff.)

Von symbolischem Interaktionismus wird gesprochen, weil diese Interaktionen durch die Symbole, vor allem der Sprache, gesteuert werden. Diese Symbole sind Träger von Bedeutungen, und sie sind Auslöser zugleich, d.h., Ursachen von Handlungen. Die Interaktion selbst erfolgt durch wirklichkeitserzeugende Symbole.

Mead arbeitet vorwiegend mit den Begriffen „self", „me" und „I", um zu erklären, woraus sich die Identität einer Person konstituiert. Das „self" wird in der deutschen Übersetzung dem Begriff der Identität gleichgesetzt. Es bildet sich aus der symbolischen Interaktion heraus, in der sich eine Person an ihr Gegenüber und zugleich aus deren Perspektive an sich selbst wendet.

Daraus ergibt sich das Charakteristische der Identität: Sie zeigt sich in der Fähigkeit, sich zu sich selbst wie zu einem anderen Individuum zu verhalten. Voraussetzung zur Identifikation und Interpretation der eigenen Rolle sowie der des Gegenübers ist die Fähigkeit des „role taking", des Attitüdenwechsels, den Mead auch als Persepektivenerwerb beschreibt.[13]

Innerhalb des Ich impliziert die formale Struktur des reflexiven Bewußtseinsaktes zwei verschiedene Instanzen: das „me" und das „I". Während das „me" das Bild von sich selbst als intersubjektive Erwartung anderer erfaßt, ist das „I" die aktuelle und spontane Reaktion des individuellen Subjektes auf die von ihm erfaßte Umwelt. Der Zusammenhang zwischen dem „me" und dem „I" kann dahingehend interpretiert werden, daß das „me" formgebend für das „I" ist. Das „me" erscheint als Ausdruck gesellschaftlicher Kontrolle, die Grenzen bestimmt, Motivationen leitet und das „I" in die Lage versetzt, das „me" für alle vorteilhaften Tätigkeiten einzusetzen. Die Konstitution von Identität wird als gesellschaftlicher Prozeß gesehen, der aus den beiden unterschiedlichen Phasen der Entwicklung des „me“ und des „I“ besteht. Das heißt, die Begriffe des „I“ und „me“ beziehen sich nicht auf Subjekte, sondern auf Phasen des Handelns. (vgl. Helle, 1977:87) Diese Bestimmung der Identität ist insofern noch unzureichend, als

„.... keines der genannten Momente den Charakter des gegenüber Zeit und Situation ‚Identischen‘ im engeren Sinne aufweist, denn sowohl das ‚I‘ als auch das ‚Me‘ wechselt mit der Situation und dem jeweiligen Gegenüber, das Individuum wäre in jeder Situation ein je anderes.“ (Geulen, 1977:118)

Durch die Einfügung des „verallgemeinerten anderen“ („generalized other“), der dem einzelnen seine einheitliche Identität gibt, begegnet Mead dieser Schwierigkeit. Hierunter werden die zu einer gewissen Einheit organisierten gesellschaftlichen Strukturen und Prozesse verstanden, in die das Individuum involviert ist und die seine Reaktionen kontrollieren.

Neben dem „I“ und dem „me“ beschreibt Mead die Bedeutung des „mind“ (Geist) für die Identität. „Mind“ bedeutet die Fähigkeit zur Kontrolle der eigenen Reaktion und kann sich nur entwickeln, indem gesellschaftliche Erfahrungs- und Verhaltensprozesse von den einzelnen internalisiert werden. „Mind“ entsteht, indem der einzelne die Haltung anderer gegenüber sich selbst einnimmt. Die Übermittlung von Gesten spielt eine wesentliche Rolle bei diesem Prozeß, auf die eigene Identität sowie auf andere zu reagieren. Sofern eine Geste für zwei oder mehr Personen die gleiche Bedeutung hat, sich das Symbol der Form nach allen Personen zuwendet, inklusive der die Nachricht sendenden Person, spricht Mead von signifikanten Symbolen.

Für Wundt (1832-1920) stellten Gesten Werkzeuge dar, durch die die anderen Wesen reagieren. Lösen diese dann eine bestimmte Reaktion aus, werden sie wiederum selbst, in Reaktion auf die stattfindende Veränderung des anderen Wesens hin, verändert. An diesem Begriff der Geste als sozialer Vermittlerin anknüpfend,[14] unterstreicht Mead die Bedeutung vokaler Gesten. Diese werden zu „signifikanten Symbolen“, wenn Individuen, die miteinander in Kontakt treten, die voraussichtliche Reaktion des Gegenübers zur Maßgabe des eigenen Verhaltens machen. Die Priorität der vokalen Geste für die Kommunikation erklärt sich daraus, daß alle anderen Symbole (z.B. Schriftform) aus der spezifisch vokalen Geste entwickelt werden und sie die grundlegende Geste ist, die den einzelnen sowie die anderen beeinflußt. (vgl. Mead, 1973:107)[15]

Sprache, bestehend aus „signifikanten Symbolen“, ermöglicht dem Menschen, sich in die Rolle eines Gegenübers hineinzuversetzen und nicht nur die Rolle des anderen, sondern auch seine eigene Rolle zu verstehen und darin seine persönliche Identität zu gewinnen.

„Indem sich der einzelne in reflexiver Weise die Sprachsymbole, Werte und Normen seiner sozialen Umgebung aneignet, wird er ein handlungsfähiges Mitglied der Gesellschaft und zugleich ein einmaliges, unverwechselbares Individuum." (Tillmann, 1990:134)

Und Mead formuliert selbst:

„Sprache beruht hauptsächlich auf vokalen Gesten, durch deren Hilfe kooperative Tätigkeiten in einer Gemeinschaft ausgeführt werden. Sinnvolle Sprache besteht aus jenen vokalen Gesten, die dazu neigen, im Einzelnen die auch beim anderen ausgelösten Handlungen hervorzurufen. Diese Vervollkommnung der Identität durch die Geste, die die gesellschaftliche Tätigkeit übermittelt, löst jenen Prozeß aus, in dem die Rolle des anderen übernommen wird." (Mead, 1973:203)

Einige Sätze weiter heißt es:

„Der Einzelne regt sich selbst zur Reaktion an, die er in der anderen Person hervorruft, und handelt dann in gewissem Ausmaß in Reaktion auf diese Situation." (ebd.)

Mit der Sprache ist nicht nur die Voraussetzung für den intersubjektiven, sondern auch für den intraindividuellen Dialog geschaffen, indem das Individuum im inneren Dialog zwischen dem „I" und dem „me" seine eigene Situation genau analysieren und interpretieren kann. Im Denkprozeß findet eine Übermittlung von Gesten statt, die auf ihrer höchsten Stufe die Übermittlung des Gedachten an die Zuhörerinnen und Zuhörer impliziert. So kann das Denken als innerer Dialog interpretiert werden, was auf die Verinnerlichung realer Interaktionen der Vergangenheit verweist. (vgl. Mead, 1973:184)

„Das Wesen der Identität ist, wie wir schon sagten, kognitiv. Es liegt in der nach innen verlegten Übermittlung von Gesten, die das Denken ausmacht oder in deren Rahmen Denken oder Reflexion abläuft." (Mead, 1973:216)

Offenes, empirisch wahrnehmbares Handeln ist zumeist nur die Endphase eines Vorganges, dem vorbereitende Anpassungsbemühungen vorausgehen, mit denen sich das Individuum seiner Umwelt annähert. Zwischen dem Antrieb zu einer Handlung und ihrem Endpunkt, der Ausführung, liegen die Prozesse der Wahrnehmung und Beeinflussung. Nach Mead ist die Perzeption des Individuums notwendigerweise selektiv: Nicht alles, was wahrgenommen werden könnte, nimmt der einzelne Organismus tatsächlich von seiner Umwelt wahr. Diese Prozesse der Wahrnehmung beruhen ihrerseits auf Hypothesen, d.h. eine Person nähert sich einem Objekt nicht unvoreingenommen, sondern mit eigenen, darauf bezogenen Erwartungen. Während sich ein Kind noch in der Fähigkeit zur Antizipation übt und alle ihm begegnenden Gegenstände tatsächlich berühren will, erspart sich der erwachsene Mensch aufgrund seiner schon gemachten Erfahrungen die Ausführung dieser einzelnen Akte, sofern er sie mit Zuverlässigkeit antizipieren kann. Die Wahrnehmung tritt dann an die Stelle des tatsächlich ausgeführten Handelns, so daß Mead sie als komprimierte Handlung bezeichnet.

Sofern ein Antrieb zu einer Handlung nicht sofort seiner Erfüllung zugeführt wird, unterliegt er der Transformation in ein Bild, das Grundlage der Reflexion wird. Jedes Bild kann als Handlungsplan gedeutet werden, denn es stellt einen möglichen Weg zur Vollendung des unterbrochenen Handelns dar. Vor dem Hintergrund einer Reihe von Bildfolgen wird das reflektierende Denken zu einer Generalprobe des Handelns in der Phantasie. Alternative Wege zur potentiellen Erfüllung können verglichen und bewertet werden. Deshalb läßt sich der Prozeß des Denkens als die Fähigkeit beschreiben, die Konsequenzen von vorgestelltem Handeln zu antizipieren und sich auf sie schon einzustellen, ehe man sich dem offenen Handeln hingibt. (vgl. Helle, 1977:82/83)

Obwohl Mead davon ausgeht, daß jeder Mensch ein „Resultat" gesellschaftlicher Einflüsse ist, betont er doch die Individualität des einzelnen, die sich daraus ergibt, daß die Person den Standpunkt der Allgemeinheit mit der je eigenen Sicht in ganz spezifischer Weise verbindet. Der Mensch erwirbt Unabhängigkeit und Individualität, indem er sich durch Selbstgespräche eine eignene Kombination von objektiver Perspektive und subjektiver Sicht schaffen kann.

Identitätsbildung, wie Mead sie beschreibt, kann nicht losgelöst von den gesellschaftlichen Gebilden verstanden werden, in denen sie Gestalt genommen hat. Für Mead bedeutet der Sozilisationsprozeß nicht einseitig passives Sozialisiertwerden. Vielmehr betrachtet er ihn als einen ineineindergreifenden Mechanismus von Vergesellschaftung und Individualisierung, da das Subjekt als aktiv handelndes und die eigene Entwicklung als mitgestaltend gesehen wird. Der Vorgang der Identitätsbildung erfolgt also immer in Wechselwirkung mit einer Umwelt. Somit stellt sich die Ich-Identität nicht als unveränderbares Faktum, sondern als Prozeß und als eine immer wieder neu zu erbringende Leistung in der Interaktion dar. Das interaktive Verhältnis zwischen Subjekt und Objekt kommt darin zum Ausdruck, daß das Subjekt Bedingungen der Umwelt interpretiert und ins eigene Identitätskonzept aufnimmt. Damit werden die idealistische Postulierung eines autonomen Ich und die Vorstellung eines determinierten Sozialcharakters vermieden. Da die Identitätsentwürfe vor dem Hintergrund eigener Erfahrungen erfolgen, wird die biographische Dimension einbezogen. Damit ist erklärbar, weshalb Sozialisationsbedingungen nie eindeutig und durchgängig gleich in ihrer Auswirkung für das einzelne Subjekt sind.

Zwar erklärt die Theorie Meads, wie das Individuum eine Identität aus Rollen erwirbt, sie läßt aber die strukturelle Differenzierung unberücksichtigt. Diese ist jedoch eine notwendige Voraussetzung für die Ich-Identität,

„....als erst sie die Pluralität der Rollen und damit die Situation schafft, daß in einer Interaktion ‚Ich-Identität' im Sinne eines Zusammenhanges zwischen verschiedenen Rollen realisiert wird." (Geulen, 1977:125)

Indessen rekurriert Mead, um die Identität des Subjektes zu sichern, auf die Annahme der Einheitlichkeit der Gesellschaft.

„ ...diese Folgerung ergibt sich aus seiner These, daß auch die Einheit des Subjektes Spiegelbild gesellschaftlicher Verhältnisse sei. Bei Mead erscheint Identität in ihrem Moment der Einheit nicht als synthetische Leistung des Subjekts, sondern als Reflex der äußeren Verhältnisse." (Geulen, 1977:119)

Zurecht weist Geulen darauf hin, daß zwar Teams und Gruppen die von Mead vorgestellte systematische Konsistenz zeigen können, nicht aber die Gesamtgesellschaft, die als Ganzes in sich widersprüchlich und inkonsistent sein kann. Dementsprechend wird dem symbolischen Interaktionismus auch ein Harmoniebedürfnis unterstellt. Konsequenterweise müßte Mead „Phänomene fehlender Identität" mit Gründen erklären, die auf der strukturellen Ebene liegen. Er rekurriert jedoch auf die psychologische Ebene und, so Geulen, „desavouiert (er) also seine eigene Theorie". (Geulen, 1977:119)

Darüberhinaus weist der Sozialphilosoph Habermas (1973) kritisch auf 3 Punkte hin: (1) Zwischen den Rollenerwartungen und den individuellen Bedürfnissen besteht in der Regel keine Übereinstimmung. (2) Zwischen der oftmals diffusen, interpretationsbedürftigen Rollenerwartung und dem tatsächlichen role-making – beeinflußt durch das Bedürfnis, sich als einzigartiges Individuum zu erleben – muß ein angemessenes Verhältnis gefunden werden, damit Ambivalenzen ertragen werden können und das Individuum dennoch handlungsfähig bleibt. (3) Die institutionalisierten Werte sind nicht deckungsgleich mit den internalisierten Werten der Individuen, eigene Interpretationen werden vorgenommen, so daß Autonomiegewinn entsteht.[16] Entsprechend erfolgte die pädagogische Weiterentwicklung des interaktionistischen Konzeptes durch Habermas, indem er die konstitutiven Merkmale der Ich-Identität in Frustationstoleranz, Ambiguitätstoleranz und Rollendistanz aufschlüsselt und diese als notwendige Grundqualifikationen des Rollenhandelns bezeichnet. (vgl. Tillmann, 1990:136f.)

Krappmann (1982) fügte dann diesen interaktionistischen Grundqualifikationen noch Sprachkompetenz und Empathie hinzu:

- Allgemeine Sprachkompetenz, da die Interaktionsprozesse im Medium der Sprache ablaufen und eine differenzierte Beherrschung des Symbolsystems erfordern;
- Empathie als nicht nur intuitive, sondern auch kognitive Fähigkeit, die es dem Ego erst ermöglicht, sich in die Perspektive von Alter zu versetzen. (Krappmann, 1982:142ff.)

In der vorliegenden Arbeit soll vor allem die Symbolisierung thematisiert werden. Denn Symbole steuern die Kommunikationsvorgänge, und Interaktionen werden als solche gesteuerten Kommunikationsvorgänge analysiert. Die zentrale Position nimmt dabei die Sprache als wichtigste Form vorinterpretierter Wirklichkeit ein, die eine Reihe von Verschlüsselungen zur Orientierung in der Welt enthält.

„Sobald ein Mensch einer Sprache mächtig ist, werden „images“ (Bilder) und Objekte mit Wortsymbolen bezeichnet. Alternative Handlungspläne werden etikettiert, und ihre Konsequenzen werden verbal überprüft. Das Bewußtsein stellt sich dann als innerer sprachlicher Dialog dar. Zwar ist das Denken eine innerindividuelle Erfahrung, aber es findet mit Hilfe von sozial signifikanten Symbolen statt.“ (Helle, 1977:83)

Es kann von einer symbolisch strukturierten Wirklichkeit á la Mead gesprochen werden.

„In jedem durch kulturelle Symbolsysteme vermittelten System menschlicher sozialer Interaktion muß jedes Individuum als Einheit eines solchen Systems sowohl als Handelnder, der ‚motiviert‘ ist (er hat Wünsche, Ziele internalisierte Wertorientierungen und natürlich Affekte, ‚Gefühle‘), als auch als ein Objekt von Orientierungen, und zwar für andere Handelnde wie auch für sich selbst, begriffen werden.“ (Parsons, 1977:73)

Auch die Kategorien „Mann“ und „Frau“ sind Symbole in einem Sinnsystem, aber das symbolische Milieu ist für Frauen und Männer unterschieden, d.h. das Angebot von Mustern und Darstellungsformen, um sich zu identifizieren, ist für Frauen gerade bezüglich öffentlicher Aufgaben begrenzt. Dies spielt aber für die Konzeption individueller Identität eine wesentliche Rolle:

„Um angemessen in psychischen und sozialen Bereichen und in deren beständigem Zusammenspiel zu fungieren, muß die Persönlichkeit des Individuums als ein hinreichend deutlich konstituiertes und fest umrissenes Objekt definierbar sein – und zwar, damit Fragen wie ‚Wer oder was bin ich bzw. ist er?‘ beantwortet werden können, sowohl für das Individuum selbst wie für seine Interaktionspartner.“ (Parsons, 1977:73)

Die Realität erscheint eher als ein Stück mit männlichen Rollen:

> „Generalisierte, symbolisch vermittelte kulturelle Medien sind als Bedingung von Freiheit nicht nur für das kulturelle System selbst und für die Institutionen von Gesellschaften von entscheidender Bedeutung, sondern auch für die Persönlichkeit des Individuums und für dessen Beziehung zur Gesellschaft und zum kulturellen System." (Parsons, 1977: 85/86)

Da wir nur durch Symbolisierung wissen, was wir sein können, soll im Verlauf der Arbeit schrittweise der Frage nachgegangen werden, welche Auswirkungungen das z.T. rare Angebot von akzeptierten, in sozialen Figuren lebbaren Darstellungsformen, auf die Entwicklung weiblicher Identität haben muß. Diese Darstellungsformen sind zugleich Symbolik und soziale Gratifikation. Hinzu kommt, daß die Signifikanz des Wahrgenommenwerdens als Identitätsbestätigung darüber eingeschränkt ist, denn, wer nicht benannt wird, wird nicht identifiziert.

Meads Theorie zufolge produziert also der soziale Prozeß das Selbst des Menschen und wird durch Muster aufeinanderbezogenen Handelns strukturiert, die dem Individuum sprachlich vermittelt sind und es ihm ermöglichen, in sich selbst die Erwiderung hervorzurufen, die sein Handeln im Partner hervorruft und diese Erwiderungen zur Kontrolle des eigenen Handelns einzusetzen. Identität stellt sich demzufolge immer über Beziehungen her, ist immer intersubjektiv zu denken. Die Handlungen der Individuen werden durch signifikante Symbole ausgelöst, die nur dann als signifikant gelten, wenn sie den Charakter einer Mitteilung „an alle" haben. (vgl. Helle, 1977:84) Das „Ich" wird als ein System von introjizierten sozialen Attitüden aufgefaßt. Sozial bedingte Verhaltensweisen realisieren sich in Rollen, die die Individuen zu spielen haben, wobei das Ich der Träger dieser Rollen ist. Im folgenden Abschnitt soll nun mit Goffman (1963) gezeigt werden, daß die generalisierten Symbolisierungen nicht zwangsläufig als Bedingung freier Persönlichkeitsentwicklung angesehen werden können. Denn die Theorie der symbolischen Interaktion, als kritisches Analyseinstrument angewandt, zeigt auch,

> „...daß institutionell verankerte Rollenstrukturen sich repressiv auswirken können und daß darin der Ausganspunkt für beschädigte Identitäten und mißglückte Lebensläufe liegen kann". (Tillmann, 1990:150)

E. Goffman

Der ebenfalls interaktionistisch orientierte Erving Goffman setzt sich mit dem Themenkomplex der Identität auseinander, indem er die Interpretation von Identitätsproblemen zum Ausgangspunkt seiner Untersuchungen macht. Aufschlußreich ist für ihn die Analyse der Situation von Stigmatisierten, denen es unmöglich ist, typisierten Erwartungen zu entsprechen. Diese Betonung des negativen Aspektes der Identität als Identitätsverlust oder Identitätsstörung ist für die vorliegende Arbeit von besonderem Interesse, da sich das Stigma-Theorem Goffmans auf die weibliche Identitätsproblematik übertragen läßt.[17]

Fast jedes Individuum erfährt immer dann, wenn bestimmte Verhaltensweisen oder äußere Attribute von der gesellschaftlich definierten Kategorie des „Normalen“ abweichen, eine je nach der Größe des Verstoßes ausgeprägte Stigmatisierung. Aufgrund der allgemein gültigen Identitätsnorm kann sich dann bei stigmatisierten Personen ein Inferioritätsbewußtsein entwickeln. Aber auch jede nicht stigmatisierte Person wird Goffman zufolge im Lauf ihres Lebens Stigma-Erfahrungen machen, da es niemandem gelingen kann, zu jeder Situation allen gesellschaftlichen Standards zu entsprechen. Deshalb ist zu erwarten, daß das Problem des Stigma sowie dessen Bewältigung in allen Gesellschaften mit Identitätsnormen auftaucht.

Bei der Erfassung und Beschreibung struktureller Vorbedingungen des Stigma sowie einer Definition des Begriffes stützt sich Goffman auf die Annahme, daß die Gesellschaft Mittel zur Kategorisierung von Personen schafft, inklusive eines kompletten Satzes von Attributen für die Mitglieder jeder Kategorie. Denn damit ist jede Person beim ersten Anblick eines/einer Fremden befähigt, dessen/deren soziale Identität zu antizipieren. Diese soziale Identität umfaßt weitreichender als der Terminus des „sozialen Status“ sowohl Charaktereigenschaften als auch strukturelle Merkmale.

Attribute werden immer dann zu Stigmata, wenn sie eine diskreditierende Wirkung haben und mit dem Stereotyp dessen, was „ein gegebener Typus von Individuum sein sollte“, unvereinbar sind. Deshalb können nicht Eigenschaften an sich, losgelöst aus ihrem Kontext, kreditierend oder diskreditierend sein, sondern erst das Verhältnis von Eigenschaften zu einem bestimmten Typus macht Kredit oder Diskredit aus. Das heißt: Dieselbe Eigenschaft kann sowohl eine Person stigmatisieren als auch die Normalität einer anderen Person bestätigen.

Grundsätzlich unterscheidet Goffman zwischen drei Stigma-Kategorien, (1) der physischen Deformation, (2) dem individuellen Charakterfehler, der an die Eigenverantwortung des Individuums gekoppelt ist, sowie den (3) phylogenetischen Stigmata wie Rasse, Nation und Religion. Allen 3 Kategorien ist gemeinsam:

> „Ein Individuum, das leicht in den gewöhnlichen sozialen Verkehr hätte aufgenommen werden können, besitzt ein Merkmal, das sich der Aufmerksamkeit aufdrängen und bewirken kann, daß wir uns bei der Begegnung mit diesem Individuum von ihm abwenden, wodurch der Anspruch, den seine anderen Eigenschaften an uns stellen, gebrochen wird. Es hat ein Stigma, das heißt, es ist in unerwünschter Weise anders, als wir es antizipiert hatten.“ (Goffman, 1988:13)

Diesen Stigmatisierten stellt Goffman in seinen Analysen die „Normalen“ entgegen. Sie definiert er als Personen, die nicht negativ von den jeweils in Frage kommenden Erwartungen abweichen und deren Haltungen gegenüber den Stigmatisierten häufig durch Diskriminierungen gekennzeichnet sind.

Zu den Möglichkeiten, mit stigmatisierten Personen umzugehen und auf deren Situation einzugehen, zählt Goffman die Akzeptierung des „Fehlers“ oder den Versuch der Korrektur dessen, was als objektive Basis für den Fehler angesehen wird. Neben einer eventuell direkten Korrektur bei physischer Deformation kann sich die stigmatiserte Person auch um eine indirekte Korrektur bemühen, deren Grundlage die Meisterung von Tätigkeitsbereichen ist, die eigentlich für jeden in dieser Lage aus akzidentellen und physischen Gründen verschlossen sind.[18] Eine andere Möglichkeit besteht für die stigmatisierte Person in einem abweisenden Verhalten der ihr offerierten sogenannten Realität oder in einem Bruch mit ihr. Sie kann daraufhin versuchen, eine unkonventionelle Auffassung von der Eigenart ihrer sozialen Identität zu entwickeln und durchzusetzen.

Die Momente unmittelbarer Begegnung zwischen Stigmatisierten und „Normalen“ lassen sich aus der Sicht der Stigmatisierten in sechs Punkten beschreiben:

(1) Aufgrund der gleichen Auffassung von Normalität bei Stigmatisierten und Nicht-Stigmatisierten zwingen die diskriminierenden Reaktionen letzterer die stigmatisierte Person zu dem Eingeständnis, tatsächlich hinter das zurückzufallen, was sie realiter sein sollte. Aufgrund der deshalb entstehenden Empfindung entwickelt die betreffende Person ein Inferioritätsbewußtsein, insbesondere dann, wenn das meist heilsame Feedback des sozialen Umgangs durch ein isoliertes Dasein fehlt.

(2) Die stigmatisierte Person wird von einer umfassenden Statusunsicherheit beherrscht, da zu anfang einer neuen Bekanntschaft immer Unklarheit darüber bestehen wird, welche Haltung die Person gegenüber dem Stigma-Attribut einnehmen wird.

(3) Selbst bei einer, wie Goffman es formuliert, „günstigen“ Haltung des Gegenübers, ist häufig dessen/deren innerer Vorbehalt zu spüren, so daß niemals ganz sicher erkennbar ist, was diese Person wirklich über den/die Stigmatisierte(n) denkt.

(4) Auch das gewöhnliche Interpretationsschema alltäglicher Ereignisse fällt weg, indem beispielsweise unbedeutende Fertigkeiten bei einer durch ein Stigma diskreditierten Person als Zeichen bemerkenswerter Fähigkeiten eingestuft werden.

(5) Auch die Inversform, d.h. unbedeutende Fehler oder Fehlleistungen als direkten Ausdruck der Andersartigkeit (fehl) zu interpretieren, kennzeichnet die Situation der/des Stigmatisierten. Unter diesen kontingenten Verknüpfungen leiden besonders Personen, denen das Stigma nervlicher Überforderung bis hin zu geistiger Verwirrung anhaftet und die aus diesem Grund z.B. scharfe Auseinandersetzungen scheuen.
(6) Aufgrund der Anforderungen, die beim Eintritt in eine gemischte soziale Situation an die stigmatisierte Person gestellt werden, kann es auch dazu kommen, daß die betreffende Person antizipatorisch durch defensives Sich-Verkriechen reagiert. (vgl. Goffman, 1988:15ff.)

Basierend auf seiner Annahme, daß Stigmatisierte soziale Interaktionen so empfinden, daß sie sich zu angstbeladenen Situationen entwickeln können und daß auch „Normale“ die Interaktion als prekär empfinden, folgert Goffman, daß es zu einer Pathologie der Interaktion kommen muß, die sich aus der Verwendung von Kategorisierungen seitens der „Normalen“ erklären, die nicht passen.

Eine deutliche Unterscheidung muß zwischen dem Diskreditiert- und dem Diskreditierbar-Sein getroffen werden. Im Gegensatz zu Personen mit offen sichtbaren Stigmata können Personen mit einem „unsichtbaren Stigma“, wie dem Ehrenstigma, ihre wirkliche soziale Identität verheimlichen. Damit ist die Person allerdings mit dem Problem konfrontiert, von Menschen akzeptiert zu werden, von denen anzunehmen ist, daß sie Vorbehalte gegen Gruppen hätten, als deren Mitglied oder gewesenes Mitglied die/der jeweils Betreffende identifiziert werden könnte. Goffman bezeichnet das Umgehen mit diesem Problem als „Management nicht offenbarter diskreditierender Informationen über sich selbst“. (vgl. 1988:57)

Zu den üblichen Techniken der Informationskontrolle über einen „geheimen Defekt“ rechnet Goffman vor allem die folgenden 5 Strategien, die zweifelsohne beträchtliche Konsequenzen für die persönliche Identität[19] der/des Stigmatisierten haben:

(1) das Verstecken von Zeichen, die zu Stigma-Symbolen geworden sind;
(2) die Darstellung eines stigmatiserenden Fehlers als Zeichen eines anderen Attributes, so z.B. das Vortäuschen, Tagträumerin zu sein bei starker Schwerhörigkeit;
(3) die dritte Variante des Informationsmanagements beinhaltet die Einbeziehung des engsten Vertrautenkreises in das Stigma-Problem, während einer größeren Öffentlichkeit das Stigma verheimlicht wird. Somit ist einerseits das Risiko gemindert, von einer diskreditierbaren zu einer dis-

kreditierten Person gemacht zu werden. Darüber hinaus kann die betreffende Person in heiklen Situationen auf die Hilfe und Verschwiegenheit des engsten Kreises rechnen.

(4) Auch die Aufrechterhaltung physischer Distanz rechnet Goffman zum Stigma-Management, da damit die Tendenz einer potentiellen Identifizierung durch fremde Personen möglichst gering gehalten werden kann, z.B. das Wohnen in einer Gegend mit mobiler Bevölkerung statt auf dem Dorf.

(5) Die Technik der freiwilligen Stigma-Preisgabe geht für die stimatisierte Person mit einer radikalen Umformung der Situation einher. Waren vorher Informationen zu managen, so sind es jetzt unbequeme soziale Situationen. Im Gegensatz zu den vorangegangenen Managements bleibt die Kontrolle über die Situation in der Hand der/des Stigmatisierten. Diese freiwillige Enthüllung setzt allerdings auch die Stigma-Akzeptanz der betroffenen Person voraus. (vgl. Goffman, 1988:116ff.)[20]

Der moralische Werdegang, die Lernerfahrungen und die Veränderungen in der Selbstauffassung beschreiben einen ähnlichen Sozialisationsprozeß stigmatisierter Personen. Auf die erste Sozialisationsphase, die durch das Erlernen normaler Standpunkte und Standards sowie die damit implizite Erfahrung eigener Disqualifikation gekennzeichnet ist,[21] folgt als nächste Phase, die oben beschriebenen Techniken der Informationskontrolle beim Stigma-Management zu erlernen, um dem Modus der Behandlung durch andere gewachsen zu sein. Schwierigkeiten ergeben sich Goffman zufolge aus dem hohen psychischen Druck, entstanden aus der Angst vor Entdeckung, da hierdurch nicht nur die gegenwärtige soziale Situation, sondern auch bestehende soziale Beziehungen beeinträchtigt werden können. Ein weiterer Aspekt bezüglich der psychischen Belastung bezieht sich auf den Verlust der Unbeschwertheit in allen alltäglichen sozialen Situationen, da sich die täuschende Person fortwährend aller Aspekte der Situation in Form eines ständigen Abtastens bewußt sein muß. Dabei können normalerweise unbedachte Routineangelegenheiten für die diskreditierbare Person zum Management-Problem werden, da jede Situation von ihr gesteuert werden muß.

Ich-Identität definiert Goffman als eine zuallererst subjektive und reflexive Angelegenheit. Sie umfaßt das subjektive Empfinden der eigenen Situation, der eigenen Kontinuität und Eigenart, das jemand als Resultat seiner verschiedenen sozialen Erfahrungen erwirbt. Dieser Aspekt der Ich-Identität ermöglicht die Betrachtung dessen, was eine stigmatisierte Person über das eigene Stigma und dessen Management empfindet. Da sich Stigmatisierte an derselben Auffassung von Normalität messen wie „Normale", gleichzeitig aber als „andersartig“ definiert werden, entwickeln sie eine Ambivalenz hinsichtlich des eigenen Ichs. Hinweise auf diese Identitätsambivalenz ergeben sich aus der bei Stigma-Personen beobachtbaren Tendenz, gegenüber evidenter Stigmatisierten genau das Verhaltensrepertoire einzunehmen, wie es gewöhnlich die „Normalen“ ihm/ihr gegenüber einnehmen. Diese Ambivalenz ist auch in Situationen wahrzunehmen, in denen sich jemand mit Gleich-Stigmatisierten konfrontiert sieht, die ihrerseits die dem Stigma assoziierten Negativ-Attribute betonen. Demnach haben Stigmatiserte zwei Identitäten, die der „Normalen“, mit der sie sich vergeblich identifizieren, und die defekte, die hinter dem Ich-Ideal zurückbleibt.

Anstrengungen, sich aus diesem Dilemma des „Widerspruchs-an-sich“ zu lösen, führen zu einem Balanceakt für die stigmatisiserte Person. Er beinhaltet die Demonstration von Leichtigkeit trotz der Belastung durch das Stigma sowie die Betonung eigener Normalität, um die Akzeptierungsbereitschaft der „Normalen“ nicht zu sehr zu strapazieren. Für Goffman liegt die Ironie nicht nur in der geforderten Haltung, geduldig die durch das Stigma ausgelöste Spannung abzubauen, sondern viel mehr noch in der Ausnutzung dieser geforderten Haltung seitens der „Normalen“:

> „Wenn es (das Individuum, d.V.) tatsächlich begehrt, soweit wie möglich ‚wie jede andere Person‘ zu leben und akzeptiert zu werden als ‚das, was es wirklich ist‘, dann ist in vielen Fällen die klügste Position, die es einnehmen kann, diese, die einen falschen Boden hat; denn in vielen Fällen kann das Ausmaß, in dem Normale das stigmatisierte Individuum akzeptieren, dadurch maximiert werden, daß es mit vollkommener Spontaneität und Natürlichkeit agiert, als ob seine bedingte Akzeptierung, die zu strapazieren es sich wohl hütet, volle Akzeptierung sei.“ (Goffman, 1988:152/153)

Erst wenn diese Anpassung „gelingt“, wird behauptet, die Person habe einen starken Charakter, sei ein Erwachsener mit Würde und Selbstachtung. Die Konsequenz für die Ich-Identität des Individuums ist jedoch fatal:

> „Und wahrhaftig wird es (das Individuum, d.V.) ein Ich für sich akzeptiert haben; aber dieses Ich ist, wie es notwendig sein muß, ein im Gastland wohnender Fremdling, eine Stimme der Gruppe, die für und durch es spricht.“ (Goffman, 1988:153)

Die Lösung der Dilemma-Situation liegt nach Goffman in einer unvollständigen Erfüllung der Erwartungen, da es – nachdem die Stigma-Person sich ständig in dieser ambivalenten Sitauition befindet – wahrscheinlich keine authentische Lösung gibt. Die Fortführung der Interaktion muß gesichert bleiben, und die einzelne Person muß durch partielle Zurückweisung von Ansprüchen die Konsistenz der eigenen Individualität wahren. Für die Interaktionspartner bleibt diese nur unvollständiger Erfüllung deshalb zufriedenstellend, weil in der Handlung ein scheinbares Eingehen auf die Erwartungen der anderen signalisiert wird.

Diese demonstrierte „Schein-Normalität" („phantom-normalcy") einer Interaktion steht bei Goffman als Synonym für die Wahrung der sozialen Identität. Sie läßt sich nur auf der Basis einer Schein-Akzeptierung („phantom-acceptance") seitens der Normalen bilden und dient der Aufrechterhaltung einer Interaktion. Da Goffman analog zur „phantom-normalcy" keinen Begriff für die Wahrung der persönlichen Identität geprägt hat, schlägt Habermas die Einführung der Kategorisierung „fiktive Einzigartigkeit" („phantom-uniqueness") vor. (vgl. Rucht, 1979:43)

„Damit soll der Sachverhalt bezeichnet werden, daß jeder Interaktionspartner den Schein seiner Individualität zum Ausdruck bringt und zugleich sich als soziale Existenz vermittelt, was ihm u.a. die Antizipation der Erwartungen anderer und somit Interaktion überhaupt erst ermöglicht." (Rucht, 1979:44)

Goffmans Identitätsbegriff der Ich-Identität ist somit als Vermittlungsleistung zu verstehen, in der diskrepante Anforderungen an die soziale und personale Identität zu einer Integration beider Identitäten führt. Diesen schon erwähnten Balanceakt beschreibt Krappmann unter Bezug auf Habermas zusammenfassend wie folgt:

„Ich-Identität erreicht das Individuum in dem Ausmaß, als es, die Erwartungen der anderen zugleich akzeptierend und sich von ihnen abstoßend, seine besondere Individualität festhalten und im Medium gemeinsamer Sprache darstellen kann." (Krappmann, 1982:208)

Demzufolge ist die Ich-Identität als eine subjektive Bedürnisdisposition des Individuums zu betrachten.[22]

Die Dynamik der Andersartigkeit zwischen Stigmatisierten und „Normalen" deutet Goffman als ein allgemeines Merkmal sozialen Lebens. Die soziale Realität wird vom folgsamen Mitglied einer stigmatisierten Gruppe und der „normalen" Person aufrechterhalten. Bezüglich des Stigmas folgert Goffman, daß es einen durchgehenden sozialen Zwei-Rollen-Prozeß umfaßt, in dem jedes Individuum, zumindest in einigen Lebensphasen und Zusammenhängen, an beiden Rollen partizipiert:

„Der Normale und der Stigmatisierte sind nicht Personen, sondern eher Perspektiven. Diese werden erzeugt in sozialen Situationen während gemischter Kontakte kraft der unrealisierten Normen, die auf das Zusammentreffen einwirken dürften. Die lebenslänglichen Attribute eines bestimmten Individuums können bewirken, daß es als Typ festgelegt ist; (...) Ihre bestimmten stigmatisierenden Attribute determinieren jedoch nicht die Natur der zwei Rollen normal und stigmatisiert, sondern bloß die Häufigkeit, mit der sie eine von ihnen spielt." (Goffman, 1988:170)

Daß der Mensch beide Transformationstypen von stigmatisierter zu „normaler“ Person und umgedreht psychologisch ertragen kann, führt Goffman zu der Auffassung, daß Standardfähigkeiten und Training jeden ausrüsten, beide Möglichkeiten zu handhaben. Es ist nicht kompliziert, die neue Position zu erlernen, da es „nur“ eine neue Ausrichtung innerhalb eines alten Bezugsrahmens ist. Tragisch ist nicht die plötzliche Verwirrung eines Individuums über seine Identität, sondern das genaue Wissen darüber, was es nun ist. Dieser Aspekt der Persönlichkeitsveränderung spielt ebenso bei Befreiung wie bei Betroffenheit von einem Stigma eine wesentliche Rolle. In beiden Extremen verändert sich die Persönlichkeit, da das Individuum in eine neue Beziehung zu den Akzeptierungsgegebenheiten in unmittelbarer Interaktion gestellt ist, d.h. die Persönlichkeit verändert sich in Richtung auf das Akzeptierbare. (vgl. Goffman, 1988:162/163)

Aufgrund der allgemeinen Identitätswerte wird auch die „normale“ Person Stigma-Erfahrungen in sozialen Situationen gemacht haben, in denen selbst ein kleiner Fehler drohende Ausmaße annehmen und eine Kluft zwischen virtualer und aktualer sozialer Identität schaffen kann.[23] Damit unterstreicht Goffman seine Feststellung, daß das Stigma-Management ein allgemeiner Bestandteil von Gesellschaften mit Identitätsnormen ist, unabhängig davon, ob eine stigmatisch definierte Andersartigkeit oder nur eine unbedeutende Andersartigkeit in Frage steht.

Normen, die z.B. mit physischer Schönheit assoziiert sind, können die Form von Idealen annehmen und dabei Standards konstituieren, hinter denen fast jede(r) irgendwann zurückbleibt. Goffman spricht in diesem Zusammenhang von einer Vielheit von Normen mit dem Effekt der Disqualifikation vieler. Deshalb hält er seine Beobachtungen für übertragbar auf die Situation der „normalen“ Person, da es auch ihr niemals gelingen kann, allen normierten und stereotypisierten Erwartungen zu entsprechen; auch sie bildet eine Schein-Normalität. So setzt sich das Ensemble von Werten, das in Amerika ein vollständiges und akzeptables männliches Wesen ausmachen würde, wie folgt zusammen:

„...ein junger, verheirateter, weißer, städtischer, nordstaatlicher, heterosexueller, protestantischer Vater mit Collegebildung, voll beschäftigt, von gutem Aussehen, normal in Gewicht und Größe und mit Erfolgen im Sport.“ (Goffman, 1988:158)

Jeder Mann wird dazu tendieren, sich aus dieser Perspektive zu betrachten und zumindest zeitweise Inferioritätsgefühle verspüren, sofern er in einem der Punkte versagt.

Für die vorliegende Arbeit ist Goffmans Stigma-Theorem vor allem deshalb von Interesse, weil es ihm gelingt, über die Beschreibung der Identität hinaus aufzuzeigen, vor welche Schwierigkeiten sich eine stigmatisierte Person bei der Identitätssuche gestellt sieht. Aufgrund seiner genauen Analysen ist es möglich, nachzuvollziehen, inwieweit sich der Aspekt der Stigmatisierung und die damit einhergehenden diskrepanten Anforderungen sowohl auf die soziale als auch auf die persönliche Identität auswirken, so daß der Begriff der Ich-Identität als Vermittlungsleistung zu verstehen ist. Die Herleitung, daß das Stigma-Management ein allgemeiner Bestandteil von Gesellschaft mit Identitätsnormen ist, erleichtert die Übertragung seiner Theorie auf die Frage, inwieweit Personen mit einem „natürlichen" Stigma, – z.B. dem der Weiblichkeit – vor ähnlich diskrepante Anforderungen gestellt werden, ob sich ähnliche Konsequenzen für die Ich-Identität ergeben und somit eventuelle Identitätsambivalenzen erklärt werden können.

A. Strauss

Ebenso wie Goffman orientiert sich auch Anselm Strauss in seiner Auseinandersetzung mit der Identitätsthematik an Meads Theorie der symbolischen Interaktion. Hierbei nimmt er eine sozialpsychologische Position ein, da ihm zufolge Psychologie und Psychiatrie den Einfluß der sozialen Organisation auf individuelles Verhalten und individuelle Struktur unterschätzen, sich analog soziologisches Hauptinteresse jedoch zu ausschließlich auf soziale Organisation richtet. Er betrachtet die Identität unter dem Aspekt der fortwährenden Unbestimmbarkeit in sich ständig verändernden sozialen Kontexten und nimmt dies als Fundament für die Untersuchung des „Identitätswandels". Sein Ziel ist es nicht, Aussagen zur Struktur oder Organisation der Persönlichkeit zu machen, sondern Wege der Theoriebildung und empirischen Forschung über die sozialen Prozesse aufzuzeigen, aus denen Identität entsteht.

Innerhalb der Psychologie setzt sich Strauss kritisch von den Vertretern der psychoanalytischen Persönlichkeitspsychologie ab. Ihrer Annahme, daß sich der wesentliche Kern der Persönlichkeit schon im frühen Kindesalter herausbildet und spätere Veränderungen nur Varianten der ursprünglichen Persönlichkeitsorganisation sind, hält Strauss die unfertige, nie abgeschlossene Natur jedes individuellen Lebens entgegen. Entsprechend wird der „tentative, explorative, problematische, abschweifende, wandelbare und nur teilweise einheitliche Charakter menschlicher Handlungsverläufe" hervorgehoben. (Strauss, 1974:97) Die grundsätzliche Kritik an der Annahme, Veränderungen im späteren Leben seien nur „Variationen über ein Grundthema" (ebd.) setzt ihn auch in Widerspruch zu der Prämisse, es gäbe bestimmte Stufen, die der menschliche Organismus durchlaufen muß. (vgl. z.B. Erikson, 1959) Eine Gleichsetzung von Entwicklung mit körperlicher Reifung und den damit assoziierten Annahmen über das Wesen des gesunden Funktionierens, wie es psychiatrische Persönlichkeitsmodelle nahelegen, bedürfen seiner Auffassung nach der Ergänzung.

Der Mead'schen Tradition folgend siedelt Strauss die Konstituierung von Identität vorrangig in der sozialen Sphäre an:

„Aber Identität, was immer sie sonst sein mag, ist verbunden mit den schicksalhaften Einschätzungen seiner selbst – durch sich selbst und durch andere. Jeder präsentiert sich anderen und sich selbst und sieht sich in den Spiegeln ihrer Urteile. Die Masken, die er der Welt und ihren Bürgern zeigt, sind nach seinen Antizipationen ihrer Urteile geformt. Auch die anderen präsentieren sich; sie tragen ihre eigenen Masken und werden ihrerseits eingeschätzt." (Strauss, 1974:7)

Die Strauss'sche Metapher, personale Identität eines Individuums als ein „Reflexbündel in einem Mehrfachspiegel" zu beschreiben, macht deutlich, wie riskant, voraussetzungsvoll und krisenanfällig die Stabilisierung von Identität gesehen wird, (vgl. Dubiel, 1973:20) zumal er die Entwicklung menschlicher Handlungsverläufe als nie endenden Prozeß betrachtet. Eine dennoch stabile Entwicklung und Wandlung der Identität sieht Strauss durch institutionelle Präformationen gesichert, in denen sich der Identitätswandel vollziehen kann. Entscheidende Signifikanz weist er der Sprache zu, indem er formuliert:

„Sprache muß im Mittelpunkt jeder Diskussion über Identität stehen." (Strauss, 1974:13)

Obwohl er selbst eine Definition der Identität ablehnt, beschreibt Dubiel diese im Strauss'schen Sinne als „die Adäquanz des sprachlich artikulierbaren Selbstdeutungsschemas eines Individuums zu dem jeweiligen Stadium seiner psychosozialen Entwicklung." (Dubiel, 1973:21)

Strauss unterscheidet zwischen den Termini „Sprache", „Benennung", „Klassifikation" und „Bewertung". Sprache selbst steht synonym für menschliches Sprechen. Anlehnend an Burke's Begriffsbestimmung der Definition: „eine Sache definieren oder determinieren heißt ihre Grenzen markieren", (zit. in: Strauss, 1974:18) meint Benennung, daß ein Gegenstand in eine bestimmte Kategorie eingeordnet – klassifiziert – werden kann. Dabei ist Benennen nicht von Klassifizieren zu trennen. Die Art und Weise, wie Dinge in einer Klasse zusammengefaßt werden, zeigt immer die Perspektive des Klassifizierenden auf. Den Zusammenhang zwischen Klassifikation und Bewertung erläutert Strauss durch die Überlegung, daß Werte nicht in den Objekten sind, sondern selbst deren Bewertungen sind.

„Klassifikation, Wissen und Wert scheinen untrennbar zu sein." (Strauss, 1974:22)

Laut Strauss entwickelt jede menschliche Gruppe eine Spezialsprache, mit deren Hilfe sich die je spezifische Art und Weise ergibt, die für das Gruppenhandeln wichtigen Objekte zu identifizieren. Diese gemeinsame Terminologie erklärt das Phänomen, daß verschiedene Gruppen ein Ereignis aus unterschiedlichem Blickwinkel betrachten und daher unterschiedlich beurteilen. Auch die Richtung des Handelns hängt davon ab, wie ein Objekt klassifiziert wird. Entsprechend trägt die Neubennung eines Objektes zu einer Neueinschätzung unserer Beziehung zu ihm bei, so daß es zu einer Änderung des eigenen Verhaltens gemäß dieser Neueinschätzung kommt. So ist zu verstehen, daß durch die Erweiterung bestehender bzw. begrenzter Terminologien je neue Handlungspfade für die Person erkennbar werden.

„Auf der Suche nach Identität ändert das Individuum im Spiel der Rollen und Masken seine Sprache und bildet neue Terminologien aus, die sich in der Interaktion mit anderen bewähren müssen." (Vorspann zu: Strauss, 1974).

Auch am Extrembeispiel der sogenannten Gehirnwäsche illustriert Strauss den Zusammenhang von Sprache, Identität und Identitätswandel. Hierbei wird der Person ein neues Vokabular an die Hand gegeben, mit dem sie Objekte und Ereignisse neu benennen und neu bewerten wird. Automatisch werden auch Urteile über ihre eigenen Handlungen revidiert, so daß sie zu einer Neueinschätzung ihrer alten Motive gezwungen ist. Diese Neueinschätzung wird mit Hilfe der neuen Terminologie trainiert. Generell gilt:

„..., daß eine Person durch die Aneignung neuer Termini etwas anderes wird, als sie einmal war. Terminologische Verschiebungen machen neue Bewertungen notwendig und signalisieren sie zugleich: solche des Selbst und anderer, von Ereignissen, Akten und Objekten; und die Transformation der Wahrnehmung ist irreversibel; hat sie sich einmal geändert, gibt es kein Zurück. Man kann zwar zurückschauen, aber nur von seinem neuen Status aus bewerten." (Strauss, 1974:98/99)

Identität und Interaktion sind eng miteinander verknüpft, weil sich die Einschätzung seiner selbst und die Einschätzung anderer im Prozeß der Interaktion vollzieht. In diesem Zusammenhang wendet sich Strauss jedoch mit Vehemenz gegen eine zu einfache Definition der Interaktion. Sie muß als Prozeß verstanden werden und nicht als eine Serie von Momenten. Die Kompliziertheit ergibt sich daraus, daß die teilnehmenden Personen die Aufgaben zu übernehmen haben, bei dem anderen dessen allgemeine Absicht in der Situation einzuschätzen, dessen Reaktion auf sich selbst sowie dessen Gefühle und Reaktionen gegenüber mir, dem Empfänger und Beobachter seiner Handlungen. Eine adäquate Erfassung dieses Prozesses ist laut Strauss aber nur dann möglich, wenn die Interaktion nicht länger ausschließlich als ein Vorgang zwischen rollenspielenden Individuen betrachtet wird. Deshalb tritt bei ihm über die Feststellung: „Handelnde spielen ihre Rollen" hinaus, die Frage: „Wie spielen sie ihre Rollen?" in den Vordergrund. Sich der Metapher der Bühne bedienend macht er auf die Präsenz der „unsichtbaren Akteure" aufmerksam, die gemeinsam mit den zwei Hauptdarstellern auftreten:

„Diese ergänzenden Darsteller repräsentieren ein umfangreiches Netz von Beziehungen: Verwandte, Freunde, Lehrer und so weiter. Einige sind seit langem gestorbene oder aus der Vergangenheit des Darstellers auftauchende Personen (....) Einige der unsichtbaren Akteure werden Legenden und Mythen sein, die in das Drama der menschlichen Hauptdarsteller eintreten und ihre Handlung beeinflussen." (Strauss, 1974:58/59)

Die Veränderungen von Personen im Erwachsenenalter betrachtet Strauss als eine Reihe aufeinander bezogener Transformationen, mit denen ein Wandel von Identität einhergeht, der sich im Medium der Sprache vollzieht. Transformationen, als Akte eines bergifflichen Wandels, implizieren ihrerseits Wandlungen im Verhalten und beeinflussen den Verlauf von Erwachsenenkarrieren. Die Transformation von Identitäten werden, wie beispielsweise in der Professorenlaufbahn, durch hoch institutionalisierte Statusübergänge ermöglicht. Auch die Lebensläufe von Männern und Frauen generell können als eine Reihe von Statusübergängen betrachtet werden. So sind bislang die Passagen: Braut, Ehefrau, Mutter, Kindeserzieherin, für die Frau kennzeichnend gewesen. Die Funktion institutionalisierter Statusübergänge liegt in der Vorgabe und Einhaltung einer Ordnung, die allen als Orientierung dient[24] und somit sowohl für die Gruppe als auch für die eigene Erfahrung eine Kontiniutät durch eine geregelte Kette von Statusprogressionen sichert:

„Sofern aufgrund der relativen Stabilität jener Sozialstrukturen deren Mitglied man ist, Karrieren geplant und realisiert werden können, ist die Kontinuität und Erhaltung der Identität gesichert und auf ein Maximum gebracht; (...) Aber die Bewegung von Status zu Status setzt ebenso wie die Frustration, unfreiwillig in einem Status bleiben zu müssen, die Bedingungen für Wandel und Entwicklung von Identitäten." (Strauss, 1974:116)

Für Strauss gibt es eine Kontinuität der Identität nur im Bewußtsein der/des einzelnen. Entscheidend für Gefühle der Kontinuität bzw. Unterbrechung ist die terminologische Einschätzung, denn:

„Das subjektive Gefühl der Kontinuität hängt nicht nur von der Anzahl oder dem Grad der Verhaltensänderungen ab, sondern von dem begrifflichen Bezugsrahmen, innerhalb dessen sonst nicht übereinstimmende Ereignisse in Einklang gebracht und verknüpft werden können." (Strauss, 1974:158)

Sowohl Autobiographie als auch Biographie haben für Strauss eben diese Funktion, d.h. sie sollen das Bewußtsein von einer konstanten Identität schaffen.

Die Relevanz dieses sozialpsychologischen Konzeptes ergibt sich aus der zentralen Position, die Strauss der Sprache zuweist. In ihr vollzieht sich Identitätsentwicklung und Veränderung. Akte des begrifflichen Wandelns implizieren zugleich ein „anderes" Wahrnehmen, Erinnern und Werten. Das eigene Verhalten verändert sich gemäß der Neubennennung eines Objektes oder Ereignisses, wobei institutionelle Präformationen die Transformation von Identitäten sichern.

Inhalte einer geschlechtsspezifischen Identität für Mädchen – wie sie in den Statuspassagen der weiblichen Normalbiographie zum Ausdruck kommen – verweisen jedoch auch auf den normativen Charakter institutionalisierter Statusübergänge. So muß die repressive Wirkung der in den Statuspassagen verankerten Klischees verengter und traditioneller Erziehungsleitbilder zwangsläufig Einfluß auf die Identitätsentwicklung nehmen. Dieser zunächst negativ konnotierte Aspekt der Strauss'schen Forschung findet jedoch eine für die vorliegende Arbeit bedeutsame Wendung, da mit Hilfe seiner Konzeption radikale Verschiebungen der Identität aufgrund von Neubewertungen erfolgen und es zur Neueinschätzung der eigenen Haltung und Motive kommen kann. Für den weiblichen Lebenszusammenhang bedeutet dies die Eröffnung neuer Perspektiven, indem z.B. Neuinterpretationen direkt für die institutionellen Präformationen geltend gemacht werden. So wird die Neubenennung von Statuspassagen – Erziehungsarbeit statt Familienpause, Familienmanagerin statt Hausfrau – veränderte Haltungen als auch eine veränderte Selbsteinschätzung nach sich ziehen. In diesem Zusammenhang ist die Betrachtung menschlicher Entwicklung als fortwährender Prozeß statt als Variation über ein Grundthema bedeutsam, heißt es doch, daß lebenslanges Lernen und Umlernen und somit „Offensein für Veränderungen" möglich sind.

Wenn Strauss jedoch personale Identität ausschließlich als „Reflexbündel in einem Mehrfachspiegel" sieht, stellt sich die Frage, inwieweit dieser Spiegel, als Reflexion des Ich durch andere, aufgrund der einfließenden Bewertungen des Gegenüber, ungenau ist, und ob hierdurch nicht gerade die Spiegelung des Verhaltens von Frauen eine diskursive Ausgrenzung erfährt?

Werfen wir einen Blick zurück auf den „roten Faden" des ersten Kapitels: Allports Persönlichkeitstheorie greift mit dem substanztheoretischen Konzept die Frage nach der Einmaligkeit des Individuums auf und verweist auf den einzelnen/die einzelne in seiner/ihrer Unverwechselbarkeit mit anderen. Kohlberg, als Vertreter einer kognitivistischen Entwicklungspsychologie, deckt in Anlehnung an Piaget Moralentwicklung als essentiellen Teil der für die Ich-Identität entscheidenden Persönlichkeitsentwicklung auf. Meads

Theorie des Symbolischen Interaktionismus bestimmt die Entwicklung der Identität als ausschließlich gesellschaftliches Phänomen. Die Handlungen der Individuen werden durch signifikante Symbole ausgelöst, die als Determinator der Situation wirken. Der Ich-Begriff wird als ein System von introjizierten sozialen Attitüden gefaßt. In Anlehnung an Mead findet mit Strauss die Auseinandersetzung mit der Identitätsthematik unter besonderer Betonung der Relevanz von Sprache für die Identitätsentwicklung statt, da Identitätstransformationen institutionell präformiert sind. Die Sprache ist diejenige Institution, in der sich dieser Vorgang zeigt und wo er reflektiert wird. Ebenso wie Strauss orientiert sich auch Goffmann an der symbolischen Interaktionstheorie, wobei er die Identitätsgenese unter Betonung des negativen Aspektes der Identität als Identitätsverlust thematisiert.

Keine der Theorien allein ist in der Lage, Identität und Identitätsgenese insgesamt zu erfassen. Hierzu bedarf es der Synthese unterschiedlicher Aspekte aus den je unterschiedlichen Theorien. Es dürfte aber schon deutlich geworden sein, daß die vorgestellten Identitätskonzepte das Problem der weiblichen Identität nicht zureichend thematisieren; d.h. sie berücksichtigen die Geschlechterdifferenz nicht in der Weise, daß sie zentral in die Konstitution von Identität eingeht. Vielmehr erscheint die Geschlechtsdifferenz als Resultante oder als Spezifikation einer zunächst geschlechtsneutral vorgestellten Identität, so daß der Verdacht sich nicht abweisen läßt, es handle sich in Wahrheit eben doch um eine männliche Identität, der eine weibliche außerdem noch beigeordnet wird. Insofern erfordert die adäquate Behandlung weiblicher Identität eine substanzielle Erweiterung der bisher erörterten Vorstellungen aus feministischer Perspektive. Dies wird das explizite Thema des folgenden Kapitels sein.

II Geschlechterdifferenz und Identität

Im Kapitel II wird die Geschlechterdifferenz und deren Bezug zur weiblichen Identitätsentwicklung thematisiert. Die physiologische Geschlechterdifferenz hat sich in symbolischen Ordnungen Geltung verschafft und verweist auf die soziale Dimension der Geschlechtszugehörigkeit. Kognitive Prozesse der Fremd- und Selbstwahrnehmung sowie Verhaltenskonsequenzen, z.B. die Zuschreibung von Erfolg und Mißerfolg, wie sie von den Attributionstheorien aufgegriffen werden, orientieren sich an dieser symbolischen Ordnung kultureller Zweigeschlechtlichkeit. Kovariationen werden festgestellt und als Kausalbeziehungen interpretiert. Das heißt, diese Prozesse erzeugen eine soziale Wirklichkeit, indem durch sie ein Handeln auf Vorstellungen hin und nicht auf realitätsgetreue Abbildung der sozialen Wirklichkeit ausgelöst wird. Maßgeblich davon beeinflußt wird die differentielle Identitätsgenese von Mädchen und Jungen.

Das Kapitel gliedert sich in drei Abschnitte. In einem ersten Schritt wird durch die Behandlung zeitgeschichtlicher und historischer Aspekte der Weiblichkeit aufgezeigt, warum bislang die Geschlechterdifferenz und damit die „Dimension Weiblichkeit“ in Analysen und Untersuchungen faktisch nicht auftaucht und noch heute der normative Charakter fortbestehender bürgerlicher Weiblichkeitsideologie die Ausgrenzung der Frau aus zentralen Bereichen des (Berufs-)Lebens rechtfertigen kann (II.1.1-II.1.3) In einem zweiten Schritt werden drei Aspekte der sich als Resultat der feministischen Debatte entwickelnden „anderen Sicht“ zur Identität und Identitätsgenese von Mädchen und Frauen vorgestellt. (II.2.1-II.2.3) In einem dritten Schritt werden attributionstheoretische Konzepte (z.B. Kelley, 1967) aufgegriffen, da kognitive Prozesse der Selbst- und Fremdwahrnehmung entscheidenden Einfluß auf Lern- und Sozialisationsvorgänge und somit auf die Entwicklung der Identität haben. Denn das Verhalten einer Person wird in weitgehendem Maße dadurch bestimmt, welche Eigenschaften sie sich selbst zuschreibt und welche Absichten in der Interaktion mit anderen sie diesen zuschreibt. So erklärt sich der Einfluß der für die Lehrpersonen wahrnehmbaren Geschlechterdifferenz auf den schulischen Lehr- und Lernprozeß und damit auch auf die Identitätsgenese von Mädchen. (II.3.1-II.3.2)

II.1 Die Thematisierung weiblicher Identität: historische und zeitgeschichtliche Aspekte

II.1.1 Die historische Dimension des Begriffs „Weiblichkeit"

Man kann weder von ‚der Frau' noch von ‚dem Mann' sprechen, ohne in ein ideologisches Schauspiel zu geraten, in dem Bilder und Mythen gleichzeitig auf der Bühne auftauchen. Vorstellungen von Weiblichkeit und Männlichkeit als polare Eigenschafts- und Fähigkeitskomplexe sind zutiefst in unserem Bewußtsein verankert. Als ideologische Konstrukte avancierten sie zu Erziehungsleitbildern und Orientierungsgrößen, ohne jedoch in der Pädagogik thematisiert und problematisiert zu werden. Dies läßt sich mit dem sozialgeschichtlichen Hintergrund erklären: Zum Zeitpunkt der Aufhebung der Ständegesellschaft sollte die Erziehung in unterschiedlichen Kasten, Klassen und Schichten durch eine Erziehung zum Menschen aufgelöst werden.

> „Die alte Erziehung, gegen die sich Rousseau und die Sprecher des Idealismus richteten, war Standes- und Klassenerziehung: exklusiv; die neue, kommende und anhebende sollte inklusiv sein, ohne Ansehen der Person, der Herkunft, der Religion, der Rasse und des Geschlechts. Was gelernt wird, soll von allen und jedermann gelernt werden; ja die Erziehung erschien und erscheint gerade als das soziale Instrument, um Ungleichheiten aufzuheben, um die Eliten und unverdienten Privilegien auszuhebeln, um Mensch zu werden. Die Erhebung des Menschen zur Menschheit: das ist das Thema bei Kant und Humboldt, bei Diesterweg und durch das ganze 19. Jahrhundert, in der Reformpädagogik; Menschheit verstanden in dem alten Sinne: das Humanum des Menschen, seine Sonderart und Würdestellung ist zu berücksichtigen und über Erziehung zu artikulieren. (...) Man könnte sagen: die Pädagogik soll Einheit und Gleichheit sichern und ermöglichen: eine Menschheit, ein Weg und ein Leben." (Prange, 1991:2)

Theoretisch erfolgte die Entwicklung des Prototypen des bürgerlichen Menschen unabhängig vom Geschlecht.[25] Defizitäre Mädchenausbildung, wie sie sich in den faktischen Verhältnissen jedoch zeigte, wurde von der pädagogischen Theorie nicht aufgegriffen. Bildung erfuhr gegen ihren universalistischen Anspruch diskursiv eine geschlechstspezifische Einschränkung bzw. Aufteilung. (vgl. Schmid, 1987:131)[26] Hieran hat sich bis heute prinzipiell nichts geändert. Worauf basiert diese defizitäre Mädchenausbildung, an welchen Vorstellungen von Weiblichkeit und Männlichkeit orientierte und orientiert sie sich?

„‚Das Weib ist Weib durch das Fehlen bestimmter Eigenschaften, ... Wir müssen das Wesen der Frauen als etwas betrachten, was an einer natürlichen Unvollkommenheit leidet'",

so zitiert Beauvoir (1991:10) Aristoteles und verweist damit auf die Tradition der Menschheitsgeschichte, auf das Bemühen der Religion, der Philosophie, der Theologie, der Naturwissenschaft und Psychologie, die Frau als anthropologischen Sonderfall zu betrachten.[27] Alle Schöpfungsmythen drücken das Unwesentliche der Frau aus, wie es im Christentum der westlichen Kultur noch heute besteht:

„... sie ist seine nach dem Unwesentlichen hin modifizierte Ergänzung." (Beauvoir, 1991:154)

Als zentrales Motiv der Aufklärung wird die Befreiung von der gewaltigen Übermacht der Natur betrachtet. Sie wurde als direkte Umkehrung der bisherigen Machtverhältnisse konzipiert und drückte sich in der Unterwerfung der Natur unter den menschlichen Verstand aus. Der Beschädigung der Natur entspricht nach Schaeffer-Hegel (1987) auch eine Beschädigung des Denkens, das sich in seiner monomanischen Beschränkung auf die Beherrschung zu einem selbständig ablaufenden Prozeß verdinglicht. Dabei bezieht sie sich auf die von Horkheimer und Adorno beschriebenen Kosten, die sowohl der Natur als auch dem menschlichen Geist entstanden.

„Die Menschen bezahlen die Vermehrung ihrer Macht mit der Entfremdung von dem, worüber sie Macht ausüben. Die Aufklärung verhält sich zu den Dingen, wie der Diktator zu den Menschen. Er kennt sie (nur), insofern er sie manipulieren kann." (Horkheimer/Adorno, 1968, zit. in: Schaeffer-Hegel, 1987:121)

Unter Bezugnahme auf Diderots Enzyklopädie beschreibt Steinbrügge (1983) die anthropologische Bestimmung der Frau sowie deren Stellenwert, der ihr in der enzyklopädischen Wissenskatalogisierung zukommt. Dem Charakter des Zeitalters der Aufklärung entsprechend, als dessen wesentliches Merkmal die naturhaft-kreatürliche Charakterisierung des Menschen angesehen werden kann, deutet sie dessen Definition der Frau als „Weibchen des Menschen" zunächst schlicht als Zeichen dafür, daß die Frau als Naturwesen betrachtet wird. Trotz dieser heute provokativ erscheinenden Formulierung wird nicht die anthropologische Bestimmung der Frau in Frage gestellt; sie wird zunächst ebenso wie der Mann als Mensch und als Teil der Natur betrachtet. Die implizite Identität von Mensch und Mann ergibt sich nicht durch die Ausgrenzung der Frau als menschlichem Naturwesen aus dem Begriffsfeld Mensch, sondern:

„Der Ausschluß bezieht sich – implizit – auf die Vernunfteigenschaft des Menschen, die – auch hier implizit – dem Mann zugeschrieben wird." (Steinbrügge, 1983:53)

Im Verständnis der Enzyklopädisten machte die Vernunft als das spezifisch Menschliche allerdings nicht den ganzen Menschen aus, so daß für sie die Frau durch ihre bloße biologische Bestimmung nicht ihr Menschsein verlor. Daß die Definition des „Menschen Mann" und des „Menschen Frau" in der Folge dennoch Unterschiedlichkeit und kulturelle Ungleichwertigkeit implizierte, wird deutlich durch die der Frau zugeschriebene weiblichen Natur, die die Unvereinbarkeit von weiblicher Natur und Naturbeherrschung, als Synonym der Vernunft, beinhaltet. Ihre menschliche Bestimmung fällt mit ihrer Kreatürlichkeit zusammen und allmählich entwickelt der Terminus „Weiblichkeit" pejorativen Charakter.

Daß die Kreatürlichkeit der weiblichen Natur durch die bürgerliche Moral eine gesellschaftlich kulturelle Überformung und damit eine Begrenzung ihres Menschseins erfährt, drückt sich in dem Bild des „honnête homme" aus, in dem sich der Mensch durch seine gesellschaftlich nützliche Tätigkeit realisiert, von der die „honnête femme" ausgeschlossen bleibt. Der Formulierung des bürgerlichen Menschenbildes beim Mann wurde die positive Neubewertung der Arbeit zugrunde gelegt. Der Bereich der Frauenarbeit, potentielle Grundlage einer Neubewertung des Frauenbildes, wurde jedoch unterschlagen und die spezifische Komponente der weiblichen Natur, die Gebärfähigkeit, überhöht. Nach Ansicht Steinbrügges ist dies auf eine, für die physiokratisch orientierte Gesellschaft typische Sichtweise zurückzuführen, in der der menschliche Wert von Mann und Frau in der gesellschaftlichen Nützlichkeit gesehen wird. Die für das zukünftige Frauenbild fatalen Konsequenzen dieses Weiblichkeitskonzeptes äußerten sich in der Folge in dem spezifischen „Bild Mann", definiert durch Vernunftleistung, und in der Bestimmung der Frau, reduziert auf die biologische Funktion der Gebärfähigkeit, deren Menschsein sich in ihrer geschlechtlichen Bestimmung erschöpft. (vgl. Steinbrügge, 1983:59f.)

Gegenüber dem adeligen „conduite" entwickelte das Bürgertum den Gestus bügerlicher Bildung und darüber hinaus die Formulierung eines Geschlechtscharakters. (vgl. Schmid, 1987:131f.) Aktivität, Selbständigkeit, Rationalität und Außenweltorientierung, als Merkmale des Männlichen, stehen Passivität, Abhängigkeit, Emotionalität und Innenweltorientierung als Merkmale des weiblichen Geschlechtscharakters gegenüber. Die Unterschiede werden nun generell durch die Natur erklärt. Die der Frau immanente und von ihr repräsentierte „vollkommmene Weiblichkeit" fand in der „vollkommenen Männlichkeit“ ihre Ergänzung, denn die Feststellung einer Andersartigkeit der Geschlechter kennzeichnete die unterscheidbaren Wesensarten nicht als antagonistisch; vielmehr wurden die Unterschiede als komplementäre, mit dem jeweils anderen sich zur Vollkommenheit ergänzende, begriffen. (vgl. Hausen, 1976:373)[28] Allerdings muß hier von einer schiefen Synthese gesprochen werden, da die dem Männlichkeitsideal inhärenten Werte, trotz zeitweiser Idealisiserung der Determinanten für Weiblichkeit, maßgebend für die Bestimmung des Menschen waren. Die Frau erschien als „anthropologischer Sonderfall“, als „defizitär andere“.

„Seit dem Ende des 18. Jahrhunderts wurde es üblich, das Verhalten des Mannes als Maßstab für das Verhalten von Erwachsenen überhaupt zu nehmen und daran das Verhalten von Frauen mit denen von Kindern oder auch ‚Naturmenschen‘ gleichzusetzen.“ (Schlüter, 1987: 50)[29]

Darüber hinaus muß die scheinbar neutrale Definition der Charaktereigenschaften als natürliche, jedoch ihrem objektiven Wesen nach als eindeutig interessengerichtet begriffen werden. Einmal davon abgesehen, daß aus ihr die Begründung für eine Verwerfung der jeweils aufkommenden Emanzipationsbestrebungen abgeleitet werden kann,

„... wird es mittels der an der ‚natürlichen‘ Weltordnung abgelesenen Definition der ‚Geschlechtercharaktere‘ möglich, die Dissoziation von Erwerbs- und Familienleben als gleichsam natürlich zu deklarieren und damit deren Gegensätzlichkeit nicht nur für notwendig, sondern für ideal zu erachten und zu harmonisieren.“ (Hausen, 1976:278)

Damit einher geht eine Abqualifizierung der häuslichen Arbeit. Gebrauchsgüter, die bislang von der Frau produziert worden waren, konnten nun außerhäuslich erworben werden, mit der Folge, daß die Hausfrauen immer weitergehender aus dem Prozeß der materiellen Produktion hinausgedrängt wurden.[30] Charakteristisch für die Geschlechteranthropologie ist jedoch die gleichzeitig positiv konnotierte Hervorhebung der „Besonderheiten der Frau“, wobei diese durch äußere Höflichkeitsformen scheinbare höhere Wertschätzung der Frau deren Diskriminierung in der gesellschaftlichen Praxis verschleiert.

Durch die immer stärker fortschreitende Dissoziation von Erwerbs- und Familienleben verlor die Familie als Produktionsstätte aufgrund sozioökonomischer Veränderungen zunehmend an Bedeutung. Zwei Sorten Bildung werden notwendig. Für das Erwerbsleben die „nützliche Bildung“, die an Zweckrationalität orientiert ist, und die „allgemeine Bildung“, die der potentiellen Einseitigkeit der Berufsausbildung wirksam entgegentreten soll. Eine nützliche Ausbildung wird zwar beiden Geschlechtern gewährt, nur realisiert sie sich unterschiedlich und erfährt differierende Wertungen: Die nützliche Ausbildung des Mannes ermöglicht diesem den außerhäuslichen Gelderwerb, der Frau lediglich die Übernahme der Hausarbeit. Für die Frau in der bürgerlichen Familie, in Abgrenzung zum Adel und zur proletarischen Familie, beschränkte sich ihr „zukünftiger“ Arbeitsbereich auf die Haushaltsführung, Besitzpflege und Kinderaufzucht, d.h.:

„Frauen dieser Schichten wurden zum institutionellen Bestandteil der familialen Privatsphäre, in der Entfaltung ihrer Persönlichkeit und dem Bedürfnis nach Anerkennung von der sozialen Stellung und der Zuwendung ihres Ehemannes abhängig.“ (Milhoffer, 1980:164)

Diese Situation entsprach ganz der Rousseau'schen Auffassung:

„Steht dieser Grundsatz (abgeleiteitet aus dem Geschlechtsakt, bei dem der eine aktiv und stark sein und der andere passiv und schwach sein solle, d.V.) fest, so folgt daraus, daß die Frau eigens geschaffen ist, um dem Mann zu gefallen. Es ist weniger zwingend notwendig, daß ihr der Mann auch seinerseits gefällt: sein Vorzug liegt in der Kraft; er gefällt allein dadurch, daß er stark ist. Ich gebe zu, daß das noch nicht das Gesetz der Liebe ist; aber es ist das Gesetz der Natur, das älter ist als die Liebe selbst.“ (Rousseau (1762), 1975:386)[31]

Dementsprechend wurde das öffentliche höhere Schulwesen im 19. Jahrhundert ausschließlich für Knaben eingerichtet und zwar mit dem Ziel, die Vorbereitung einer Rolle im öffentlichen Leben und das Tragen von Verantwortung im Sinne allgemeiner Bildung zu schulen. Privatisiert, d.h. nicht der Schulaufsicht unterworfen, waren die höheren Mädchenschulen, die diesem anspruchsvollen Bildungsniveau nicht entsprachen. Bildungsinshalte und soziale Funkton dieser Insitute unterschieden sich deutlich, denn „höhere Bildung“ für Mädchen meinte weniger das Vermitteln anspruchsvoller Lerninhalte, sondern eher die Einübung der bürgerlichen Frauenrolle, gemessen an den Fähigkeiten zur Führung eines Haushaltes, d.h. das Beherrschen aller Reproduktionsaufgaben inklusive der Mutterschaft und Kindeserziehung, der Rolle der Dame, der Gattin sowie der „zuständigen Instanz“ für eine angenehme Familienatmosphäre.[32]

Schwerpunkte der weiblichen (Herzens-)Erziehung bildeten Aufgaben wie: Handarbeiten, Haushaltsführung sowie künstlerisches und musisches Gestalten. (vgl. Simmel 1980) Intellektuelle Fähigkeiten werden hingegen nicht honoriert oder gefördert, worüber sich Henschke, spätere Leiterin der Viktoria- Fortbildungsschule in Berlin schon 1870 empörte. Sie beschwerte sich – verständlicherweise – darüber, daß die weibliche Bildung und Ausbildung sich ausschließlich auf „Conversation“ beschränke. (vgl. Henschke 1870, in: Schlüter, 1987:62)

Hauptzweck der Einrichtung höher Töchterschulen war zunächst das Bedürfnis, die Töchter standesgemäß aufwachsen zu lassen und dem Standard der außerhäuslichen Bildung des möglichen oder zukünftigen Ehegatten in etwa zu entsprechen, um den Mann am häuslichen Herd nicht zu langweilen. (vgl. Schlüter, 1987:59) So hatte schon Rousseau (1762) in seinem Erziehungsprogramm unter dem Stichwort: „Blaustrümpfe" festgestellt:

„Für einen Mann von Bildung schickt es sich also nicht, eine Frau ohne Bildung zu heiraten, und folglich auch nicht aus einem Stande, wo man keine erwarten darf." (Rousseau, 1975:447)

Entsprechend waren die Erziehungsinhalte der privaten Mädchenbildungsinstitute ausgerichtet:

„Die Vorbereitung der bürgerlichen Mädchen auf die Ausübung einer normgerechten Muße umfaßt die Einübung von Fertigkeiten, bestimmten Formen des gesellschaftlichen Benehmens und die Einführung in die kulturelle Bildungskonvention der Zeit. Die Fertigkeiten sind genau umrissen und erstrecken sich auf Handarbeit textiler Art, dilettierende Malerei, Instrumentalmusik oder Gesang, Gesellschaftstanz und Konversation in französischer oder englischer Sprache. Ziel der Übermittlung gesellschaftlichen Benehmens ist die vollendete ‚Grazie' und ‚zarte Weiblichkeit'." (Zinnecker, 1973:97)

Das Ziel dieser „angemessenen Erziehung" ergab sich auch aus dem ökonomischen Interesse bürgerlicher Familien, ihren Töchtern eine Heirat zu ermöglichen. Die Erfüllung der Frau wurde darin gesehen, dem Mann eine „gesegnete Häuslichkeit" zu bieten und humane Werte zu vermitteln. In dieser „Ideologie der Dame" sollte die Diskrepanz zwischen dem, was von Natur aus ist, und dem, was sein soll, durch die Erziehung behoben werden.

Allerdings unterschied sich die Lage proletarischer Mädchen und damit auch deren Ausbildung wesentlich vom bürgerlichen Erziehungsideal. Berufstätigkeit ebenso wie Bildung und Ausbildung stellten sich für die bürgerliche Frau als alternative Möglichkeit zu einer vom Mann unabhängigen Existenzweise dar. Andererseits war es unnötig, die Erziehung der Mädchen im Sinne einer Berufsqualifizierung zu vergesellschaften, solange die Teilnahme an der sich durch Tausch konstituierenden Gesellschaftlichkeit für die bürgerlichen Frauen nicht notwendig war. Den proletarischen Mädchen hingegen wurde lediglich eine gewisse Qualifizierung in den Elementarschulen als institutioneller Ausdruck der notwendigen allgemeinen Qualifizierung des Proletariats zuteil. Vermittelt wurden ihnen ferner das für den Produktionsprozeß notwendige Maß an Techniken und entsprechende Disziplin. Die Diskrimierung der Mädchen zeigt sich im Bereich der Berufsausbildung, von dem sie vornehmlich ausgeschlossen sind, trotz der ökonomischen Angewiesenheit auf deren Teilhabe am außerhäuslichen Produktionsprozeß. Enstprechend führen Frauen im Produktionsbereich vor allem ungelernte und angelernte Tätigkeiten aus. (vgl. Zinnecker, 1972:35)[33] Trotz der Propagierung des Weiblichkeitsideals mußte die proletarische Frau ihre Arbeitskraft neben der „eigentlichen" Arbeit im Haushalt der kapitalistischen Produktion unterstellen und erfuhr gleichzeitig darüber eine Minderbewertung ihrer Lohnarbeit als Nebentätigkeit:

„Opfer dieser Ideologie wurden die Frauen, deren Erwerbsarbeit als Lieferer ‚zusätzlichen' Familieneinkommens herabgespielt wurde; denn die Idee, daß die Frauen ins Haus gehören und nicht erwerbstätig sein sollen, lieferte die Rechtfertigung ‚der praktischen Trinkgeldabspeisung der Fau im Betrieb'." (Kuczynski, 1963, zit. in: Menschik, 1974:37)

Die gezielte Erziehung zur Weiblichkeit, die das Bild der passiven, dienenden, sanften Ehefrau und Mutter spiegelt, brachte die proletarische Frau und das proletarische Mädchen zudem in eine fatale Situation, da sie sich der Wirkung dieses Frauenideals und dem Wunsch, ihm zu entsprechen, nicht entziehen konnten:

„Wenn auch die Frauen des Proletariats in immer größerem Ausmaße in die Fabriken strömten, hielt sich hartnäckig die Vorstellung, die Frau gehöre ins Haus, wurde das bügerliche Ideal vom Mann als ‚Ernährer' der Familie unbesehen auf die Proletarierfamilie übertragen, obwohl die Realität diesem Wunsch- und Zweckbild hohnsprach." (Menschik, 1974:37)

Zum symbolischen Grundmuster, das die Weiblichkeitsideologie mitbestimmt, gehört der Muttermythos, der das „Weibliche" mit dem „Mütterlichen" ineinssetzt. Und die Frau, „Mensch zwar und doch besonderes Wesen", (Grubitzsch, 1983:171) wird als von der Natur bestimmte Erzieherin ihrer Kinder festgelegt. Dieses Verständnis von Mütterlichkeit als einer zu bildenden Eigenschaft war immer Leitmotiv zur Erziehung bürgerlicher Mädchen in der Pädagogik, so daß deshalb von der „Weibliche(n) Natur als Bildungsauftrag" (Riemann/Simmel, 1983:133) oder der „geistigen Mütterlichkeit" (Brehmer, 1983), d.h., der „...Forderung nach Öffnung des häuslich begrenzten Rahmens als natürliche Mutter und Hausfrau für eine Erwerbsmöglichkeit in sozialen und erzieherischen Berufen," (Brehmer, 1983:89) gesprochen werden kann.

Auch für Pestalozzi (1746-1827) zeichnete sich die weibliche Bestimmung durch die Mütterlichkeit aus.[34]

„Jede gute Menschenerziehung fordert, daß das Mutterauge in der Wohnstube täglich und stündlich jede Veränderung des Seelenzustandes ihres Kindes mit Sicherheit in seinem Auge, auf seinem Munde und seiner Stirn lese." (Pestalozzi: Stanser Brief 1799, zit. in: Reble, 1992:355)

Durch seinen Schüler Fröbel (1782-1852) finden diese Gedankengänge Eingang in die Konzeption der Mädchenbildung. Durch Spranger (1862-1963), der sich seinerseits auf Fröbel bezieht, erlangen sie Bedeutung bis in die neuere Zeit. Die Mütterlichkeit wird in ihrer Vollendung als „... das Band zwischen Gott und den Menschen, das am meisten von der unendlichen Liebe Gottes offenbart" (Spranger, 1965:147) gesehen. Als „...größtes Symbol des Überirdischen im Irdischen" (ebd.) wird sie nicht nur als biolgisch vorgegeben verstanden, sondern die besondere Eignung der Frau als Erzieherin muß in einer besonderen Ausbildung gepflegt werden. Sich auf Spranger beziehend formulieren Riemann/Simmel:

„Vor allem für die stellvertretende Mütterlichkeit in sozialen Berufen gilt, daß der bei den Frauen vorausgesetzte Keim entwickelt wird." (Riemann/Simmel, 1983:134)

Durch das Bildungsideal der geistigen Mütterlichkeit wurde „...die biologische Fähigkeit zur Mutterschaft erst menschlich ‚veredelt'". (Riemann/Simmel, 1983:141) Hierdurch gelingt die ideologische Absicherung, Frauen in der Familie einzubinden und sie gleichzeitig von öffentlicher und politischer Teilnahme auszuschließen. Denn:

„(...) zu viel Beschäftigung mit der Politik ist für den Erziehungsgeist ungünstig (...) ." (Spranger, 1965:237)

Die negativen Konsequenzen für die Frauen schließen sich zu einem Kreis mit einem sehr engen Bewegungsradius:

„Indem sich die Frauen mit der Betonung von Weiblichkeit und ihrer Bereitschaft, für soziale Arbeit zuständig zu sein, das Recht auf Bildung erkämpften, beschränkten sie die Frauen auf das Idealbild der Mutter und damit ihre Chancen auf eine allseitige persönliche Entfaltung." (Riemann/Simmel, 1983:139).

Die „geistige Mütterlichkeit" wurde zur sozialen Verpflichtung der Frau, die Idelogie zum weiblichen Geschlechtscharakter und damit zum „weiblichen Wesen" zur Legitimationsgrundlage für ihren Ausschluß oder ihre Benachteiligung.

Selbst dem Alltag der Frauen im ausgehenden 20. Jahrhundert liegt in Anlehnung an diese bürgerlich-ideologische Bestimmung der Frau die Auffassung zugrunde, daß es etwas unveränderliches „Männliches" und „Weibliches" und dementsprechende gegensätzliche Eigenschaften gibt, die die Persönlichkeit und deren Verhalten beeinflussen.[35] Zwei gängige Vorurteile lassen sich verfolgen:

„...die Überzeugung, daß die Frau durch ihre Fortpflanzungsfunktion als Person geprägt und festgelegt ist“

und zweitens,

„...die Erwartung, daß Verhalten, Leistungen und Fähigkeiten der Menschen nach Geschlecht unterschiedlich sind, wobei jeder Unterschied zumeist als Überlegenheit des Mannes gedeutet wird.“ (Hagemann-White, 1984:10)

Gezeigt wurde, wie sehr der normative Charakter dieser Ideologie und die damit gerechtfertigte Ausgrenzung der Frau aus vielen Bereichen des öffentlichen Lebens bestimmte und auch gegenwärtig noch deren Selbst- und Fremdeinschätzung direktiv beeinflußt. Als Folge wird ihr bis heute ein nur peripherer Platz innerhalb des „anthropologischen Systems“ zugewiesen. Diese Bestimmungsmomente finden sich auch noch in den siebziger und achtziger Jahren, sie sollen im Folgenden beschrieben werden.

II.1.2 Bestimmungsmomente des weiblichen Lebenszusammenhangs in den 70er und 80er Jahren

Bestimmungsmoment des „weiblichen Lebenszusammenhangs“[36] (Prokop, 1980) in den siebziger und frühen achtziger Jahren in der BRD ist vor allem die Familienorientierung und der damit einhergehende Aufgabenbereich wie Haushalt, Familie und Erziehung. Die Frauen bleiben familienorientiert, auch wenn sie berufstätig sind. So definierten sich 1973 55% der westdeutschen Frauen über Haushalt und Familie, während nur 33% sich als berufs- und leistungsbezogen erleben. (vgl. Prokop, 1980:45)

Auch in den achtziger Jahren sieht die Situation für Frauen und Mädchen trotz des vieldiskutierten „Wertwandels“ nicht wesentlich anders aus. In den Lebensvorstellungen der 15- bis 19jährigen Mädchen sind sowohl das Berufs- wie das Ehe- und Familienleben eingeplant, d.h., 58% der Mädchen sehen das Erlernen eines Berufes als Voraussetzung, um auf eigenen Füßen zu stehen. Damit geht allerdings nicht die Aufgabe einer Familienperspektive einher, denn nur 6% der Befragten wollen ausdrücklich keine Kinder, und nur 10% wollen nicht heiraten. Eheleben und Mutterschaft bleiben bestimmend in den Lebensvorstellungen. Die Mädchen wollen beides: die Bewährung im Beruf wie die Bewährung als gute Mutter. (vgl. Seidenspinner/Burger, 1982:5f.)[37] Dafür spricht Anfang der achtziger Jahre z.B. auch noch die Schwellenangst vor einer möglichen Fremdbetreuung der Kinder. Immerhin 35% der Befragten wollen mit der Berufstätigkeit aufhören, weil sie es ablehnen, ihr Kind in fremde Hände zu geben. Hier tritt die Befürchtung der Frauen zutage, in der ihr zugewiesenen Rolle als Mutter möglicherweise nachlässig – „wie eine Rabenmutter“ – zu handeln.

Der Wunsch nach Vereinbarkeit von Beruf und Familie korrespondiert mit dem sogenannten Drei-Phasen-Modell, in dem statt eines Nebeneinanders eine zeitliche Aufeinanderfolge von Mutterschaft und Beruf als Lösung des Problems angeboten wird.

Der realistische Hintergrund dieses vordergündig vernünftig erscheinenden Modells erweist sich hinterrücks jedoch als Stabilisator der diskriminierten Situation von Frauen.

„Die Statistik zeigt, daß heute jede zweite berufstätige Frau mit Kindern ihre Berufsarbeit irgendwann einmal unterbrochen hat und daß auch kurze Unterbrechungen der Berufstätigkeit bei Frauen zu Berufswechseln führen, die meistens mit minderqualifizierten und schlechter bezahlten Arbeitsplätzen einhergehen.“ (Seidenspinner/Burger, 1982:6)

Dennoch wird mehrheitlich diese Situation von Frauen akzeptiert, wohl nicht zuletzt aufgrund der „praktischen Prämissen“ der Geschlechtsrollensozialisation, die in direktem Kontext zum weiblichen Lebenszusammenhang und der dort stattfindenden Produktion stehen:

„Der Begriff der Produktion impliziert jedoch nicht nur materielle Güterproduktion, sondern immer zugleich die Produktion von Lebenszusammenhängen: von Sozialisationsagenturen, von sozialen Beziehungen, von Öffentlichkeit, etc.“ (Prokop, 1980:65)

Bisher wurde generalisierend von „der Frau“ gesprochen, doch zeigen sich ganz wesentliche Unterschiede zwischen „Unterschichts-“ und „Mittelschichtsfrauen“ insofern, als diese bei der Bewältigung ihres Alltags über jeweils schichtspezifische Ressourcen verfügen und entsprechend über unterschiedliche Möglichkeiten zur partiellen Bedürfnisbefriedigung. Deutlich werden die unterschiedlichen Auswirkungen latenter Unzufriedenheit am Beispiel der weiblichen „Imagination“ als Versuch einer Bewältigung von Konflikten, die sich aus dem weiblichen Lebenszusammenhang heraus ergeben. Diese Imaginationen vollziehen sich in erster Linie über eine Idealisierung bestimmter Elemente des Alltagslebens. So kommt Prokop (1980), sich auf eine Untersuchung von 1973 beziehend, zu der Beschreibung einer idealtypischen Unterschichts- und Mittelschichtsfrau. Die zum Teil bewußt empfundene Statik eines Lebenszusammenhangs, der durch eine weitgehende Fixierung auf das Familienleben sowie durch eine daran geknüpfte Abhängigkeit gekennzeichnet ist, vermittelt der Unterschichtsfrau den Eindruck, sich nie wirklich sicher fühlen zu können. So ist es verständlich, daß insbesondere der Wunsch nach Ordnung, Sicherheit usw. für diese Frauen einen überdurchschnittlich hohen Stellenwert bekommt:

> „Sie fixiert sich demonstrativ auf die Alltagsroutine, die sie haßt und aus der sie gleichzeitig identitätsstiftende Elemente zu gewinnen sucht – das letztere gilt vor allem für das Streben nach ‚Reputation', die aus der Herstellung eines geordneten Alltagslebens zu ziehen ist." (Prokop, 1980:112)

Der möglichen Bedrohung dieser Identität wird die rigide Betonung einer eindeutigen Rollentrennung entgegengesetzt; dem Gefühl der Isolation und Verunsicherung stehen die Ordnung und das geregelte Funktionieren des Haushalts gegenüber. Im Gegensatz dazu stellt sich die Imagination der Mittelschichtsfrau vor allem in der „Dynamisierung des Alltagslebens" dar. Sie versucht, ihren Alltag als eher aktiven, immer wieder andersartigen Tag einzurichten. Den Attributen „ordentlich und genügsam" stehen die von den Mittelschichtsfrauen angestrebten Eigenschaften wie „modern", „aufgeschlossen" oder auch „häuslich tugendhaft" gegenüber. (vgl. Prokop, 1980:115f.)

Wieso dennoch in den siebziger und achtziger Jahren die Ehe als wichtiges Bestimmungsmoment so attraktiv sein kann, beantworten Benard/Schlaffer (1980) unter Bezugnahme auf ein Forschungsprojekt von Levine mit dem Motiv für Frauen, sich aus dem Elternhaus zu lösen und als eigenständige Persönlichkeit respektiert zu werden, denn:

> „Die Identität der Frau leitet sich in starkem Maß von Familien- und Partnerbeziehungen ab. Gesellschaftlicher Status und Lebensgestaltung orientieren sich primär am tatsächlichen vorhandenen oder nur figurenhaft in Zukunft oder Vergangenheit existierenden Mann: (...)." (Benard/Schlaffer, 1980:68)

Ein weiteres Motiv zur Eheschließung und Familiengründung insbesondere für Frauen, dürfte der Versuch sein, Liebesbeziehungswünsche mit eigenen Kindern zu realisieren. Dieses kann zwar in subjektiv ähnlicher Form auch für den Mann gelten, nur muß es nicht in gleichem Maße bestimmend sein für dessen Lebensvorstellung:

> „Der Wunsch, mit dem Kind ein eigenes Produkt zu bilden, ist insbesondere für die Identitätsbestätigung von Frauen, die nur auf die Mutterrolle hin Lebensperspektiven entwickeln konnten, von großer Bedeutung." (Heinsohn/Knieper, 1974:174)

Aber auch Ende der achtziger Jahre gesellt sich neben den relativ hohen Stellenwert des Berufes für junge Paare der Kinderwunsch:

> „Sie bedeuten ihnen den Sinn des Lebens. Die junge Generation ist kinderfreundlicher, als man angesichts der rückläufigen Geburtenrate denkt." (Erler et al., 1988:9)

Dieses Resümee einer Untersuchung von 1988 lenkt die Frage auf dessen Realisierungsmöglichkeiten. Feststellen läßt sich de facto eine Stagnation des Status quo bei gleichzeitiger verbaler Aufgeschlossenheit seitens der männlichen Partner:

„Nach wie vor wählen Frauen das 3-Phasen-Modell und die Teilzeit. Mit diesen Konzepten wollen junge Frauen heute das Kinder-Beruf-Dilemma umschiffen. (...) Für die Väter dagegen verändert sich kaum etwas in ihrem Berufsverlauf: 88% sagen, sie hätten beruflich nicht zurückgesteckt, als das Kind kam." (Erler et al., 1988:10)

Die meisten jungen Frauen stellen indessen laut einer 1988 durchgeführten Untersuchung ihre Berufs- und Karrierewünsche ihren Kinderwünschen zuliebe zurück. (vgl. Erler et al., 1988:12) Die „Hausfrau" ist 1988 nicht passé:

„Etwa die Hälfte der jungen Frauen leben als Hausfrauen, solange ihre Kinder klein sind." (Erler et al., 1988:10)

Damit einher geht jedoch noch immer ein Statusverlust:

„Frauen, die sich für eine lange Hausfrauenperspektive entscheiden, sind bildungsmäßig und nach ihren Chancen auf dem Arbeitsmarkt eindeutig die unterprivilegierteste Gruppe." (Erler et al, 1988:11)

In den späten achtziger Jahren leiden Mütter, die trotz Kind berufstätig sind, unter Zweifeln, ob sie genug für ihr Kind tun. Hausfrauen mit Kind und mit beruflichen Rückkehrambitionen wünschen sich idealtypisch, „... an der öffentlichen Welt teilzuhaben und dennoch die Qualität des Familienlebens zu erhalten." (Erler et al., 1988:12) Dieser Anspruch führt zu großen inneren Ambivalenzen: Diesen Frauen fällt am ehesten die „Decke auf den Kopf"; sie können den Mutteralltag zuhause weniger ertragen als die Langzeit-Hausfrauen, die größtenteils die „traditionelle Arbeitsteilung" übernehmen. (vgl. ebd.:12/13)

Es läßt sich jedoch ein allmählicher Wandel feststellen: Anders als noch zu Beginn der 80er Jahre halten 1992 insgesamt 82% der berufstätigen Mütter nichts von der Behauptung, Kinder und Beruf ließen sich nicht miteinander vereinbaren. Die meisten Mütter wollen weiterhin berufstätig sein und fordern Unterstützung im Aufbau von Betreuungsmöglichkeiten. Nur drei von zehn berufstätigen Frauen würden es stattdessen vorziehen, finanzielle Hilfe zu bekommen, so daß sie bei den Kindern bleiben könnten. (vgl. Ohde, 1992:53) Auch nahezu die Hälfte der nicht berufstätigen Mütter (46%) befürwortet eine ganztägige Kinderbetreuung durch öffentliche Einrichtungen. (vgl. ebd.:55)

Dieser steigenden Aufgeschlossenheit der Mütter, ihre Kinder auch fremdbetreuen zu lassen, steht jedoch der generelle Mangel an Kinderbetreuungsmöglichkeiten in Deutschland entgegen. Anfang der 90er Jahre gilt:

„In Deutschland (alte und neue Bundesländer, d.V.) sind zur Zeit 44% der Mütter von Kindern bis zu einschließlich 12 Jahren nicht berufstätig (...) Aber nur für 16% dieser Mütter ist das auf Dauer die Wunschlösung. Mehr als die Hälfte (53%) möchte gern später, wenn die Kinder größer sind, (wieder) berufstätig sein. Drei von zehn wären sogar zur Zeit gern berufstätig (25% möchten eine Teilzeit-Stelle, 4% wären zur Zeit am liebsten voll berufstätig)." (Ohde, 1992:54)

In den späten 80er und frühen 90er Jahren des ausgehenden 20. Jahrhunderts führen die zunehmend thematisierte Ungleichverteilung von Macht an die Geschlechtsrollen und der eingeklagte Anspruch der Frauen auf tatsächliche statt rein formale Gleichheit zu einer Verweigerung der traditionellen Rollenübernahme, zumal sich die „Kleinfamilie als das Gegenteil zur Idee der Gleichheit" entpuppte. (vgl. Beck/Beck-Gernsheim, 1990:8f.) Der alte Status quo der Frau steht in einem widerspruchsvollen Verhältnis zur modernen verfaßten Gesellschaft, nach der Positionen nicht qua Geschlecht, sondern über Leistung zugewiesen werden dürfen. Dem entspricht die Forderung der Frauen nach der Allgeltung der Prinzipien der Moderne, um auch für sie ökonomische Sicherheit, Einfluß, Mitbestimmung sowie die Durchsetzung spezifisch weiblicher Erfahrungswerte zu realisieren. Damit einher geht insofern ein Individualisierungsprozeß, als das zu Ende gedachte Marktmodell der Moderne ein Idealbild der/des Einzelnen zeichnet, der/die sich als eine mobile, flexible leitsungs- und konkurrenzbewußte Arbeitskraft zeigt. Diese implizite Individualisierung könnte sowohl für die Frau als auch für den Mann eine gewisse Freisetzung aus ihren Rollenvorgaben bedeuten. In diese zunehmend individualisierten Lebenswelten greifen dennoch Stabilisatoren der ständischen Frauenrolle ein.

Momentan ist der weibliche Lebenszusammenhang nach wie vor durch einen eklatanten Widerspruch von „Gleichheitserwartung und Ungleichheitswirklichkeit", vor allem in der Berufswelt, gekennzeichnet. (vgl. Beck, 1990:24)

(1) Der weitgehend rechtlichen Gleichstellung von Mann und Frau steht ein im Schnitt schlechterer Verdienst bei gleicher Qualifikation gegenüber.

(2) Trotz der Angleichung der Bildungschancen zeigt sich eine starke Unterrepräsentanz von Frauen in Spitzenpositionen der Politik, der Wirtschaft, der Justiz, der Massenmedien und der Hochschulen.

„Die in den 70er Jahren geforderte (und geförderte) Integration der Frau in den Beruf folgt ungebrochen der „geschlechtsständigen Gesetzmäßigkeit" der umgekehrten Hierarchie: Je zentraler ein Bereich für die Gesellschaft (definiert) ist, je mächtiger eine Gruppe, desto weniger sind Frauen vertreten; und umgekehrt: als je randständiger ein Aufgabenbereich gilt, (....) desto größer ist die Wahrscheinlichkeit, daß Frauen sich in diesen Feldern Beschäftigungsmöglichkeiten erobert haben." (Beck, 1990:28)

(3) Die hohe Berufs- und Bildungsmotivation junger Frauen, bei denen die Verwirklichung des Berufswunsches an erster Stelle steht, trifft auf gegenläufige Tendenzen des Arbeitsmarktes.[38] (vgl. Beck, 1990:31)

In diese Ungleichheitswirklichkeit greift auch die Ambivalenz des männlichen Frauenbildes als ein wesentlicher Stabilisator der ständischen Frauenrolle, die dem Streben nach Gleichstellung entgegenwirkt, determinierend ein: Die ehemals männliche Sicht einer hierarchischen Geschlechterordnung unter männlicher Vormundschaft ist einer „verbalen Aufgechlossenheit bei weitgehender Verhaltensstarre" gewichen. (Beck, 1990:31) Insgesamt 61% der Männer führen heute als Hinderungsgrund für die berufliche Karriere der Frau deren Familienbelastung an, während immerhin noch vor 10 Jahren mangelnde berufliche Qualifikation als Ursache vermutet wurde. Eine mehrheitliche Akzeptanz der Hausmannsrolle gilt nur für andere Männer. Noch heute befürworten immerhin 80% der Männer die traditionelle Frauenrolle als Familienrolle, was aus Sicht der Männer keine tatsächliche Benachteiligung, sondern eine Sachgesetzlichkeit bedeute. (Metz-Göckel/Müller, 1985 zit. in: Beck, 1990:32) Die Autorinnen kommentieren die Äußerungen damit, daß die stabilste Bastion gegen die Frauengleichstellung die Umformierung der Frauenfrage zur Kinderfrage sei. Wie wenig die Art des Rollentausches sozial akzeptiert ist, zeigt sich an Untersuchungen zur verschwindenden Minderheit „neuer" Väter und Hausmänner. Während diese Männer von ihrer Umwelt für ihren sozialen Abstieg gelobt werden,[39] wird die Berufstätige dem Vorwurf der Unmutter ausgesetzt. Das heißt: Weiblichkeit stellt sich noch immer als ein Netz unsichtbarer Abhängigkeiten dar, die die Unterlegenheit der Frauen im hierarchischen Geschlechterverhältnis festschreiben. Prengel (1987) kommt zu dem Schluß, daß diese Hierarchisierung durch die Bereiche der Ökonomie, der Politik, der Sprache, der Interaktionen und der psychosozialen Entwicklung getragen wird und dadurch die Frauen weiterhin in untergeordneten Positionen, mit wenig Einfluß, diskriminiert, ignoriert und durch Selbstverleugnung auf der psychosozialen Ebene marginalisiert werden.

II.1.3 Weiblichkeit und Feminismus

Diese Bestimmungsmomente des weiblichen Lebenszusammenhanges in den 70er und 80er Jahren wurden von der „Neuen Frauenbewegung“ aufgegriffen, und mit Hilfe einer fundierten Analyse wurde deren Veränderung intendiert. Ende der 60er Jahre formierte sich diese „Neue Frauenbewegung“;[40] denn erst zu diesem Zeitpunkt

> „...waren genügend geistige, materielle und institutionelle Barrieren aus dem Wege geräumt, hatte eine hinreichende Anzahl hinreichend geschulter Frauen genügend Energien frei, die Schulung im kritischen Denken radikal auf die Praxis anzuwenden, die uns umstellt.“ (Pusch, 1983:13)

Spezifikum und Schwerpunkt der Neuen Frauenbewegung ist der Feminismus, der mit Pusch (1983:13) als Theorie der Frauenbewegung bezeichnet werden kann.[41] Sie hat eine politische Perspektive und orientiert sich an zwei Zielen, wie sie im Bericht des Workshops „Feministische Perspektiven“ am 2. Internationalen und Interdisziplinären Frauenkongress in Groningen 1984 formuliert wurden:

> „(1) Gleichheit, Würde und Entscheidungsfreiheit für Frauen auf der Basis der Kontrolle der Frauen über ihr eigenes Leben und ihren Körper, innerhalb wie außerhalb des Hauses;
> (2) Beseitigung aller Formen von Ungleichheit, Herrschaft und Unterdrückung durch die Schaffung einer gerechteren sozialen und ökonomischen Ordnung, national und international.“ (zit. in: List, 1989:10)

Durch den Feminismus und die damit implizierte feministische Wissenschaftskritik wurden die „Bestimmungmomente des weiblichen Lebenszusammenhanges“ grundsätzlich umdefiniert als Sexismus: Der Dualität der Geschlechter ist/wird ein bestimmter Wertmaßstab zugunsten des männlichen Geschlechtes unterlegt.[42]

Die Fragen aber, ob Weiblichkeit lediglich das „Wertesystem des Netten“ (Brownmiller, 1984) repräsentiere oder als Verkörperung alles Positiven zu betrachten sei (Daly, 1978; Rich, 1979), ob Weiblichkeit an sich schon eine „Befreiungsperspektive“ darstelle oder nicht (Wildt, 1987) und ob es einer „Neubewertung weiblicher Differenz“ bedarf, lösten in den siebziger und achtziger Jahren heftige Kontroversen aus. Divergente Konzeptionen zum Begriff „Weiblichkeit“ innerhalb der Theoriebildung der feministischen Geistes- und Sozialwissenschaft waren die Antwort auf diese Kontroversen. Deshalb kann auch nicht einheitlich von der feministischen Strömung gesprochen werden, sondern ein Rekurs auf die letzten drei Jahrzehnte zeigt am Beispiel der USA vor allem drei unterschiedliche Hauptpositionen feministischer Theorie, die im folgenden skizziert werden sollen.[43]

(1) Der *liberale Feminismus* wendet sich gegen Diskriminierung von Frauen mit der expliziten Forderung nach formaler Gleichberechtigung. Prämisse in dieser frühen Phase der „Neuen Frauenbewegung" ist die grundsätzliche Gleichheit der Geschlechter. Formale Gleichheit soll für die Frau an einem männlichen Standard ihre Orientierung finden. Geschlechterdifferenzen werden als Ergebnis kultureller Einflüsse interpretiert; jegliche biologistische Sichtweise wird damit abgelehnt und durch Beauvoirs Slogan ersetzt: „Wir werden nicht als Mädchen geboren, wir werden dazu gemacht." Feministische Sozialisationsforschung konzentriert sich darauf, Geschlechtsidentität und geschlechtsspezifisches Verhalten als kulturabhängige Phänomene nachzuweisen. (z.B. Sherman, 1978) Tatsächlich ist laut Hagemann-White (1984) während der letzten 30 Jahre zu beobachten, daß die empirische Forschung immer weniger Belege für Geschlechsunterschiede findet.

Immer häufiger werden Unterschiede im Erziehungsverhalten (Maccoby/Jacklin, 1974; Lott, 1981) als Erklärungsvariablen für bisher propagierte Geschlechterdifferenzen aufgegriffen. Selbst der populären Auffassung einer höheren Aggressivitätsneigung bei Jungen als biologisch determiniert, wird alternativ die differentielle Disziplinierungsmaßnahme bei Jungen und Mädchen entgegengesetzt (Maccoby/Jacklin, 1974). Ins Blickfeld der Forschung geraten auch der bis dahin unberücksichtigt gelassene Einfluß der geschlechtsspezifisch unterschiedlichen Spielzeugausstattung (Lott, 1981; Bilden, 1986), ebenso wie die differenzierende Behandlung von Jungen und Mädchen, wenn sie von Erwachsenen als Geschlechtskollektive angesprochen werden (vgl. Hagemann-White, 1984:64), um die Komplexität der Erziehungssituation zu reduzieren. (Clarricoates, 1978; Lott, 1981)

Doch die vom liberalen Feminismus damit implizierte Defizithypothese, die bei den Frauen beobachtbare ansozialisierte Defizite thematisiert, orientiert sich noch immer am Maßstab der zugleich kritiserten männlichen Wertvorstellungen.[44]

(2) Der *sozialistische Feminismus* sieht den Ursprung der Unterdrückung von Frauen in den Strukturen gesamtgesellschaftlicher Herrschaftsverhältnisse. Ziel dieser Strömung war es, die konkrete Lebenssituation von Frauen vor allem unter dem Aspekt ihrer Arbeitssituation zu verbessern, ohne dabei die Zusammenarbeit mit Männern abzulehnen. Der sozialistische Feminismus radikalisierte die Forderungen der Bürgerrechtsbewegungen im Sinne neomarxistischer Gesellschaftskritik und sah die Unterdrückung von Frauen in den bestehenden Klassenbeziehungen und Produktionsverhältnissen begründet. Denn Ausgangspunkt und zentrales Thema der klassischen marxisti-

schen Gesellschaftsanalyse sind die Entwicklungs- und Bewegungsgesetze der öffentlichen Produktionsbeziehungen, insbesondere das Verhältnis von Arbeit und Kapital. Theoretikerinnen, die die Hauptursache für Unterdrückung, Ausbeutung und Entfremdung in den historischen Verhältnissen der familialen Reproduktion vermuteten, mußten feststellen, daß diese Verhältnisse im traditionellen marxistischen Denken kaum thematisiert wurden. Abgeschoben in die Sphäre des Naturwüchsigen schienen Ausbeutung und Unterdrückung von Frauen im Binnenraum der Familie kein analysebdürftiges Problem zu sein.

Deshalb stellt sich den Protagonistinnen des sozialistischen Feminismus die Frage, ob es weiterhin anzustreben wäre, sich gemeinsam mit dem anderen – männlichen – Geschlecht zu solidarisieren, obwohl die Frauen weiterhin, bezogen auf die Hierarchisierung im Geschlechterverhältnis, marginalisiert werden. Die davon betroffenen, politisch engagierten Frauen unternehmen daraufhin den Versuch, die Marx'schen Kategorien feministisch umzudeuten. Da sie die Erfahrung machen, weiterhin häufig nur als Nebenwiderspruch im Hauptwiderspruch aufzutauchen, verstärkt sich das emanzipatorische Motiv. (vgl. hierzu z.B. Kuhn/Wolpe, 1981)

(3) Der *radikale Feminismus* leitet die sogenannte zweite Phase der „Neuen Frauenbewegung" ein. Hier fließen sowohl Vorstellungen des liberalen als auch des sozialistischen Feminismus ein. Beide Theorierichtungen bleiben in ihrer Divergenz bestehen, werden jedoch zunehmend radikalisiert.

Firestone (1970) schlug eine grundlegende Revision des historischen Materialismus vor. Sie vertrat die Ansicht, die primäre materielle Basis für die menschliche Gattungsgeschichte läge in der Struktur der biologischen Familie – unabhängig von den historischen Produktionsbedingungen, und bestimme die Machtverhältnisse zwischen Männern und Frauen als „Sexklassen". Diese natürlichen Abhängigkeiten und biologischen Bedingungen der Familie als Fortpflanzungseinheit führten zur Unterdrückung der Frau. Deshalb müsse die sexuelle Revolution die Überwindung der biologisch-natürlichen Reproduktion zum Ziel haben.[45] (vgl. List, 1989:19-24)

Zur selben Zeit führte die Radikalisierung des liberalen Feminismus zu einem intensiveren Interesse an der Differenz der Geschlechter sowie an spezifisch weiblichen Fähigkeiten. In der BRD wird als normative Modifikation des Emanzipationskonzeptes zunächst von Schwarzer (1977) die Gleichheitsidee radikaler vertreten. Neben die notwendige Kompensation ansozialisierter Verhaltensweisen, die im Kontext männlicher Wertvorstellungen und Normierungen als defizitär erscheinen mußten, rückt die kritische Auseinandersetzung mit dem anderen Geschlecht.

In der Folgezeit werden überkommene männliche und weibliche Lebensformen zusehends kritischer gesehen. Daß die „männliche Wertewelt", nach der sich das öffentliche Leben, Erziehung, Politik und Wirtschaft ausrichten, in einer Krise steckt, hat Mitscherlich-Nielsen (1987) zufolge Konsequenzen: Die „Werte" von geschlechtsspezifischen Rollenstereotypen und Verhaltensweisen geraten ins Wanken und werden zunehmend in Frage gestellt.

„Die ‚neue Frau', soweit es sie denn gibt, wird dazu beitragen, vieles als destruktive Untugendenden zu entlarven, was bisher als männliche und weibliche ‚Tugenden' deklariert wurde." (Mitscherlich-Nielsen, 1987:35)

Die „natürliche Friedfertigkeit der Frau" wird in Frage gestellt, und die Frauen werden aufgefordert, ansozialisierte und instrumentalisierte Friedfertigkeit abzustreifen, „...um dem – ebenfalls anerzogenen – Dominanzverhalten der Männer Paroli zu bieten". (Mitscherlich, 1987)

In dem Slogan „die Stärke weiblicher Schwäche"[46] (Baker Miller, 1976) kommt das sich allmählich entwickelnde Konzept der „Neubewertung der Differenz" zum Ausdruck. Gilligan (1982) insistiert auf der moralischen Kraft der Frauen. Schaeffer-Hegel (1987) setzt Akzente auf die „Wiederentdeckung des Weiblichen". Sie empfiehlt als Ziel der Mädchenbildung, Stolz auf die der weiblichen Natur inhärenten Potenzen weiblicher Sexualität zu entwickeln.

Analysen von Lehrplänen und Curricula zeigen bisher an männlichen Interessen ausgerichtete Inhalte, die – sofern nicht explizit auf geschlechtsspezifische Lernziele ausgerichtet – auf männliche Weltsicht und Erfahrung hin orientiert sind. Ziel der Bildungstheorie eines radikalen Feminismus muß es deshalb sein, eine Theorie der Erziehung zur Gleichberechtigung zu entwickeln, indem das, was neu, anders, besonders und partikular ist, bezüglich „weiblicher" Werte entfaltet werden kann. (vgl. Prengel, 1987:28) Brehmer (1982) greift mit der Koedukationsdebatte die Notwendigkeit der Akzeptanz einer weiblichen Tradition – durch positive Identifikationsfiguren sowohl aus der Vergangenheit als auch der Gegenwart – in der Schule auf, um damit die mit den soziohistorisch entstandenen Bestimmungen des weiblichen Geschlechts einhergehenden Begrenzungen aufzuheben. (vgl. dazu auch: Brehmer/Enders-Dragässer, 1984; Metz-Göckel, 1987; Horstkemper/Wagner-Winterhager, 1990) Bast (1988) interpretiert das spezifische Beziehungsdenken von Mädchen und Frauen als Ursachenkomplex für die Marginalisierungsprozesse von Mädchen und Frauen.

Wissenschaftlerinnen treten in den Diskurs zur Frauenfrage ein, indem sie den Schulalltag insbesondere hinsichtlich seiner spezifischen Ausgrenzung für Mädchen thematisieren. Schulbuchinhalte verweisen auf erhebliche Dissonanzen für Mädchen und Jungen. (vgl. Ohlms, 1984) Die nach Geschlecht entstandenen Differenzen im Erleben der Alltagswirklichkeit bleiben unberücksichtigt. (vgl. Schultz, 1980:285ff.) Schaeffer-Hegels (1987) Plädoyer für ein offensives Bildungskonzept, ebenso wie die von Enders-Dragässer/Fuchs (1988) durchgeführte Interaktionsstudie, thematisiert die Benachteilung von Schülerinnen innerhalb der schulischen Interaktion, ebenso wie die Qualitäten weiblicher Interaktionsarbeit. Ziel ist es, subtile Ausgrenzungs- und Abwertungsmechanismen aufzudecken und auszuschalten und in einem zweiten Schritt das sozial-interaktionelle und fachliche Potential der Mädchen (sich selbst gegenüber) sichtbar zu machen. Faulstich-Wieland (1987) beschreibt den unterschiedlichen Zugang von Mädchen und Jungen zu neuen Technologien, und Prengel (1987b) bestimmt die Gleichberechtigung als Ziel von Schulpädagogik und Lehrerinnen- und Lehrerbildung inhaltlich so, daß sie „Verschiedenheit jenseits von Hierarchie" erlaubt. (1987b:13)

Aber aufgrund der jahrhundertelangen ‚historischen Gewordenheit' männlicher Verhaltensnormen als Orientierungsmuster erscheint es schwierig, ein von Stereotypen losgesagtes Verhaltensrepertoire durch das Ausnutzen des Veränderungspotentials beider Geschlechter tatsächlich durchzusetzen, ohne daß es wiederum zu einer ‚schiefen Synthese' kommt.

Innerhalb der „Neuen Frauenbewegung" löste sich in den 80er Jahren ein Strang der Bewegung und formierte ein separatistisches Konzept. Aufgegriffen wird die „Neubewertung" der Differenz, die konzeptionell darin gipfelt, erneut die Natur als Bestimmungsmoment der Weiblichkeit zu Hilfe zu rufen. Die Thematisierung der Andersartigkeit der Frau soll zu einer Umorientierung zugunsten „typisch weiblicher", in patriarchalen Gesellschaftsformen abqualifizierten Prinzipien führen. Mit der einseitigen Rückbesinnung auf die „wahre Natur" wird der Frau, als Pflegender, Gebender, Gebärender, Schützender eine grundsätzliche moralische Höherwertigkeit zugeschrieben.

> „Bedarf es, um der vielfältigen Todesdrohung Einhalt zu gebieten, nicht gerade jener Werte, die im Rahmen der traditionellen Polarisierung der Geschlechterrollen den Frauen zugeordnet, bislang aber als zweitrangig abqualifiziert worden sind?" (Nagl-Docekal, 1990:18)

Diese Neuorientierung findet ihren Ausdruck im *Kulturellen/Gynozentrischen Feminismus*. Die Natur-/Kultur-Dichotomie (vgl. z.B. Beauvoir, 1968) wird negiert und im Gegensatz dazu wird die Verbindung von Frau und Natur positiv hervorgehoben und besonders betont. (vgl. z.B. Griffin, 1987) Die Frau erscheint als Hoffnungsträgerin; tradierte weibliche Werte werden umgewertet und als einzige Chance betrachtet, menschheitsbedrohenden Entwicklungen entgegenzuwirken.[47]

Als zentrale Figur des Kulturellen Feminismus gilt in den USA Mary Daly, die den Terminus Umweltverschmutzung zur Metapher für sämtliche Verschmutzungen von Seele, Körper und Geist durch patriarchale Mythen erklärt. (Daly, 1986) Diese Tendenz, dem Weiblichen eine intrinsische und überlegene Moralität zuzusprechen, als ein Symbol einer für beide Geschlechter besseren Welt, und diese Qualitäten essentialistisch-metaphysich zu deuten, wird auch von Rich (1979) aufgegriffen: Für sie werden das Leben und die Erfahrungen der Frauen diktiert von einer inneren „Essenz des Weiblichen". Ihr zufolge müssen Frauen lernen, ihren biologischen Instinkten zu folgen, was impliziert, daß sie „mit dem Körper denken sollen". (vgl. Segal, 1989:46)

Diese Sichtweise vertritt in der BRD auch die Bewegung der „Neuen Mütterlichkeit". So heißt es im Müttermanifest (1985)[48]:

„Das Wissen von Müttern, von den Werten, die sie im Zusammenleben mit ihren Kindern erleben und lernen, fehlt überall im öffentlichen Bewußtsein. Die Erfahrung von Schwangerschaft und Geburt, das Erlebnis des Heranwachsens und Heranreifens junger Menschen unter unserer Obhut, gibt Müttern die Chance, den inneren Zusammenhang zwischen Mensch und Natur täglich neu zu spüren. Wir sollten dieses Wissen und uns viel selbstbewußter der ungeheuren Naturzerstörung, wie wir sie heute alle gnadenlos mitbetreiben, entgegensetzen." (zit in: Swoboda, 1988:38)

Die Frau schenkt aufgrund ihrer natürlichen Wesensart ganz besondere Werte, um die Welt vor der Zerstörung zu bewahren. Das „Ewigweibliche", die „Urmutter" wird wieder neu aufgelegt. (vgl. Swoboda, 1988:38)

Im Kulturellen Femisimus wird die Wiederentdeckung der Weiblichkeit auch durch das weite Feld der Spiritualität getragen. Naturmystizismus gilt als attraktives Angebot zur Selbstverwirklichkung, indem versucht wird, an der Tradition der weisen Frauen des Mittealters, der Heilerinnen und sogenannten Hexen anzuknüpfen. Darüber hinaus werden Erkenntnisse der Matriarchatsforschung aufgegriffen, (vgl. Göttner-Abendroth, 1980, 1984) um der christlichen Religion ein Konzept zur Identifikation für Frauen entgegenzusetzen, das nicht frauenfeindlich ist. Die kultischen Ausdruckformen der matriarchalen Spiritualität werden als „bewußter Widerstand gegen eine kulturell totalitäre patriarchale Gesellschaft" verstanden.

Die Favorisierung einer „Neuen Weiblichkeit" mit dem Ziel, eine neue weibliche Perspektive durch eine Neubewertung der „weiblichen Differenz" zu erschaffen, äußert sich in der BRD in den unterschiedlichsten Varianten, die hier nicht in ihrer ganzen Breite angesprochen werden kann. Allen Varianten liegt jedoch eine Gemeinsamkeit zugrunde:

„‚Neue Weiblichkeit' wird zur sinngebenden Grundsubstanz, zum Stoff, der auf eine andere, bessere, heilere, gleichberechtigte, humane und partnerschaftliche Zukunft hoffen läßt. Diese ‚Weiblichkeit' nährt den Zugriff auf eine ‚neue Zukunft', (...)." (Wildt, 1987:130)

„Neue Weiblichkeit" kann, kritisch betrachtet, jedoch auch als eine Affirmation traditioneller weiblicher Werte gedeutet werden, oder wie Brownmiller (1987) ironisch formuliert, lediglich das „Wertesystem des Netten" darstellen. Das Ideal der Weiblichkeit wird zur Fortschreibung der Ungleichheit zwischen den Geschlechtern herangezogen und zu einer romatischen Empfindung degradiert, die sentimental auferlegte Beschränkungen tradiert. Die Rennaissance des Prinzips Weiblichkeit ist für Brownmiller nicht schwer zu erklären, denn:

„Mangelnde Weiblichkeit gilt als elementares Versagen sexueller Identität oder als Nachlässigkeit gegenüber sich selbst, denn eine solche Frau hält man (und sie hält sich selbst) für unfraulich, für ein Neutrum oder schlicht für unattraktiv (...)." (Brownmiller, 1987:9/10)

Die wiederbelebte Idealisierung und vorgebliche Würdigung, Hochachtung und Wertschätzung des „Weiblichen", haben an dessen inhaltlicher Begriffsauffassung bisher nichts geändert. „Weiblichkeit" wird lediglich zur Steigerung der Fraulichkeit. (Brownmiller, 1987) Auch List (1989) kritisiert die „Neue Weiblichkeit", da sie einer einfachen Umkehrung verhaften bleibt. Die Sicht des Weiblichen als Verkörperung alles Positiven rückt diese Bewegung in die Nähe einer „Geschlechtermetaphysik mit umgekehrten Vorzeichen". (List, 1989:17) Denn die Affirmation des traditionell „Weiblichen" reduziert die Frau erneut auf die Mutterrolle, so daß die ideologische Disziplinierung in der „Dramatisierung der Mutterrolle" effektiv werden kann und als sozialer Hebel zur Ausgrenzung von Frauen aus den gesellschaftlich-öffentlichen Bereichen fungiert.

Darüberhinaus führt die Ablehnung jeder um Klarheit und Rationalität bemühten Form des Diskurses als „männlich", langfristig zu einem Rückzug in eine separate Sphäre des Weiblichen und damit zum Verzicht auf politisches Handeln. (vgl. Wildt, 1987; Brownmiller, 1987; Young, 1989) Die Suche nach Ausdrucksformen weiblicher Erfahrung und Existenz ist sicherlich ein wesentliches Moment für die Schaffung einer frauenbezogeneren Kultur aber dieser Gewinn neuer Perspektiven kann auch Wahrnehmungsverluste (vgl. List, 1989:28) mit sich bringen, sofern „eingleisig" die Symbiose z.B. von Mutter und Kind als Krönung des Frauseins oder Frauen allein als Verkörperung des Guten verklärt werden. Nur eine kritische Analyse des gegenwärtigen weiblichen Lebenszusammenhangs kann zu einer fundierten Kritik und neuen Perspektiven führen. Die plötzlich gepriesene Weiblichkeit birgt folglich die Gefahr in sich, daß Frauen sich weiterhin mit Zuschreibungen des „typisch Weiblichen“ in der Hoffnung arrangieren, ihre „weibliche Schwäche“ als weibliche Stärke anerkannt zu sehen, ohne auch selbst am gegenwärtigen Weiblichkeitsentwurf zu rütteln oder ihn neu zu schaffen. In diesem Sinn sprechen auch Benard/Schlaffer (1984) von der „übermäßigen Bereitschaft der Frauen, sich mit dem Vorhandenen zu arrangieren“.[49]

II.2 Die andere Sicht

Lautete die Botschaft des ersten Kapitels: „Frauen kommen in den klassischen Identitätstheorien nicht vor“, so erklärte die kritische Reflexion historischer und zeitgeschichtlicher Vorstellungen zur Weiblichkeit, warum dies so ist: Die Frau wurde und wird als die „nach dem Unwesentlichen hin modifizierte Ergänzung“ des Mannes gesehen und den für alle Menschen geltend deklarierten, sich faktisch jedoch an männlichen Wertmaßstäben orientierenden Theorien subsummiert. Daneben fanden „Weiblichkeit“ und „Männlichkeit“ als typologisierende Vorstellungen Eingang in die modernen Sozialwissenschaften. Sie wurden als „Natureigenschaften“ festgeschrieben, weil ein Interesse an der Fixierung von Geschlechtsstereotypen und der damit einhergehenden normativen Sicherung von Privilegien besteht. Geleitet von der Intention, die durch patriarchale Denkkategorien geschaffenen Begrenzungen etablierter wissenschaftlicher Dogmen zur Identitätsgenese aufzuzeigen, formierte sich in Form feministischer Theorie, was historisch überfällig war: Eine andere Sicht.

„Feministische Theorien können den Sinn der von Frauen im Alltag wahrgenommenen Konflikte und Widersprüche aufzeigen, die aus der Perspektive des isolierten Individums, das die gesellschaftliche Konstruiertheit des Geschlechts nicht bewußt in Betracht zieht, unerklärlich scheinen können. Indem sie Frauen als gesellschaftliche Gruppe begreifen, können feministische Theorien neue Perspektiven eröffnen, die den Konflikten und Widersprüchen einen Sinn geben und die Frauen befähigen, sie in Frage zu stellen und den Weg zur Veränderung frei zu machen.“ (Weedon, 1991:16).

In diesem Kapitel sollen drei Facetten eines traditionsfernen, innovativen, feministischen Blickwinkels vorgestellt werden: Zunächst kommt Carol Gilligans „andere Stimme“[50] zu Wort, die als eine der ersten Frauen in der Wissenschaft eine andere, weibliche Entwicklung nachweist und für deren Akzeptanz in der Sozialpsychologie kämpft. In einem zweiten Schritt wird das Goffman'sche Stigma-Theorem als Analyseinstrument auf den weiblichen Lebenszusammenhang angewandt: „Weiblichkeit“ wird hierdurch als „natürliches Stigma“, als „Zeichen beschädigter Identität“ erkennbar. Abschließend wird die Genese der Geschlechtsidentität thematisiert, wobei das Geschlecht in der „anderen Sicht“ nicht „Appendix“ (Landweer, 1987), sondern Ausgangspunkt ist, denn:

„Tatsächlich kann man nicht menschlich sein, ehe man männlich oder weiblich ist.“ (Devereux, 1976:213)

Aufgezeigt wird in diesem Kapitel auch, daß der Erwerb von Geschlechtsidentität und die fundamentale Bedeutung der Geschlechtszugehörigkeit anderer, erweiterter Erklärungen bedarf. Er ist nicht allein durch den verengten Blickwinkel herkömmlicher Theorien – Psychoanalyse, Lerntheorie, Kognitionspsychologie – zu verstehen, sondern diese bedürfen einer spezifischen Erweiterung seitens der Frauenforschung, die die integrativen Ansätze ihrer Verkopplung konzeptualisiert.

II.2.1 Die Moral der Frau

Gilligan (1982) versucht innerhalb der Wissenschaft, insbesondere der Entwicklungspsychologie, die Anerkennung und Akzeptanz einer anderen, weiblichen Entwicklung und Reife durchsetzen, die eine bislang damit verbunde Abwertung des Weiblichen ausschließt. Eine ihrer Grundthesen lautet, daß Frauen anders denken, fühlen und urteilen als Männer. Mit ihrer Arbeit wendet sie sich gegen Interpretationsmuster der traditionellen Psychologie, die den Urteilsmodi der Frauen Infantilität und Unreife vorwerfen, indem die für Frauen auffallend typische „Ethik der Verantwortung und Fürsorge“ seitens der traditionellen Moraltheorie als Ausdruck einer vormoralischen Entwicklungsstufe gewertet wird. Ihr moralisches Urteilen wird an Standards gemessen, die am Modell des Mannes gewonnen wurden, und fällt deshalb, so Gilligan, durch das Raster dieser einseitig geprägten Interpretationsmuster. Ausgangspunkt ihrer Überlegungen war die kritische Reflexion der Kohlberg'schen Untersuchungen, in denen der Zusammenhang zwischen Urteil und Handeln in einer Situation des moralischen Konfliktes evaluiert wurde (vgl. Kapitel I):

„Damals begann ich mir der immer wieder auftretenden Probleme bei der Interpretation der weiblichen Entwicklung bewußt zu werden und diese Probleme mit dem wiederholten Ausschluß der Frauen aus den entscheidenden, der Theoriebildung dienenden Untersuchungen der psychologischen Forschung in Verbindung zu bringen.“ (Gilligan, 1988:9)

In der Retrospektive wird deutlich, daß sich die Meßskalen zur Beschreibung menschlicher Entwicklung bei Wissenschaftlern wie Allport oder Erikson[51] vorwiegend an dem Studium männlicher Kinder und Erwachsener orientierte. Deshalb verweist Gilligan in ihrer Kritik am universalistischen Anspruch des Kohlberg'schen Stufenmodells zurecht auf die thematische „Nichtbehandlung“ der Frau:[52]

„Implizit das Leben des Mannes zur Norm erhebend, haben sie (die psychologischen Theoretiker, d.V.) versucht, Frauen aus männlichem Stoff zu schneidern. (...) Im menschlichen Lebenszyklus ist die Frau ebenso wie im Garten Eden die Abweichlerin.“ (Gilligan, 1988:14)

Als Gegenposition macht sie deutlich, wie fundamental anders Frauen im Vergleich zu Männern in moralischen Grenzsituationen denken, fühlen und entscheiden. Dabei geht es ihr um die „idealtypische Charakterisierung“ (Schreiner, 1987:241) weiblicher Denkweisen und nicht darum, generalisierende Aussage über die beiden Geschlechter zu machen.

„Die andere Stimme, die ich zum Ausdruck bringe, ist nicht an ein Geschlecht gebunden, sondern durch ihre Thematik bestimmt. Daß sie den Frauen gehört, ist ein empirischer Sachverhalt, und ich verfolge ihre Entwicklung überwiegend anhand der Äußerungen von Frauen.“ (Gilligan, 1988:10)

Gilligans „andere“, traditionsferne Bewertung geschlechtstypischer Verhaltensdifferenzen kann am Beispiel des Spiels verdeutlicht werden. Piaget (1932) betrachtete Kinderspiele als Schmelztiegel der sozialen Entwicklung während der Schuljahre, da die Kinder in ihren Spielen lernen, die Rolle des anderen einzunehmen und so auch Einsicht in Regelsysteme gewinnen. Spielregeln üben dabei auf Jungen eine solche Faszination aus, daß sie sich ganz der Ausarbeitung von Regeln zur Beilegung von Konflikten widmen können. Hingegen betrachten Mädchen eine Spielregel nur so lange als gut, wie sie sich in einem Spiel bewährt. Lever analysierte die Organisation und Struktur von Freizeitaktivitäten weißer Mittelschichtskinder (1976, in: Gilligan, 1988:18) und fand weitere geschlechtstypische Verhaltensdifferenzen: Jungen spielten in größeren Gruppen als Mädchen, wobei sich ihre Spiele häufiger durch Konkurrenz auszeichneten. Ferner dauerten die Spiele der Jungen länger als die der Mädchen, denn bei auftretenden Differenzen wurden sie nicht wie bei den Mädchen abgebrochen, sondern die Meinungsverschiedenheiten wurden ausdiskutiert. Demgegenüber zeigten sich Mädchen toleranter in ihren Spielregeln und waren eher bereit, Ausnahmen zu machen. Da Kinder den für die moralische Entwicklung nötigen Respekt für Spielregeln durch das Partizipieren an regelgebundenen Spielen erlernen, kommt Piaget zu der Schlußfolgerung, daß das Rechtsgefühl – wesentlicher Faktor der moralischen Entwicklung – bei den kleinen Mädchen weitaus geringer entwickelt ist als bei Jungen. (Piaget, 1932) Daß das Spiel der Mädchen für moralische Lektionen weniger zuträglich sei als das der Jungen, vertritt auch Lever. Gilligan hingegen nimmt einen völlig konträren Standpunkt ein:

„Ihre (Levers, d.V.) Erörterung der Ergebnisse prägt die Annahme, daß das männliche Modell das bessere ist, da es die Erfolgsrituale der modernen Industriegesellschaft einübt“,

was unausgesprochen die Folgerung nach sich zieht,

„...daß Mädchen angesichts der Realitäten des Erwachsenenlebens, wenn sie nicht von Männern abhängig bleiben wollen, lernen müssen, wie Jungen zu spielen.“ (Gilligan, 1988:19)

Das Spiel der Mädchen vollzieht sich in kleineren, intimeren Gruppen und zeichnet sich durch Rücksichtnahme auf die Gefühle anderer aus, die dem Spiel inhärente Konkurrenzsituation ist nur indirekt da.

„Dieses Spiel ahmt insofern das soziale Muster der menschlichen Primärbeziehungen nach, als es kooperativer organisiert ist. Es zielt somit in Meads Formulierungen weniger darauf ab, die Rolle des ‚generalisierten anderen‘ zu übernehmen, und tendiert weniger zur Abstraktion menschlicher Beziehungen. Aber es fördert die Entwicklung der Empathie und Sensibilität, die notwendig sind, um die Rolle des ‚bestimmten anderen‘ zu übernehmen, und zielt eher darauf ab, den anderen als unterschieden vom Selbst zu erkennen.“ (Gilligan, 1988:20)

Bei der empirischen Validierung des Kohlberg'schen Stufenmodells erschienen Frauen häufig als moralisch und konventionell unterentwickelte Wesen. Kohlberg und seine Mitarbeiterinnen und Mitarbeiter stellten fest,

„....daß erwachsene Frauen zumeist einer interpersonellen Orientierung verhaftet sind, und daß sie – mit moralischen Problemen konfrontiert – selten Lösungsvorstellungen entwickeln, die den Horizont der familiären oder quasi-familiären Kleingruppe überschreiten, was zu ihrer vorzugsweisen Zuordnung zur dritten Stufe der sechsstufigen Entwicklungsleiter Kohlbergs geführt hat.“ (vgl. Kohlberg/Kramer 1969, zit. in: Schreiner, 1987:237/238)

Auch hier kommt Gilligan zu einer anderen, nicht diskriminierenden Erklärung: Die höchste Stufe der Kohlberg'schen Rangskala – das formalisierte Gerechtigkeitsverständnis – schließt nicht nur weibliche Erfahrung aus, sondern widerspricht dieser sogar. Differenzen in der moralischen Urteilsfähigkeit von Männern und Frauen erweisen sich somit als Artefakte eines nicht adäquaten Untersuchungsdesigns. Illustriert werden kann dies an den unterschiedlichen Lösungsstrategien zweier Elfjähriger – Amy und Jake – in einer fiktiven moralischen Dilemma-Situation. Hierbei geht es um einen Mann, dessen Frau stirbt, wenn sie nicht schnellstmöglich ein bestimmtes Medikament bekommt. Der einzige örtliche Apotheker verlangt jedoch einen übertrieben hohen Preis, den der Mann nicht bezahlen kann. Sein Konflikt entsteht aus den zwei Handlungsalternativen „Stehlen, um das Leben seiner

Frau zu erhalten" oder „Einhaltung der Gesetze". (Dieses ist das sogenannte Heinz-Dilemma.)

Amy plädiert dafür, daß sich Apotheker und potentieller Dieb gemeinsam um eine Lösung bemühen, auch in Hinblick darauf, welche Auswirkungen ein Diebstahl auf die Beziehung zwischen den Eheleuten haben könnte. Jake hingegen befürwortet eindeutig eine Zuwiderhandlung gegen das Gesetz, da ein Menschenleben mehr Wert hat als Geld, Menschen einmalig sind und Gesetze auch Lücken aufweisen können. Bast (1988) kommentiert:

„Vor dem Hintergrund der Stufenfolge Kohlbergs kann hier der elfjährige Jake schon in die Phase der Präadoleszens eingestuft werden. Das Kind ist also am Gipfel der Kindheitsintelligenz angelangt. Das formale operationale Denken, wie es Piaget nennt, wird beherrscht. Das Kind denkt über Legitimationsstrukturen nach und beginnt sich langsam von Autoritäten zu lösen und zu befreien, hin auf mehr Autonomie. (...) Insofern kann das Urteil des Jungen und dessen Begründung schon auf Stufe 5 oder 6 angesiedelt werden." (Bast, 1988:280)

Amys Vertrauen in die Kommunikation als Konfliktlösung wirkt demgegenüber naiv und läßt sich nur auf den unteren Stufen der Rangskala ansiedeln. Ihr scheinbares Zögern in dem Versuch, jedem gerecht zu werden und niemandem zu schaden, wird als Unsicherheit gedeutet.

Das zögerliche Verhalten bei dem Fällen eines Urteils erscheint jedoch in einem ganz anderen Licht, führt man sich vor Augen, daß dies als ein Indiz der Fürsorge (care)[53] verstanden werden kann und Bestandteil der Entwicklungspsychologie der Frau ist. Gilligan führt zur Unterstreichung dieses Aspektes Baker Miller (1976) an:

„Wenn die Individuation und individuelle Leistungen bis ins Erwachsenenleben im Mittelpunkt stehen und Reife mit persönlicher Autonomie gleichgesetzt wird, dann erscheint die Rücksichtnahme auf Beziehungen als eine Schwäche der Frauen statt als eine menschliche Stärke." (Gilligan, 1988:27)

Das Dilemma für Frauen in moralischen Grenzsituationen, wie in dieser fiktiven Situation dargestellt, ergibt sich vor allem daraus, daß diese sich stets beim Suchen nach einer Problemlösung mit der unvermeidbaren Situation konfrontiert sehen, jemand anderen verletzen oder schädigen zu können bzw. zu müssen. Sie akzeptieren nicht einfach vorgegebene Rahmenbedingungen als unveränderbares Faktum, sondern suchen diese zu verändern oder in Frage zu stellen. Da sich der weibliche Lebenszusammenhang wenn überhaupt, nur allmählich verändert, schimmert noch immer das ewig alte Schema durch, d.h., Innenweltorientierung für die Frau, Außenweltorientierung dem Mann. Gilligan argumentiert diesbezüglich mit den Arbeiten von Chodorow (1978), die die Herausbildung der Geschlechtsidentität als sozial bedingte erklärt, die eine beziehungsorientierte Einstellung zu anderen Menschen bei den Frauen bewirkt.

Zwangsläufig ist die weibliche Lebenserfahrung anders als die männliche: Mädchen wachsen als Tochter einer Mutter (und das heißt mit einem gleichgeschlechtlichen Elternteil) in einer sozialen Umwelt auf, die vorerst noch durch geschlechtsspezifische Arbeitsteilung geprägt ist. Die kontinuierliche Lebensbeziehung zur Mutter bleibt nicht ohne Einfluß. Mädchen machen die Erfahrung, daß die soziale Umwelt durch Werte und Vorstellungen bestimmt ist, die nicht unbedingt denen der Mutter und der eigenen Erfahrungswelt entsprechen. Für Mädchen stellen sich moralische Probleme anders dar als für Jungen. Sie definieren sich durch die Beziehungen zu anderen Menschen; sie erhalten durch diese ihren sozialen Rang. Ihr Selbstwertgefühl und ihre Identität sind stark an Beziehungen orientiert. Deshalb antworten sie mit einem Verhaltensrepertoire, das von dem Stufenmodell Kohlbergs nicht erfaßt wird und eine moralische Unterentwicklung der Mädchen nahelegt.

Auch geschlechtsdifferentes Verhalten während der Adoleszenz wird von Gilligan neu bewertet. In dieser Entwicklungsphase werden Machtbeziehungen neu ausgehandelt und die Jugendlichen überwinden den Zwang der elterlichen Autorität in einem Prozeß der Ablösung: Probleme der adoleszenten Entwicklung sind Ablösungsprobleme. Abwanderung gilt als Mittel, das Kindheitsdrama der Ungleichheit zu überwinden und wird zum Sinnbild des adoleszenten Wachstums. Freud hatte die Abneigung der Mädchen gegen „Abwanderung" als Entwicklungsversagen beschrieben. Gilligan deutet dieses Fakt jedoch anders, das heißt, als einen „Widerspruch", der von Loyalität gegenüber Personen zeugt und die Geschichte von Beziehungen in sich trägt. (vgl. Gilligan, 1983:102)

Wie kommt es zum Entstehen einer anderen, weiblichen Moral? Während Jungen Abhängigkeit primär als Gegensatz zu Autonomie verstehen, stellte Gilligan bei der Auswertung der Antworten von High-school-Mädchen auf die Frage, was für sie Abhängigkeit bedeute, fest, daß bei ihnen das Gefühl der Verpflichtung, auf die Bedürfnisse anderer einzugehen, eindeutig Vorrang hatte. Aber mit dem Beginn der Pubertät erwächst auch für Mädchen das Gefühl, für das eigene Selbst zu sorgen. Die Mädchen sehen sich vor ein schwieriges Problem gestellt: Die Verantwortung gegenüber sich selbst gerät in Konflikt mit der Verantwortung gegenüber anderen, was in der moralischen Gegenüberstellung von „egoistischen" und „selbstlosen" Entscheidungen zum Ausdruck kommt. Egoismus würde den Ausschluß der anderen, Selbstlosigkeit den Ausschluß der eigenen Person bedeuten. Für Mädchen ist dies besonders entscheidend, da sich die zunächst gegenüber Freunden auftretenden moralischen Konflikte im Alter von etwa fünfzehn Jahren auf die Beziehung zur Mutter verlagern.

„Wenn das Mädchen in der Adoleszenz die Macht gewinnt, ihre eigenen sexuellen Beziehungen aufzubauen, so hat sie mit den moralischen Implikationen des Ausschlusses ihrer Eltern zu kämpfen, weil sie sich an ihre eigene Erfahrung des von ihnen Ausgeschlossenwerdens erinnert. Obwohl dieser Kampf beide Eltern betrifft, konzentriert er sich besonders auf die Mutter, die am deutlichsten als die Ausschließende wahrgenommen wird, aber auch als dem Selbst am ähnlichsten." (Gilligan, 1983:14)

Das hat folgende Konsequenz:

„Der Wunsch widersprechen zu können, anders zu sein, ohne die Verbindung zu verlieren, führt in der Erfahrung der Mädchen aus den Beziehungen zur Mutter heraus zu den Beziehungen mit der Welt." (Gilligan, 1983:116)

Die Entwicklung für Mädchen in der Adoleszenz hängt aber nicht allein von der Breitschaft ab, die Meinungsverschiedenheit mit der Mutter zu wagen, sondern auch von der Schwierigkeit, zu erkennen, daß die als maskulin dargestellte Welt weder so wie die Mutter noch wie sie selbst ist. Daraus muß sich eine unterschiedliche Perspektive als Ergebnis männlicher und weiblicher Entwicklung ergeben.

Um die tatsächliche moralische Entwicklung der Frauen erfassen zu können, entscheidet sich Gilligan dafür, lebensnähere, konkretere Dilemma-Situationen zum Untersuchungsgegenstand zu machen; dazu diente beispielsweise die Untersuchung zur Abtreibungsentscheidung. Ferner insistiert sie in ihren Untersuchungen auf einer differenten Form der Befragung, die erfaßt,

„...wie Menschen moralische Probleme definieren und welche Erfahrungen als moralische Konflikte erlebt werden, statt sich in erster Linie auf ihre Auffassungen von Problemen zu konzentrieren, die ihnen zur Lösung vorgelegt wurden." (Gilligan, 1988:11)

Nicht länger stehen hypothetisch ausgerichtete Annahmen sondern die Wirksamkeit von Erfahrungen im Vordergrund, die mit eigenen Begriffen beschrieben werden, um entlang der Darstellungsweisen festlegen zu können, wie die Konstruktionen des moralischen Problems, dessen Lösung und die Bewertung von Entscheidungen beeinflußt.[54] Nur so kann es gelingen, alle als abweichend definierten Daten über Erfahrungen „aufzufangen", die bislang durch ein sorgsam gewobenes Netz männlicher Vorstellungen fielen. Es ist ihre Intention, damit zu einer anderen, notwendig erweiterten und veränderten Konzeption reifen Erwachsenenseins zu kommen.

Vor allem die Äußerungen der Frauen zum Abtreibungsdilemma weisen auf das Vorhandensein einer anderen Sprache der Moral sowie auf unterschiedliche moralische Perspektiven hin, die von einer Ethik der Anteilnahme zeugen. Umso paradoxer erscheint deshalb, daß gerade die der Frau traditionell zugewiesene Güte und Fürsorge im Sinne einer Kohlberg'schen Rangskala dazu führt, sie zu einem moralisch „unterentwickelten" Wesen zu machen.

Gilligan unterscheidet in ihrem Entwicklungsmodell drei Stadien der moralischen Entwicklung, die nicht reversibel sind und aufeinander aufbauen. Jedes Stadium kann seinerseits in ein oder mehrere Stufen unterteilt sein.

Sofern eine Frau keinen relevanten Konflikt zwischen Egoismus und Verantwortung sieht, steht sie noch auf der ersten Stufe des Stadiums I und damit vor jeder Kompetenz des moralischen Urteilens. Erst mit der Wahrnehmung eigener Entscheidungsfähigkeit beginnt laut Gilligan die moralische Entwicklung der Frauen (Stufe 2, Stadium I). In dieser Sequenz folgt auf die ursprüngliche Neigung, für die eigene Person zu sorgen, um das Überleben zu sichern, eine Übergangsphase, in der diese Haltung als egoistisch kritisiert wird. Die auf dieser Kritik aufbauende dritte Stufe (Stadium II) verweist auf ein neues Verständnis der Verbundenheit zwischen sich selbst und den anderen. Gilligan schreibt dieser Stufe, Kohlberg zustimmend, formal hochgradig konventionelle Konfliktlösungsstrategien zu. Inhaltlich sieht sie jedoch die Lösung moralischer Dilemmata unter dem Aspekt der Fürsorge für andere:

> „Die konventionelle Stimme der Frau erhebt sich hier mit großer Klarheit, definiert das Selbst und proklamiert seinen Wert auf der Basis seiner Fähigkeit, für andere zu sorgen und sie zu beschützen." (Gilligan, 1988:101)

Gilligan bezeichnet diese dritte Stufe als Stufe „der falschen Unschuld", weil Frauen hier die Verantwortlichkeit für ihren Verzicht auf die Befriedigung egoistischer Bedürfnisse auf andere abwälzen.

> „Der Konflikt zwischen dem Selbst und den anderen stellt somit das zentrale moralische Problem für Frauen dar, ein Dilemma, dessen Lösung einen Ausgleich zwischen Weiblichkeit und Reife erfordert. Wenn ein solcher Ausgleich nicht gelingt, kann das moralische Problem nicht gelöst werden. Die ‚gute Frau' gelangt zu keiner Eigenständigkeit und leugnet ihre Verantwortung durch die Behauptung, nur den Bedürfnissen anderer zu dienen, während die ‚schlechte Frau' auf Bindungen verzichtet oder sich von jenen lossagt, die sie in Selbsttäuschung und Betrug festhalten. Genau dieses Dilemma – der Konflikt zwischen Mitgefühl und Autonomie, zwischen Tugend und Macht – ist es, das die Stimme der Frau aufzulösen sucht in ihrem Bemühen, das Selbst wiederzugewinnen und gleichzeitig das moralische Problem auf eine Weise zu lösen, daß niemand verletzt wird." (Gilligan, 1988:90/91)

Implikation für die Pädagogik ist, daß vor allem hier das Lernen für Mädchen und Frauen einsetzen muß, um zur nächsten Stufe zu gelangen und die Wahrnehmung eigener Bedürfnisse als notwendigen Respekt vor sich selbst zu deuten.

Während sich bei Kohlberg die vierte Stufe (Stadium II) an Regeln zur Aufrechterhaltung der sozialen Ordnung orientiert, deutet Gilligan diese Stufe vor allem als einen persönlichen Wendepunkt für die Frau, der sich aus dem Konflikt ergibt, einerseits egoistische Wünsche zu haben, anderseits für andere dazusein. Die Fähigkeit, anderen und sich selbst gerecht zu werden, wird kennzeichnendes Prinzip und führt zu dem Bestreben,

„...die Verwechslung von Fürsorglichkeit und Selbstaufopferung zu beseitigen, von der die konventionelle Auffassung von weiblicher Tugend ausgeht." (Gilligan, 1988:95)

Auf die fünfte Stufe des Kohlberg'schen Schemas verzichtet Gilligan völlig. Die sechste Stufe (der Autonomie) wird zur „Neubestimmung der Moral". Hier schließt die Verantwortung das Selbst und die anderen ein. Nicht zu verletzen, wird zum Leitfaden moralischer Entscheidungen. Bei Kohlberg zielen die fünfte und sechste Stufe darauf ab, eine objektive, faire, gerechte Lösung moralischer Dilemmata zu erreichen. Dieser sogenannten „Rechte-Konzeption der Moral" stellt Gilligan ihre „Verantwortungs-Konzeption" entgegen:

„Während sich Kohlbergs Proband also darüber Sorgen macht, daß die Menschen sich gegenseitig ihre Rechte beschneiden könnten, sorgt sich diese Frau über ‚die Möglichkeit des Versäumnisses, daß man anderen nicht hilft, wenn man ihnen helfen könnte'." (Gilligan, 1988:32/33)

Gilligan verdeutlicht ihre Kritik an der Einseitigkeit einer konventionellen Ethik der Reife auch an der Neubewertung von Biographien berühmter Persönlichkeiten, wie Luther und Gandhi:

„Während sich das Verhältnis zwischen dem Selbst und der Gesellschaft in großartiger Weise artikuliert, sind beide Männer in ihrer Fähigkeit zur Intimintät kompromittiert und leben in großer persönlicher Distanz zu anderen." (Gilligan, 1988:190)

Kohlberg hatte Gandhi beispielhaft als Persönlichkeit des sechsten Stadiums moralischen Urteilens angeführt. Gandhi, eigentlich das Synonym für Gewaltlosigkeit, wurde geleitet vom Autonomie-Motiv und dem Gefühl, nur seiner inneren Stimme verpflichtet zu sein. Diese „blinde Bereitschaft, Menschen der Wahrheit zu opfern", deutet Gilligan aber als Gefahr einer vom Leben abstrahierten Ethik.

Daß die unterschiedlichen Arten des Urteilens bei dem jeweils anderen Geschlecht Befremden auslösen müssen, ergibt sich nahezu zwangsläufig:

Frauen muß die „Moral des Rechts“ als Nichteinmischung erscheinen, zumal sie es ermöglicht, mangelnde Anteilnahme zu rechtfertigen; indessen erscheint aus männlicher Perspektive die von Frauen gezeigte „Moral der Verantwortung“ als vage und zögerliche Reaktion.

Gilligan hat mit ihrer Konzeption neben der „Trennung“ als einer notwendigen Haltung in der Erwachsenenentwicklung die Realität einer fortbestehenden „Verbundenheit“ aufgegriffen. Der sich hieraus generierende Prozeß der Bindung erschafft ihrzufolge die menschliche Gemeinschaft und erhält sie am Leben. Die Analyse des Denkens von Frauen hat ein anderes Verständnis von Moral aufgedeckt, das sich in konfligierenden Verantwortlichkeiten und Beziehungen statt in konkurrierenden Rechten und Regeln ausdrückt.

„Doch in der anderen Stimme der Frauen liegt die Wahrheit einer Ethik der Anteilnahme, die Verknüpfung zwischen Beziehung und Verantwortung und die Ursprünge der Aggression im Scheitern von Bindungen.“ (Gilligan, 1988:212)

Eine erweiterte Perspektive über die menschliche Entwicklung insgesamt ergibt sich dann, wenn die Unterschiede in den Erfahrungen und im Bewußtsein Eingang in die bislang männlich dominierten Entwicklungstheorien finden:

„Zu verstehen, daß die Dialektik der menschlichen Entwicklung durch das Spannungsverhältnis zwischen Verantwortung und Rechten vorangetrieben wird, heißt, die Integrität zweier unterschiedlicher Erlebnisweisen zu begreifen, die schließlich miteinander verbunden sind.“ (Gilligan, 1988:212)

Obwohl auf Gilligans Arbeiten nicht nur mit Zustimmung reagiert wird,[55] bleibt zusammenfassend festzuhalten, daß es vor allem ihr Verdienst ist, als eine der ersten deutlich die Grenzen androzentrisch bestimmter Forschungsprämissen nachgewiesen zu haben, indem sie die allgemeine Aufmerksamkeit auf das grundsätzliche Fehlen der weiblichen Lebenserfahrung in empirischen Untersuchungen lenkte. In der Auseinandersetzung mit den Interpretationsschemata der Entwicklungspsychologie zum moralischen „Wachstum“ stößt sie auf eine Einseitigkeit in den idealtypischen Vorstellungen zu Lasten der Frau und verweist so auf zwei unterschiedliche Konzeptionen moralischer Rationalität. Erstmals entwirft sie eine Theorie, die sich zum Ziel setzt, die soziale Realität der „anderen Hälfte der Menschheit“ aufzugreifen, um damit die bisherigen Darstellungen zu ergänzen und zu einer wirklichkeitsnäheren – weil kompletteren – Theorie menschlicher Entwicklung und moralischer Reife zu gelangen. Es ist auch ihr Verdienst, wenn heute die Ambivalenzen im weiblichen Lebenszusammenhang durch ein um die weibliche Perspektive erweitertes Forschungsinstrumentarium transparent gemacht werden können und wenn darauf hingearbeitet wird, moralisches Urteilen nicht einseitig an Standards zu messen, die am Modell des Mannes gewonnen wurden.

Als Wissenschaftlerin entspricht Gilligan ganz dem Bild, das Baker Miller von Frauen zeichnet, die sich der Frage ihrer eigenen Entwicklung zuwenden:

„Indem sie die für die Erfüllung ihrer eigenen Bedürfnisse notwendigen Veränderungen in die Wege leiten, geben sie den Anstoß für eine gründliche Überprüfung der gesamten Gesellschaft." (Baker Miller, 1976: 88)

Damit ist es ihr gelungen, aus der gängigen Beobachtungsperspektive herauszutreten und eine andere logische Erklärung für die verzerrten Beschreibungen menschlicher Entwicklung zu finden, in denen Frauen sich gar nicht oder nur als moralisch Unterentwickelte bzw. Deviante vom Normalfall wiederfinden.

II.2.2 Weiblichkeit als natürliches Stigma

Unter Rückgriff auf die Goffmann'schen Überlegungen zur Identitätsgenese und die auch heute noch vorherrschenden Assoziationen zum Begriff der Weiblichkeit läßt sich die These formulieren: Es gibt eine durch das männliche Wertesystem bestimmte Öffentlichkeit, in der Weiblichkeit als „natürliches" Stigma und damit implizit als „Zeichen beschädigter Identität" – so die Metaphorik Goffmans – betrachtet wird. Bei der Erörterung dieser These soll zunächst der Frage nachgegangen werden, ob und in welchem Ausmaß Frauen durch die Attribute der drei von Goffman festgestellten Stigma-Kategorien erfaßt werden können. Anschließend wird thematisiert, inwieweit grundsätzlich Situationsbeschreibungen, wie sie Goffman für Stigmatisierte in der Konfrontation mit Nicht-Stigmatisierten konstruiert und analysiert, analog zu der gesellschaftlichen Situation der Frau sind.

Die Stigma-Kategorie der physischen Deformation läßt sich insofern auf den weiblichen Lebenszusammenhang übertragen, als Frauen die ihrem Körper zugeschriebenen Attribute als stigmatisierend erfahren können. Konkret geschieht dies durch die stete Konfrontation mit den jeweils vorgeschriebenen Schönheitsnormen, denen Frauen insbesondere mit fortschreitendem Alter immer weniger entsprechen können. In einer detaillierten Analyse von Frauenfotografien in vermeintlichen „Fachzeitschriften" beschreibt Schmerl (1983), wie Frauen, reduziert auf ihre Körperlichkeit, der sexuellen Lust des Mannes angeboten werden. Neben der so beschriebenen Inbesitznahme der Frau durch die „natürliche" Sexualität des Mannes wird gleichermaßen ein

Einheitsstandard für eine schöne, ideale Frau geschaffen. Auf diese Weise werden nicht nur ästhetische weibliche Schönheitsideale weitergetragen, sondern Wertvorstellungen geprägt, die für die betrachtenden Frauen selbst relevant werden. Dies gilt vor allem für Modejournale und die gesamte Vermarktung der Frau in der Werbung.

„Das standardgerechte Aussehen, insbesondere der Körper, wird so zum ausschlaggebenden Maßstab für (Selbst)-Wert und Selbstbewußtsein von Frauen, zur Voraussetzung für Anerkennung, Erfolg und Glück – so wie auch die Werbefotos es ständig kombinieren. Es bedeutet das ständige Lernen, sich durch die Augen von Männern zu sehen und einzuschätzen.“ (Schmerl, 1983:246)

Demenstprechend wird vor allem in der Altersforschung auch vom „Doppelstandard des Alterns“ (Dane, 1985) gesprochen, denn der biologische Prozeß des Alterns wird vorzugsweise den Frauen zum Vorwurf gemacht.

„Frausein und Altsein bedeutet in unserer Gesellschaft eine Kumulation sozialer Benachteiligungen.“ (Lehr, 1980, zit. in: Dane, 1985:54)

Die Kriterien für männliche Attraktivität sind weitaus weniger als bei Frauen an biologische Faktoren geknüpft, sondern vielmehr an soziale Faktoren:

„Der attraktive Mensch ist der leistungsfähige Mensch, der sich etwas leisten – und anderen etwas bieten kann. (...) Viele Männer haben mit vierzig Jahren mehr Erfolg bei Frauen als sie mit zwanzig oder fünfundzwanzig hatten: Erfolg, Geld und vor allem Macht vergrößern ihre Attraktivität.“ (Dane, 1985:55/56)

Zwar muß eingeräumt werden, daß auch die finanzielle Sicherheit älterer Frauen Faszination bei jüngeren Männern auslösen kann, aber nur relativ wenige Frauen verfügen über den Besitz so attraktiver Werte wie Geld, Macht und Ruhm. Der Entsprechung „Jugend gleich Glück“ folgend, stellt der Prozeß des Alterns sich für Frauen primär als ein „demütigender Prozeß allmählicher sexueller Disqualifizierung“ dar (ebd.: 56), weil die Attraktivität der Frauen weitaus rigider an die biologischen Merkmale der Jugend geknüpft ist. Diese Rigidität drückt sich auch darin aus, daß zunächst ein Mann interessanter und reifer, eine Frau älter wird, und im Alter geradezu ein Widerwille vor der alternden Körperlichkeit der Frau herrscht, deren dargestellte Nacktheit „unangenehm“ wirkt.

Die an den „idealen Mann“ gerichteten Standards und Erwartungen erscheinen insofern viel flexibler, als bei Nichtentsprechung und Abweichung teilweise gar keine Stigmata zur Verfügung stehen. Beispielsweise existiert kein männliches Äquivalent zum Begriff der „alten Jungfer“, die ihr Stigma aus dem Status des Nicht-Verheiratetseins bezieht und bis ins hohe Alter das Fräulein ist, das „keinen mitbekommen hat“. Darüber hinaus können Abweichungen selbst bei gleichem Verhalten in Abhängigkeit vom Geschlecht Stigmatisierungen in unterschiedlichem Maß nach sich ziehen. Das läßt sich am Beispiel der zweiten Stigma-Kategorie, d.h., Stigmata, die der Eigenverantwortlichkeit zugerechnet werden, aufzeigen.

Ledige Mütter werden beispielsweise ganz anders als ledige Väter stigmatisiert. Das liegt nicht etwa an der Visibilität ihres Stigmas, sondern vielmehr an der Bewertung eines solchen „Fehltritts": Die Frau hat Schuld; ihr wird die Verantwortung zugeschoben. Der Stigma-Terminus lautet: „gefallenes Mädchen" – der „gefallene Junge" kommt nicht vor. Auch Promiskuität wird bei Frauen und Männern unterschiedlich bewertet.[56] Zum Stigma-Terminus „Flittchen" gibt es als männliches Äqivalent nur das „Ehrenstigma" des „Don Juan".[57] Letztlich stigmatisiert Prostitution nur die Prostituierte, nicht aber ihren Kunden. Auch hier fehlt dem Stigma-Terminus ‚Hure' ein männliches Äquivalent. Entsprechendes gilt für männliche Homosexualität: Besondere Verachtung trifft den männlichen Prostituierten, weil er im sexuellen und finanziellen Sinne „empfängt", was für „weiblich" und deshalb entehrend gehalten wird.[58]

Goffmans dritte Stigma-Kategorie läßt sich ebenfalls auf den weiblichen Lebenszusammenhang übertragen, denn nicht nur Rasse-, sondern auch Geschlechtszugehörigkeit kann als phylogenetisches Stigma betrachtet werden. Ohne explizit das gemeinsame Merkmal gesellschaftlich marginaler Position von Frauen und Schwarzen zu betonen, faßt Beauvoir die Analogien folgendermaßen:

> „Höchstens fand man sich bereit, dem ‚anderen' Geschlecht ‚Gleichheit unter Wahrung des Unterschiedes' zuzubilligen. Diese Formel, die Schule gemacht hat, ist überaus bezeichnend: es ist genau dieselbe, wie sie in den Jim-Crow-Gesetzen für die Schwarzen Amerikas verwendet worden ist; diese Aussonderung aber nach einem scheinbar egalitären Prinzip hat nur zu der extremsten Ungleichheit der Behandlung geführt. (...) ... die einen wie die anderen versuchen sich heute einer gleichen Bevormundung zu entziehen, und die bisherige Herrenkaste strebt danach, sie dort zu belassen, ‚wo sie hingehören', d.h. an dem Platz, den sie für sie ausgesucht hat; in beiden Fällen ergeht sie sich in mehr oder weniger aufrichtigen Hymnen auf die Tugenden des ‚guten Schwarzen' mit der unbewußten, kindlichen, heiteren Seele, den ergebenen Schwarzen, und die Frau, die ‚wirklich Frau' ist, d.h. frivol, kindisch, verantwortungslos, die dem Manne ergebene Frau. In beiden Fällen bezieht sie ihre Argumente aus dem Stand der Dinge, wie sie ihn geschaffen hat. Man kennt die bissige Bemerkung Bernard Shaws: ‚Der weiße Amerikaner', sagt er, ‚weist dem Schwarzen die Rolle des Schuhputzers zu: daraus schließt er dann, daß er zu weiter nichts taugt'." (Beauvoir, 1991:16/17)

Alle Attribute, die zum traditionellen Ensemble der Weiblichkeit gehören, wirken, übertragen auf den Mann, für diesen eindeutig diskriminierend, was als ein weiterer Hinweis auf die Stigma-Wirkung des Begriffes „weiblich" betrachtet werden muß. Kommödien und Witze leben häufig von diesen Stilbrüchen, in denen Männer durch Übernahme traditionell weiblicher Attribute besonders lächerlich wirken. „Weibliche" Körperhaltungen, wie sie beispielsweise bei Stan Laurel und Oliver Hardy typisch waren, lösen bei Zuschauerinnen und Zuschauern Heiterkeit aus, indessen ist im umgekehrten Fall die Übernahme traditionell „männlicher" Attribute notwendig, um gesellschaftliche Akzeptanz zu erlangen.

Wenn im Bundestag eine Frau an das Rednerpult tritt, steigt der Geräuschpegel. Anders als bei männlichen Kollegen werden Politikerinnen mit Zwischenrufen gestört, die sich weitaus weniger auf die vorgebrachten Inhalte beziehen als auf deren Kleidung und Äußeres. Das Etikett „weiblich" erlaubt, auf Kompetenzen der Rednerin mit höchst diskriminierenden Äußerungen zu reagieren: So wurde z.B. die Rede von Marita Haibach bei einer Sitzung des Hessischen Landtages mit den Worten gestört: „Der Papiersack war sehr kleidsam." (12. Sitzung des Hessischen Landtages am 28. April 1983; Plenarprotokoll 10/12, zit. in: Schultz-Medow, 1988:49)

Als Frau identifizierbar zu sein, bedeutet, mit einer Konfrontation des negativ besetzten Stereotyps „Weiblichkeit" rechnen zu müssen; der Anspruch, als fähige Persönlichkeit anerkannt zu werden, verfällt. Mit dieser inhaltlichen Bestimmung dessen, was weiblich und männlich ist, sind die strukturellen Vorbedingung zur Entstehung eines Stigma – die Schaffung eines kompletten Satzes von Attributen seitens der Gesellschaft für die Mitglieder jeder Kategorie – geschaffen. Die tendenzielle Haltung Nicht-Stigmatisierter, an die ursprünglich eine „Unvollkommenheit" des Stigmatisierten eine ganze Assoziationskette von Unzulänglichkeiten zu binden, trifft gleichermaßen auf das Merkmal „weiblich" zu. So führen Vorstellungen über die vermeintliche Irrationalität und das intellektuelle Unvermögen von Frauen dazu, tatsächliche Kompetenzen zu übergehen oder auf Zufallsvariablen wie Glück zurückzuführen.

Die Konsequenz, die sich daraus für den weiblichen Lebenszusammenhang ergibt, ist paradox: Zwar verhilft die Übernahme des traditionellen „männlichen" Verhaltens Frauen zur Durchsetzung in einer männlich dominierten Öffentlichkeit und damit zu gewissem wirtschaftlichen oder wissenschaftlichen Erfolg und gesellschaftlicher Akzeptanz. Sich so verhaltende Frauen erfahren dann jedoch die Stigmatisierung, keine richtige Frau zu sein.[59]

„Das Werturteil gilt eher ihrem Geschlecht als ihrem Verhalten, das heißt, Mädchen, die sich unweiblich benehmen, werden verspottet und herabgesetzt, und Mädchen, die sich weiblich verhalten, werden genauso behandelt." (Spender, 1985:105)

Dies führt zwangsläufig zu einer Ambivalenz im Entwicklungsprozeß der Mädchen, deren Geschlechtsidentität negativ konnotiert ist und deren Identität sowohl als Mädchen/Frauen als auch als Personen im uneingeschränkten Sinn unserer Kulturtradition nicht bestärkt wird.

Laut Goffman lassen sich die Momente unmittelbarer Begegnung zwischen Stigmastisierten und „Normalen" aus der Sicht der Stigmatisierten in sechs Punkten beschreiben (vgl. Kapitel I). Es liegt die Vermutung nahe, daß alle sechs Situationsbeschreibungen auch den Lebenszusammenhang von Frauen charakterisieren können: Das Inferioritätsbewußtsein einer stigmatisierten gegenüber einer nicht-stigmatisierten Person entwickelt sich aufgrund der gleichen Auffasung von Normalität. Dieses Gefühl eigener Minderwertigkeit wird dann verstärkt, wenn die betreffende Person relativ isoliert lebt und ihr somit das „feed-back" des sozialen Umgangs fehlt. (Punkt 1) Wie in II.1.1 dargelegt wurde, basiert der Begriff der Normalität auf androzentrischen Prämissen und impliziert die Gleichsetzung der männlichen mit der menschlichen Perspektive. Damit einher geht der Ausschluß der Frau aus der gesellschaftlichen Öffentlichkeit. Hinzu kommt das Fehlen des heilsamen „feed-backs" der sozialen Umgebung, denn auch heute noch sind Frauen entsprechend ihrer Normalbiographie[60] spätestens mit dem Zeitpunkt der Geburt des ersten Kindes als Kindeserzieherin und Haushälterin in der häuslichen Isolation befangen.

Auch die für stigmatisierte Personen typische Erfahrung, in neuen Situationen oder zu Anfang einer neuen Bekanntschaft von einer umfassenden Statusunsicherheit beherrscht zu werden (Punkt 2), läßt sich auf den weiblichen Lebenszusammenhang übertragen. Allein aufgrund des negativ konnotierten Merkmals „weiblich" kann Unklarheit darüber bestehen, welche Haltung gegenüber der betreffenden Person eingenommen wird. Wenn der KFZ-Schlosser sich beispielsweise als Frau entpuppt, muß damit gerechnet werden, daß ihre Fachkompetenz angezweifelt wird, und wenn sich Frauen auf Positionen in männlichen Domänen bewerben, ist ein innerer Vorbehalt selbst bei einer günstigen Haltung des (männlichen) Gegenüber wahrscheinlich (Punkt 3). Auch die Haltung, unbedeutende Fertigkeiten bei einer stigmatisierten Person als Zeichen bemerkenswerter Fähigkeiten einzustufen (Punkt 4), findet ihre Parallele: Denn nicht anders kann das große Erstaunen darüber interpretiert werden, daß eine weibliche Person beispielsweise über technische Fachkenntnisse verfügt. Der Aspekt, unbedeutende Fehlleistungen des stigmatisierten Individuums als direkten Ausdruck seiner Andersartigkeit fehlzuinterpretieren (Punkt 5), läßt sich insofern übertragen, als z.B. berufliche Fehlleistungen in einer statushohen Position automatisch auf die „weibliche Naturhaftigkeit" zurückgeführt werden. Und auch der letzte

Punkt (6) trifft auf den weiblichen Lebenszusammenhang zu: Als Reaktion auf die Angst, den Anforderungen einer neuen sozialen Situation nicht gewachsen zu sein, erfolgt ein defensiver Rückzug in die Privatsphäre. Denn auch für die Frau kann sich jede mögliche Interaktion zu einer „angstbeladenen Situation" entwickeln, da sie sich in einer männlichen dominierten Öffentlichkeit ihrer Andersartigkeit bewußt ist und mit der Deutung ihrer Person als „minderwertig" rechnen muß.

Die vorstehenden Abschnitte zeigen: Frauen können aufgrund ihres „natürlichen Stigmas" genau wie andere Personen mit einem offen sichtbaren Stigma von vollständiger sozialer Akzeptanz ausgeschlossen werden. Denn Normalität und Abweichung werden an der Institutionalisierung von Weiblichkeit gemessen, und die damit verbundene Normalitätserwartung wird durch das Netz gesellschaftlicher Kontrolle gestützt. Da Stigmatisierungsprozesse – wie Goffman richtig erkennt – direkt auf die psychologische Integrität eines Menschen einwirken können, verwundert nicht die Problematik weiblicher Identitätsgenese, die im folgenden Abschnitt behandelt wird und deren Verlaufsform ohne die Thematisierung des Erwerbs der Geschlechtsidentität nicht zu verstehen wäre.

II.2.3 Der Erwerb der Geschlechtsidentität

Waren Geschlechtsunterschiede zuvor als ideologische Zuschreibungen gedeutet worden, so werden sie in diesem Abschnitt als Produkt geschlechtsspezifischer Sozialisationsverläufe interpretiert. Die frühe Entwicklung des Sozialisationskonzeptes geht vor allem auf den französischen Soziologen Durkheim (1858-1917) zurück, der erstmals die Bedingungen sozialer Integration beschreibt. Gesellschaftliche Normen müssen vom Individuum internalisiert werden, wobei die Erziehung wichtigstes Instrument dieses Prozesses ist. Das als triebhaft und egoistisch gedeutete Individuum wird erst durch eine solche Sozialisation gesellschaftsfähig. Sozialisation wird so systematisch als Zusammenhang von gesellschaftlichen Strukturen, Normen und Persönlichkeitsprägung betrachtet. Die Psychoanalyse (Freud 1856-1939), die Lerntheorien (Pawlow 1849-1936; Watson 1878-1950) und die Kognitionspsychologie (Piaget 1896-1980) beeinflussen in der Folge die weitere Entwicklung der Sozialisationstheorie ganz entscheidend, da durch sie das Verhältnis von kindlicher Persönlichkeit zu seiner Umwelt erfaßt werden kann. Diese Konzepte zur Subjekt-Umwelt-Problematik fokussieren besonders den Mikrobereich der Sozialisation[61] und gelten heute als Basistheorien in diesem Bereich.

Im folgenden soll exemplarisch ausgeführt werden, wie die feministische Weiterentwicklung dieser Theorien zu einer anderen Sicht des Erwerbs der Geschlechtsidentität im zeitgenössischen Diskurs geführt hat. In einem ersten Schritt wird die Neuorientierung innerhalb der Psychoanalyse thematisiert. Anschließend wird ein Ansatz näher erläutert, in den neben kognitionspsychologischen und lerntheoretischen Aspekten auch soziologische Variablen einbezogen sind: Weibliches Verhalten und weiblicher Sozialcharakter werden so als Produkt des symbolischen Systems kultureller Zweigeschlechtlichkeit entlarvt. Letztlich werden Lernzielorientierungen vorgestellt, die einen positiven Entwurf geschlechtsspezifischer Identität jenseits patriarchalischer Begrenzungen implizieren.

In den letzten 15 Jahren eröffneten sich innerhalb der Psychoanalyse neue Perspektiven. (vgl. z.B. Dinnerstein, 1976; Chodorow, 1978; Olivier, 1980; Großmaß, 1989; Harding, 1989) Nicht mehr die Freud'sche Triebtheorie, sondern neuere Konzeptionen, wie die postfreudianische Objektbeziehungstheorie, sind die Basis psychoanalytischer Erklärungen.

Harding (1989) unterscheidet zwischen der biologischen Geburt, die relativ unbeeinflußt von sozialen Faktoren und sehr kurz ist, und der „psychosozialen Geburt" (1989:435), die einen Entwicklungspzozeß beschreibt. Dieser umfaßt die ersten drei Lebensjahre und unterliegt in hohem Maße Einflüssen der sozialen Umgebung, in der er stattfindet.

Diese ist, laut Chodorow (1990), vor allem durch die geschlechtsspezifische Arbeitsteilung in der Familie charakterisiert, die als auslösendes Moment der unterschiedlichen Entwicklung psychologischer Fähigkeiten bei Mädchen und Jungen gesehen wird. Die Ausgangslage der Kinder ist je nach Geschlecht deshalb verschieden, weil die Person, die dem Kind Geborgenheit und Anerkennung verschafft, auf jeden Fall eine Frau ist. Das heißt: Sie ist für Söhne immer anderen und für Mädchen immer gleichen Geschlechts. Deshalb fordert Chodorow mindestens gleiche Beteiligung von Vätern, um Kindern die Chance primärer Identifikation mit dem Vater zu geben. Ihrzufolge ist jede Gesellschaft durch das „Sex-Gender-System" bestimmt:

> „Sex-Gender-Systeme organisieren das biologische und das soziale Geschlecht und die Babies. Eine geschlechtsspezifsche Arbeitsteilung, in der die Frauen muttern, organisiert die Babies und trennt die häusliche und private Sphäre. Die heterosexuelle Ehe, die Männern Rechte über die Körper ihrer Frauen und über ihre Kinder verleiht, organisiert das biologische Geschlecht. Gemeinsam organisieren und reproduzieren beide das soziale Geschlecht als eine ungleiche soziale Beziehung." (Chodorow, 1990:19)

Die Psychoanalyse begründet die Differenzierung des Selbst mit der Psychodynamik der Primärbeziehungen. Beziehungsfähigkeit entsteht bei geglückter Differenzicrung für Kinder beiderlei Geschlechts, sofern sie selbst kontinuierliche Zuwendung erfahren. Wird die Säuglingspflege exklusiv von einer Frau übernommen, hat die Primärbeziehung insofern eine Bedeutung, als die Mutter im kindlichen Erleben synonym für Verschmolzenheit, der Vater synonym für Separatheit steht. Schon diese präödipale Phase schafft die Grundlage für die Geschlechtscharaktere.

Da die Mutter im symbolischen System der Zweigeschlechtlichkeit verhaftet ist, wird ihre Geschlechtswahrnehmung verschieden sein: Der Sohn wird als das andere, die Tochter als das gleiche Geschlecht erlebt. Zwar empfindet die Mutter ein Gefühl der Einheit und Kontinuität in beiden Fällen zu ihrem Kind, aber die

„...primäre Identifikation und die Symbiose mit Töchtern ist im allgemeinen stäker, und die Besetzung der Töchter behält eher narzißtische Elemente bei, d.h. basiert auf dem Erleben der Tochter als Erweiterung oder Verdoppelung der Mutter, während die Besetzung der Tochter als sexuell anderes Wesen normalerweise nur ein schwächeres, weniger signifikantes Thema ist." (Chodorow, 1990:143)

Diese unterschiedliche Form der Beziehung spiegelt sich im Erleben des Mädchens wider: Sie empfindet sich weniger als separates Wesen und verharrt länger in der dyadischen Mutter-Kind-Beziehung. Den flexibleren und durchlässigen Ich-Grenzen der Mädchen stellt Chodorow die ausgeprägteren Ich-Grenzen und stärkeren Differenzierungen der Jungen gegenüber.

„Das grundlegende weibliche Selbstgefühl ist Weltverbundenheit, das grundlegende männliche Selbstgefühl ist Separatheit." (Chodorow, 1990:220)

Als Folge ist die geschlechtsspezifische Arbeitsteilung auf der Ebene der Persönlichkeit vorstrukturiert.

Im weiteren Verlauf der Entwicklung vollzieht das Mädchen keinen tatsächlichen Objektwechsel. Zwar sieht sie den Vater aufgrund der engen Mutterbindung als Symbol der Befreiung, dennoch wird die intensive Beziehung zur Mutter nicht beendet, so daß das Mädchen sich in einer triadischen Beziehungswelt befindet und entwickelt. (vgl. Chodorow, 1990:248ff.) Für Jungen hingegen bedarf die Abgrenzung von der Mutter in der ödipalen Konstellation weniger einer dritten Person. Denn eigene Männlichkeit und eigener Penis sind als Differenzgarantie vorhanden. Die Bestätigung der heterosexuellen Genitalität erfolgt durch eine präsente Person, die Mutter. (vgl. Großmaß, 1989:187)

Hierin zeigt sich die asymmetrische Struktur des Ödipus-Komplexes, die eine entsprechend asymmetrische Entwicklung in der Pubertät nach sich zieht. Mädchen verharren, trotz ihrer sexuellen Entscheidung für den Vater, emotional in dem inneren Dreieck. Für die Knaben ist der erforderliche

Objektwechsel weniger komplex: Die Mutter ist emotionales, exklusives, ödipales Objekt und macht damit diese Verdrängung der ödipalen Liebe vollständiger. (vgl. Chodorow, 1990:171) Da aufgrund des „Sex-Gender-Systems" der Gesellschaft Väter nicht verfügbar sind, können Mädchen eine Geschlechtsidentität in persönlicher Identifikation mit der Mutter erwerben. Knaben können das nicht – der Vater ist nicht präsent. (vgl. Hoeppel, 1990)

Das führt dazu, daß Männer zu der frühen emotionalen Einheit zurückzukehren suchen, was ihnen in direkter Liebesbeziehung mit einer Frau möglich ist. Frauen ihrerseits brauchen eine dritte Person, da sie auf der Ebene der psychischen Struktur in einer emotional asymmetrischen Dreieckssituation aufgewachsen sind. Deshalb wünschen sie sich Kinder und tragen zur Reproduktion von Mütterlichkeit bei.[62]

Hagemann-White (1984) geht bei ihren Vorstellungen zum Erwerb der Geschlechtsidentität davon aus, daß Kinder in einer soziokulturellen Welt aufwachsen, in der die kulturelle Zweigeschlechtlichkeit zentrales Ordnungsprinzip ist. Nahezu jede hier lebende Person eignet sich diese geltende symbolische Ordnung an und nimmt sie als Medium der Verständigung über Identität.[63]

> „Unabhängig von der konkreten Haltung der Bezugspersonen zu den Normen und Erwartungen, die sich auf diese Ordnung beziehen, ist eine Selbstzuordnung als Mädchen oder Junge die Voraussetzung von Identität überhaupt. Die Aneignung des symbolischen Systems muß strukturell verschieden sein, je nachdem, ob das Subjekt dieser Aneignung den eigenen Ort als männlich oder weiblich annimmt." (Hagemann-White, 1984:90/91).

Bis zum Alter von sechs – spätestens acht – Jahren haben Kinder die Alltagstheorie der kulturellen Zweigeschlechtlichkeit übernommen. Die psychosexuellen und kognitiven Leistungen, die sie bis dahin zur Aneignung dieses dualen Systems erbringen müssen, sind die folgenden (Hagemann-White, 1984:82ff.):

1. Sie müssen erkennen, daß sie Mädchen oder Junge sind, ein Vorgang, der zusammen mit Sprache erworben wird. Denn mit der Sprache erlernen Kinder die Fähigket, sich korrekt dem Geschlecht nach zuzuordnen. Sie müssen allerdings mehrere Jahre daran arbeiten, bis zum sechsten, manchmal auch bis zum achten Lebensjahr, um die von Erwachsenen benutzten Signale für die Geschlechtszuweisung sicher zu erkennen.
2. Die Erkenntnis, daß alle Menschen entweder weiblich oder männlich sind, ist ebenso notwendig und scheint schon sehr früh vorhanden zu sein. Kinder mit 18 Monaten können Erwachsene nach Geschlecht „richtig" einordnen.

3. Kleinkinder nehmen eine Geschlechterdifferenzierung nach bestimmten Merkmalen in der Erscheinung und im Verhalten vor, die jedoch den Kindern nie ausdrücklich vermittelt werden und so für die Erwachsenen schwer nachvollziehbar sind.
4. Trotzdem müssen sie erkennen, daß der Unterschied der Genitalien, vor allem das Vorhandensein des Penis, auschlaggebend ist.
5. In dieser Phase muß außerdem erfaßt werden, daß das Geschlecht unveränderbar ist.

Kohlberg sieht den 5. Punkt als wesentlichste Voraussetzung für den Erwerb von Geschlechtsidentität: Erst wenn ein Kind einsehen kann, daß eine Masse trotz Gestaltwandel konstant bleibt, kann es Einsicht in die physische Konstanz des eigenen Körpers gewinnen. Diese Erkenntnis hat dann erhebliche Konsequenzen für die Kategorisierung der Geschlechtszugehörigkeit und damit für die Selbstkategorisierung.

„(1) Die Geschlechtsidentität, d.h. die kognitive Selbstkategorisierung als ‚Junge' oder ‚Mädchen', ist der kritische und fundamentale organisierende Faktor der Geschlechtsrollen-Attitüden. (2) Diese ‚Geschlechts-Identität resultiert aus einem grundlegenden, einfachen kognitiven Urteil, das zu einem frühen Zeitpunkt in der Entwicklung getroffen wird. Diese Kategorisierung ist, sobald erfolgt, relativ irreversibel und wird durch fundamentale Urteile über die physische Realität aufrechterhalten..." (Kohlberg, 1974:344)

Im Gegensatz zu Kohlberg, fokussieren neuere feministische Vorstellungen jedoch weniger die Einsicht in den Zusammenhang zwischen Genitalien und Geschlechtszugehörigkeit.[64] Vielmehr wird angenommen, daß die Geschlechtszugehörigkeit auf der Basis kultureller Zeichen entsteht und Kleidung und Verhalten die Geschlechtszuweisung auslösen. Beispielsweise lächelt eine Mutter

„....ihren Sohn weder mehr noch weniger an als ihre Tochter, sondern anders: Ihr Lächeln trägt einen anderen Sinn und andere Gefühle. Der Sinn und die Gefühle erwachsen aus der gesellschaftlichen Bedeutung, die es hat, ein zukünftiger Mann oder eine zukünftige Frau zu sein." (Hagemann-White, 1984:74)

Schon 1974 unterschieden Maccoby/Jacklin den geschlechtsunspezifischen Erwerb von Kompetenzen von der geschlechtsspezifischen Ausführung bestimmter Handlungsweisen aus dem gesamten Verhaltensrepertoire des Kindes, die sich an dem Wissen über das dem Geschlecht entsprechenden „richtigen" Verhalten orientiert. (zit. in: Schmerl, 1978:157f.) Auch Hagemann-White geht davon aus, daß sich das Verhaltensrepertoire von Jungen und Mädchen weitgehend überschneidet. Kinder entwickeln jedoch ein altersabhängiges Bewußtsein der ihnen vermittelten Normen und Erwartungen, nach denen es einen Unterschied macht, ob eine Frau oder ein Mann dasselbe tun. Deshalb wird, nach Geschlecht verschieden, im Alltag nur ein bestimmter Teil des Verhaltensrepertoires abgerufen oder zur Kenntnis genommen. Als Konsequenz entsteht geschlechtstypisches Verhalten. (vgl Hageman-White, 1984)

Sind Kinder erst einmal in der Lage, sich selbst der Kategorie Mädchen oder Junge zuzuordnen, so bedeutet dies,

„...daß das Ausführen von als ‚richtig' (geschlechtsadäquat) eingeschätzten Handlungen in sich selbst verstärkenden Charakter besitzt und nicht unbedingt mehr äußerer Verstärkung bedarf. Eltern und Erwachsene brauchen also gar nicht mehr in starkem Maße regelnd einzugreifen, sondern das Kind hat durch seine kognitive Selbstkategorisierung als ‚weiblich' oder ‚männlich' nicht nur die Möglichkeit, sondern auch das Bedürfnis, sich mit den in seiner Umwelt wahrgenommenen Kategorien in Einklang zu bringen." (Schmerl, 1978:158)

Da Kinder eine Motivation zu haben scheinen, denen ähnlich zu werden, die ihresgleichen sind, sozialisieren sie sich selbst in Richtung auf geschlechtstypische Eigenschaften[65] und eignen sich den für ihr Geschlecht angemessenen Sozialcharakter aus der gesamten sozialen und kulturellen Umwelt heraus an.

Neben der kognitiven Sozialisation bezieht Hagemann-White in Anlehnung an Chodorow (1978) die Bedeutung der Primärbeziehung für die Herausbildung der Geschlechtsidentität mit ein. Die Vermittlung der Männlichkeit erfolgt durch die Abgrenzung zur Mutter. Hieraus erklärt sich die Grundstruktur der doppelten Negation: Sein Geschlecht wird als Nicht-Nicht Mann bestimmt. (vgl. Hagemann-White, 1984:92) Denn Frau ist, wer kein Mann sein kann, und Frauen werden kulturell durch das Fehlen des Penis definiert. Für alle Jungen wird das Bedürfnis nach Abgrenzung von Mädchen und Frauen bestimmend.[66]

Die Abtrennung des Ichs von der Mutter erfolgt durch die Spiegelung der Ähnlichkeit für Mädchen dialogischer.[67] Aber neben die frühkindliche Urerfahrung des Einsseins mit der Mutter und Geschütztseins durch sie rückt die kulturelle Bestimmung, daß etwas fehlt. Es bedeutet in der Folge eine Umorientierung der Identität, da sich das Mädchen in einer Kultur befindet, die männliche Werte höher schätzt und männliche Überlegenheit als konstitutiv für die Mann-Frau Beziehung setzt.

„Frau sein bedeutet etwa, einen Mann umsorgen zu wollen – nicht aber, Achtung für die Integrität der eigenen Person zu fordern oder zu erwarten." (Hagemann-White, 1984:101).

Die Konsequenz ist für die vorstehende Arbeit von determinierender Bedeutung:

„Der Wunsch nach solcher Achtung ist stark, aber eine kulturelle Artikulation dafür fehlt; d.h. es fehlen Regeln, die Sicherheit verschaffen würden, wann, gegenüber wem und zu welchem Grad, bei welchen Anlässen dies gefordert werden darf, und es fehlen Vorbilder und konkrete Vorstellungen dafür, wie der Wunsch verwirklicht, die Forderung geäußert werden kann." (Hagemann-White, 1984:101)

Die Verwirklichung einer eigenen, nicht angepaßten Identität ist demnach für Mädchen höchst riskant. Vor diesem Hintergrund fehlender Muster wird erklärbar, weshalb Mädchen und Frauen häufig auf die Geschlechterpolarität als entlastende Hilfskonstruktion zurückgreifen.

„Im Akzeptieren der vorgegebenen Grenzen der kulturellen Geschlechterstereotypen ist auch die Möglichkeit gegeben, zu sagen, ‚ich habe getan, was ich konnte; mehr wäre von mir nicht zu verlangen'." (Hagemann-White, 1984:103)

Hagemann-White transferiert die Bedeutung der Primärbeziehung auf den Schulalltag: Für Jungen werden die relativen Nachteile bezüglich ihrer Geschlechtsidentität, wie Unausgeglichenheit und Unsicherheit, positiv gewandelt, in dem sie die Basis für Konkurrenz, Leistung und aggressive Selbstbehauptung bilden. Hierbei leistet die Schule Hilfe: Schulisches Lernen wird entweder ‚gemeistert', indem es in die psychischen Formen von Abgrenzung und Selbstbehauptung integriert wird. Oder das schulische Lernen wird verweigert, und auch dies wird als Zeichen der Männlichkeit gesehen. Bezüglich der Schule besteht also der Nachteil für Mädchen nur zur Hälfte aus fehlendem Selbstvertrauen.

„...zur anderen Hälfte besteht der Nachteil in dem Überschuß an Leistungs- und Konkurrenzbedürfnissen, die in der männlichen Subkultur auf dem Wege der ‚doppelten Negation' gezüchtet werden." (Hagemann-White, 1984:94)

Das heißt, sich in jedem Fall abgrenzen zu müssen, auch von einer Schule, einem System, daß eher Angepaßtheit als Äquivalent zur „weiblichen Rolle" fordert. (Kuhn, 1980) Mit Chancengleichheit allein läßt sich dieses Problem nicht lösen, sondern nur mit einem veränderten, freien Rollenverständnis.

Kuhn entspricht mit ihrem Ansatz bereits 1980 dieser „Empfehlung" zum Auflösen der ambivalenten Situation für Mädchen. Ihre Lernzielorientierung[68] impliziert einen positiven Entwurf geschlechtsspezifischer Ich-Identität mit der Intention, zu einer inhaltvollen Bestimmung der geschlechtsspezifischen Identität für Mädchen zu gelangen. Denn bisher steht/stand das Lernziel der Ich-Identität für Mädchen in einem sowohl ambivalenten als auch widerspruchsvollen Verhältnis zu dem ihm zugeordneten Lernziel der geschlechtsspezifischen Identität. (vgl. Kuhn, 1980:84)

Ein Kriterienkatalog, der für die Herausbildung einer „vernünftigen Identität" als notwendig erachtet wird, schließt bei näherer Betrachtung völlig die weibliche Lebens- und Erfahrungswelt sowie die damit einhergehenden Werte und Normen aus, die ihrerseits Konstrukt der Geschlechterpolarisierung sind. Als identitätsstiftende und identitätssichernde Normen und Werte gelten in der neuzeitlichen Entwicklung Fähigkeiten und Möglichkeiten wie Rationalität[69], Reflexion, Autonomie und Leistungsorientierung. Diese Werte stehen jedoch

> „...im eklatanten Widerspruch zu den spezifisch weiblichen Normen und Werten, die sich im Verlauf der Neuzeit als identitätsbildend für die Frauen entwickelt haben." (Kuhn, 1980:83)

Zurecht fragt sie, wie Mädchen vor dem Hintergrund einer völlig verengten geschlechtsspezifischen Rollenzuweisung und bei einem expliziten Auschluß aus dem öffentlichen Leben zu einer selbstbewußten Identität finden können?

Für Kuhn ist Identitätsbildung eine individuelle, kognitive, erst in der Interaktion mit anderen mögliche Lernleistung.

> „Die Annahme der eigenen geschlechtsspezifischen Identität stellt, im Gegensatz zu biologischen, heute noch geäußerten Vermutungen, eine kognitive und moralische, d.h. wertbesetzte Leistung des Kindes in seiner Auseinandersetzung mit sich und seiner Umwelt dar. (...) Die geschlechtsspezifische Identität und die mit ihr verbundenen Werte- und Normensysteme müssen in reflexiven, die historische Dimension einbeziehenden Lernprozessen erlernt werden." (Kuhn, 1980:88/89)

Der Verlauf des Geschlechtsrollenlernens kann folglich erst durch den Inhaltsaspekt, der gesellschaftlich bedingt ist, erfaßt werden. Die Geschlechtsrollenidentität, als Ergebnis des kognitiven Wachstums (vgl. Kohlberg, 1974), stellt ein kognitives Urteil dar, „...in das Wert-Stereotypen, Wertungen und moralische Urteile eingehen." (Kuhn, 1980:100) Die inhaltliche Seite der kognitiven Leistung setzt somit voraus, daß das Akzeptieren des eigenen Geschlechtes ein entscheidendes Element der positiven Selbstdefinition und somit ein unverzichtbarer Teil der personalen und sozialen Identität der Mädchen ist. Das aber wird bislang durch die für Frauen negativen Vorstellungen zur Weiblichkeit und deren potentielle Stigma-Wirkung den Mädchen, Frauen und heranwachsenden Schülerinnen generell schwer gemacht. In Anlehnung an Döbert-Nunner-Winkler betont Kuhn die Notwendigkeit, Mädchen in dem Entwickeln von Rollendistanz, kritischer Rollenreflexion und Ambiguitätstoleranz zu unterstützen. (vgl. Kuhn, 1980:104)

II.3 Attribuierung und Geschlecht

Kognitive Prozesse der Selbst- und Fremdwahrnehmung haben entscheidenden Einfluß auf Lern- und Sozialisationsvorgänge und somit auf die Entwicklung der Identität, da das Verhalten einer Person in weitgehendem Maße dadurch bestimmt wird, welche Eigenschaften sie sich selbst zuschreibt und welche Absichten in der Interaktion mit anderen sie diesen zuschreibt. Die Attributionstheorien greifen diese kognitiven Prozesse der Selbst- und Fremdwahrnehmung auf. Die Identität stellt sich auch in diesem Konzept über Beziehungen her, aber die Individuen definieren sich über die Deutungen der Konstellation, nicht über eine wirklichkeitsgetreue Abbildung der Realität. Ihre Reaktionen erfolgen aufgrund von Signalen und nicht von Sachverhalten. Bereits vor der Auseinandersetzung mit der sozialen und physikalischen Umwelt bestimmt der kognitive Mechanismus der Wahrnehmung, welche Reize aus der Umgebung überhaupt aufgenommen werden. Dabei stellt die Konstruktion der umgebenden Wirklichkeit eine aktive Leistung des Organismus dar, bei der externe Reizbedingungen nur in dem Ausmaß für das Verhalten wirksam sind, wie sie kognitiv repräsentiert werden. Aus attributionstheoretischer Sicht werden die Lernvorgänge als Um- und Neustrukturierung der kognitiven Repräsentation begriffen. Der Erwerb dieser kognitiven Repräsentation der Umwelt setzt ein Menschenbild voraus, das selegiert, interpretiert und spezifische Erwartungen über das Ergebnis seiner Auseinandersetzung mit der Umwelt hat. (vgl. Schmerl, 1978:54ff.)

Im Anschluß an die Darstellung der Attributionstheorien sollen diese daraufhin befragt werden, inwieweit die, für die beobachtendenden Personen, sichtbare Variable Geschlecht, die als Männlichkeit positiv, aber als Weiblichkeit neagtiv konnotiert ist, Einfluß auf Prozesse der Fremd- und Selbstattribuierung und damit auch auf die Identitätsgenese von Mädchen nimmt.

II.3.1 Attributionstheorien

Eine umfassende Attrributionstheorie wurde von Kelley (1967) entwickelt. Sie läßt sich nicht nur auf die Personen- und die Selbstwahrnehmung anwenden, sondern auch auf Verhaltenskonsequenzen, d.h. auf die Zuschreibung von Erfolg und Mißerfolg. Nach Kelley entspringen Attributionen dem Bedürfnis nach Vorhersagbarkeit und Kontrollierbarkeit der Welt, denn sie sind relevant für Vorhersagen, da aus angenommenen Ursachen für ein beobachtetes Ereignis, Voraussagen über das zukünftige Auftreten oder Ausbleiben dieses Ereignisses getroffen werden können. Zentraler Aspekt seiner

Theorie ist das Kovariationsprinzip. Es besagt, daß ein Beobachter ein Ereignis auf diejenige seiner möglichen Ursachen zurückführt, mit der es über die Zeit kovariiert, d.h. Kovariationen werden von der betreffenden Person festgestellt und als Kausalbeziehungen interpretiert.

Ausgangspunkt für die Annahme einer solchen Kausalbeziehung ist in der Regel die Beobachtung eines Verhaltens, das eine Person gegenüber einem Objekt oder auch einer anderen Person zu einem oder mehreren Zeitpunkten ausführt. Beschimpft z.B. die Person A eine andere Person B, so ist es für eine beobachtende Person vor allem von drei Variablen abhängig, worauf sie diese Beschimpfung zurückführt: vom Konsensus, von der Distinkheit und der Konsistenz der Handlung. Hoher Konsensus besteht, wenn sich viele Personen gegenüber B genauso verhalten (geringer Konsensus, wenn sich nur wenige Personen so verhalten); die Distinktheit ist hoch, wenn sich A nur gegenüber B so verhält (geringe Distinktheit besteht, wenn sich A auch gegenüber vielen anderen so verhält wie gegenüber B), und hohe Konsistenz liegt vor, wenn sich A meistens so gegenüber B verhält (bzw. nur selten so verhält).

Je nach Konstellation dieser drei Variablen führt Kelley die Ereigniszuschreibungen auf drei Ursachenklassen zurück. Auf Heider (1958, zit. in: Herkner, 1980:18) zurückgreifend trifft er die Unterscheidung in Personen- und Stimulusattributionen und erweitert diese beiden Kategorien um die Attribution an Umstände. Personenattributionen werden vorgenommen, wenn geringer Konsens, geringe Distinktheit und hohe Konsistenz vorliegen.

> „Im Beispiel wird die Beschimpfung von B durch A auf die handelnde Person A zurückgeführt, wenn B nur von A beschimpft wird und nicht von anderen Personen (geringer Konsensus), wenn A auch viele andere Personen beschimpft (geringe Distinktheit), und wenn A häufig B beschimpft (hohe Konsistenz)." (Herkner, 1980:18)

Eine Stimulusattribution erfolgt bei hohem Konsensus, hoher Distinktheit und hoher Konsistenz. Die Beschimpfung von B durch A wird auf B als Stimulusperson zurückgeführt, wenn B von vielen Personen beschimpft wird, wenn A nur B und nicht viele andere Personen beschimpft und wenn A häufig auf B schimpft. Eine Umständeattribution wird vorgenommen, wenn das Ereignis weder mit A noch mit B kovariiert, sondern auf besondere Situationsmerkmale zurückgeführt werden kann; d.h. wenn geringer Konsensus besteht (kaum jemand beschimpft B) und hohe Distinktheit (A beschimpft keine andere Person) und geringe Konsistenz (A hat B früher nie beschimpft) vorliegen.[70]

Liegen keine vollständigen Informationen über Konsensus, Distinktheit und Konsistenz vor oder besteht Zeitmangel, so kommt es zur Abkürzung des Attributionsprozesses, indem auf kausale Schemata zurückgegriffen wird.[71] Hierunter sind gelernte Annahmen über mögliche Ursachen eines bestimmten Ereignisses zu verstehen, die auf Lernprozessen oder auf früher vollständig durchgeführten Attributionsprozessen beruhen. Man spricht in diesem Kontext von „vorfabrizierten Kausalschemata", die zur Klärung eines Sachverhaltes herangezogen werden. Ein Beispiel möge dies illustrieren: Wieder wird eine beobachtende Person mit einer Situation konfrontiert, in der eine Person A eine Person B beschimpft. Sie hat jedoch keine Informationen darüber, ob die Person A auch andere beschimpft und ob die Person A die Person B schon häufiger beschimpft hat oder nicht. Als Konsequenz formuliert die beobachtende Person Aussagen, wie: „nur aggressive Menschen schimpfen", oder, „nur wer provoziert, wird angegriffen". (vgl. Herkner, 1980:22)

Durch die Zuhilfenahme von Ergänzungsschemata können Verzerrungen in den Attributionsprozessen vorkommen, da das verwendete Informationsmaterial falsch oder unvollständig sein kann. Auch das von Kelley (1972) so bezeichnete „Abschwächungsprinzip" kann zu völlig falschen Attributionen führen. Hierunter wird die Haltung verstanden, die Rolle einer gegebenen Ursache bei der Hervorbringung eines gegebenen Effektes abzuschwächen, wenn andere plausible Ursachen ebenfalls vorhanden sind. (Kelley, 1972, in: Herkner, 1980:23) Ferner sind der falsche Konsensuseffekt, die Vernachlässigung von Konsensusinformationen, Selektivität und verzerrende Motivationseinflüsse als häufige Fehlerquellen in Attribuierungsprozessen zu nennen.

Beim falschen Konsensuseffekt läßt sich der „Attributionsfehler" darauf zurückführen, daß die meisten Menschen glauben, andere Personen würden genauso denken und handeln wie sie selbst. Dies ist vor allem dadurch zu erklären, daß die meisten Menschen vorwiegend Personen aus ähnlichem Milieu mit ähnlichen Verhaltensweisen und Meinungen wie sie selbst kennen. Bei der Vernachlässigung von Konsensusinformation zeigt sich, daß Distinktheits- und Konsistenzinformationen die Antworten von Versuchpersonen weit stärker als Konsensusinformationen beeinflussen. Begründet wird dieses Phänomen mit der generellen Tendenz des Menschen, die Wichtigkeit von Persönlichkeits- oder Dispositionsfaktoren im Vergleich zu Umgebungseinflüssen zu überschätzen. (vgl. Herkner, 1980:38ff.) Die Selektivität wird von Attributionstheoretikern damit erklärt, daß Attributionen nicht zum Selbstzweck oder aus purer Neugier vorgenommen werden, sondern um die Welt vorhersagbar und kontrollierbar zu machen. Attribuierungen erfolgen vor allem dann, wenn die jeweilige Situation für die beobachtende Person besonders wichtig ist. Ist man/frau beispielsweise von einer Person abhängig, so ist es um so essentieller, ihr Verhalten vorhersagen und damit kontrollieren zu können.[72] „Fehlerquellen“ werden letztlich auch damit erklärt, daß Attributionen nicht nur der „wertfreien“ Erkenntnis von Kausalbeziehungen dienen, sondern auch der (zumindest scheinbaren) Bestätigung von Wunschvorstellungen. So werden Erfolge in höherem Maß auf interne und in geringerem Maß auf externe Faktoren zurückgeführt als Mißerfolge. (z.B. Streufert/Streufert, 1969; Frieze/Weiner, 1971) Zu ähnlichen Resultaten gelangten Snyder und Mitarbeiter (1980): In einer Wettbewerbssituation führten die Versuchspersonen eigene Gewinne in höherem Maß auf interne Faktoren wie Anstrengung, Fähigkeit, etc zurück als die Gewinne des Gegners und in geringerem Maß auf externe Faktoren wie Glück. Eigene Verluste indessen wurden in höherem Maße mit externen Faktoren wie Pech erklärt als die des Gegners.

II.3.2 Die Signifikanz der Variable Geschlecht beim Prozeß der Fremd- und Selbstattribuierung und deren Einfluß auf die Identitätsgenese von Mädchen

Die Relevanz attributionstheoretischer Überlegungen für diese Arbeit liegt vor allem in der Erkenntnis, daß Personen auf vorgenommene Attributionen hin handeln, die das Resultat kognitiver Deutungen und nicht realitätsgetreue Abbildung eines Sachverhaltes sind. Wie im folgenden dargelegt wird, ist diese Sichtweise für das Thema „Geschlecht und differentielle Zuschreibung von Erfolg und Mißerfolg“ von außerordentlicher Bedeutung: Während Mädchen grundsätzlich dazu tendieren, ihre Unzulänglichkeiten auf einen Mangel an Begabung zurückzuführen und gute Noten der Zufallsvariable Glück zuschreiben, lernen die Jungen, ihre Unzulänglichkeit mit einem Mangel an Anstrengung zu begründen. (vgl. Treichler/Kramarae, 1983) Wie ist das zu erklären?

Erst im Zuge der feministischen Forschung wurde die offen erkennbare Variable Geschlecht zu einem wichtigen Faktor in der Analyse attributionstheoretischer Untersuchungen. (z.B. Hemmerich, 1987; Mühlen-Achs, 1987; Enders-Dragässer/Fuchs, 1988) Die Institution Schule als Untersuchungsfeld ist hierbei insofern von Bedeutung, als sie über einen langen Zeitraum von Schülerinnen und Schülern fordert, sich innerhalb einer hierarchischen und leistungsthematisch bestimmten Kommunikationsstruktur zu bewegen und in diesem Kontext die eigene Identität zu entwerfen. Möglichkeiten und Bedingungen der Identitätsentwicklung in der Schule sind an die Übermittlung von Lehrinhalten in der formalisierten Form des Unterrichtes geknüpft. Die mit „Macht“ ausgestatteten Rollenerwartungen der Lehrpersonen an die Schülerinnen und Schüler haben besondere Bedeutung für die mögliche Typisierung. Dem beobachteten Verhalten eines Schülers, einer Schülerin wird ein Attribut zugeschrieben. Allerdings hängt es von der Lehrperson und deren Wahrnehmung ab, wie das beobachtete Verhalten interpretiert wird. Bei demselben Verhalten kann das Spektrum beispielsweise von der Zuschreibung „undiszipliniert" bis hin zu „kommunikationsbedürftig" reichen. (vgl. auch Tillmann, 1990)

Bereits vor über 25 Jahren konnten Rosenthal/Jacobson (1968) in einer breit angelegten empirischen Untersuchung die Hypothese erhärten, daß die Erwartungen der Lehrenden an das Verhalten ihrer Schülerinnen und Schüler deren tatsächliches Verhalten beeinflussen. Denn wurden den Lehrenden einzelne zufällig ausgewählte Schüler als besonders „entwicklungsfähig" empfohlen, so wurden diese tatsächlich zu „guten" Schülern; d.h., sie leisteten, was ihre Lehrer von ihnen erwarteten. (vgl. hierzu auch Brophy/Good, 1976; Brumlick/Holtappels, 1987) Diese Beziehung zwischen den Erwartungen eines Lehrers und Leistungen eines Lernenden wird als Pygmalioneffekt[73] bezeichnet.

Die Frage, wie innerhalb der Institution Schule Identität gewahrt, verteidigt, hergestellt oder auch beschädigt werden kann, wurde bislang für Mädchen und Jungen gleich beantwortet, obwohl

„...die gesamten sozialen und kommunikativen Lernprozesse (...) für Mädchen und Jungen grundsätzlich verschieden sein (können, d.V.), auch wenn sie Tag für Tag dasselbe Klassenzimmer bevölkern." (Enders-Dragässer/Fuchs-Müseler, 1987:194)

Das Geschlecht der Schülerinnen und Schüler als mögliche relevante Variable wurde in empirischen Untersuchungen in der Regel vernachlässigt:

„Man(n) geht von einem abstrakten Menschenbild aus und weigert sich nachzuvollziehen, daß das Menschenbild der Lehrer/innen, welches in deren impliziten Persönlichkeitstheorien zum Ausdruck kommt, sich geschlechtlich konkretisieren muß, um in den Wahrnehmungen konkreter Menschen wirksam zu werden." (Mühlen-Achs, 1987:176)

Prengel (1987) spricht in diesem Kontext vom falschen Universalismus, dem auch die Lehrpersonen verhaftet sind. In Diskursen über Kinder und Jugendliche wird scheinbar von allen Menschen gesprochen, tatsächlich jedoch grenzt dieser Universalismus die Mädchen aus.

Aufschlußreich ist in diesem Zusammenhang der von Mühlen-Achs (1987:177) unternommene Versuch, Hofers Untersuchungen (Hofer et al., 1979, in: Mühlen-Achs, 1987) über die impliziten Persönlichkeitstheorien, die Lehrerinnen und Lehrer im täglichen Umgang mit Schülerinnen und Schülern entwickeln, auf dem Hintergrund einer Geschlechterdifferenzierung neu zu entschlüsseln. Hofers Analysen hatten das Merkmal Geschlecht völlig außer acht gelassen. Während der Untersuchung schätzten 31 Lehrpersonen 900 Schülerpersönlichkeiten ein, die sie in insgesamt vier unterschiedliche Kategorien von Schülertypen zusammenfaßten. Eine kleinere, repräsentative Auswahl aus diesen Typen wurde dann hinsichtlich ihres Interaktions- und Kommunikationsverhaltens mit den Lehrkräften und hinsichtlich der Einschätzung der Lehrkräfte untersucht. Beschrieben wurde der „gute Schüler", der „schlechte Schüler", der „introvertierte – sensible Schüler" und der „extrovertierte Schüler". Mehr als die Hälfte der Kinder wurde mit dem Etikett „gut" oder „introvertiert-sensibel" versehen, indessen wurde die kleinste Gruppe durch die Kategorie der „schlechten Schüler" repräsentiert.

Mühlen-Achs' nachträgliche Aufschlüsselung nach dem Geschlecht brachte folgende Zuordnungen zutage: Der Anteil der Mädchen am Typus des „guten Schülers" und des „introvertiert – sensiblen Schülers" war deutlich erhöht. Ihnen wurden Etikettierungen wie: sensibel, unauffällig, fleißig, zurückhaltend und höflich zugordnet. Damit verbunden war die Zuschreibung: wenig begabt. Indessen erhielten Jungen häufig das Etikett „extrovertiert" mit Beschreibungen wie: mutig, führend, wenig hilfsbereit, wenig rücksichtsvoll. Die Gruppierung der „schlechten Schüler" bestand zu 70% aus Jungen, die zwar hinsichtlich ihres Sozialverhalten negativ beurteilt, keineswegs aber wegen ihrer schlechten Leistungen für unbegabt gehalten wurden.

Mühlen-Achs vermutet, daß sich das Kategoriensystem, nach dem die Lehrpersonen die Persönlichkeiten ihrer Schüler beurteilt hatten, offensichtlich besser zur Beurteilung männlicher Charaktere eignete. Denn während sich die Jungen nahezu auf alle Schülertypen verteilten, zeigte die Verteilung der Mädchen einen deutlich erhöhten Anteil in den Kategorien „guter" und „introvertiert-sensibler Schüler" und einen deutlich verminderten Anteil an der Kategorie des „extrovertierten" und „schlechten Schülers". Ihre Analysen geben weiterhin Aufschluß über die unterschiedliche Haltung der Lehrpersonen gegenüber den vier Schülerkategorien.

„Die meisten Fragen erhielten die ‚Extrovertierten' – zu drei Viertel Knaben –, die wenigsten die ‚Introvertierten' – Mädchenanteil 55%. (...) Richtige Antworten der ‚Extrovertierten' wurden seltener übergangen und erhielten eine deutliche Rückmeldung. Verstöße gegen die Disziplin wurden bei den ‚Introvertierten' durch Befehle, bei den ‚Extrovertierten' durch Bitten reguliert. Bei richtiger Beantwortung einfacherer, leichter Fragen hingegen wurden die ‚Introvertierten' am meisten gelobt. Ihre positiven Leistungen wurden von den Lehrpersonen am ehesten auf Anstrengung zurückgeführt, die der ‚Extrovertierten' eher auf Begabung". (Mühlen-Achs, 1987:180)

Somit zeigt die nachträgliche Interpretation der Daten Hofers deutlich, daß die Wahrnehmungs- und Verhaltensmuster der Lehrpersonen maßgeblich vom Geschlechtertyp beeinflußt und bestimmt werden. Dieses unterschiedliche Verhalten von Lehrerinnen und Lehrern gegenüber Schülerinnen und Schülern basiert auf einem sozialen Kontext, in dem die Geschlechterpolarität unabhängig von den Handlungen der Individuen „....und zugleich als ihre Realität" feststeht. (Hagemann-White, 1984:74)

Clarricoates (1978) untersuchte die Erwartungen von Lehrpersonen und ihren Einfluß auf die Interaktionen im Klassenzimmer. Lehrerinnen waren sich beispielsweise einig darüber, daß Disziplinstörungen wie Aggressivität und Ungehorsam vor allem von männlicher Seite zu erwarten seien. Dies ist deshalb nicht zu unterschätzen, weil gerade Berufsanfängerinnen und Berufsanfänger unter der Angst leiden, im schulpädagogischen Alltag die Kontrolle über das Geschehen in der Klasse zu verlieren. Von den Jungen geht also die Gefahr aus, daß der Unterricht vollständig zusammenbrechen könnte. Erwartet werden bei ihnen außerdem mehr Lernschwierigkeiten, so daß es aus pädagogischer Perspektive erforderlich zu sein scheint, den Stoff für Jungen besonders interessant zu machen. Clarricoates konnte dementsprechend eine größere Anzahl an Erklärungen, Informationen und Zuwendung gegenüber den Jungen als gegenüber den Mädchen nachweisen. Hagemann-White's These hierzu lautet:

„... daß die gesellschaftliche Funktion des überwiegenden Einsatzes von Frauen in der Vor- und Grundschulpädagogik nicht in der besonderen Fürsorglichkeit von Frauen liegt, sondern in der Wichtigkeit des Widerstandes gegen schulische Disziplin für die Herausbildung gesellschaftlich erwünschter Männlichkeit. Egoismus, Aggressivität und Geringschätzung für weibliche Anforderungen an Sozialverhalten werden gleichzeitig provoziert (...) und mißbilligt, indem Lehrerinnen ihren Unterricht darauf einstellen, daß Jungen einfach ‚schwieriger' sind als Mädchen". (Hagemann-White, 1984:66)[74]

Auch Dale Spender (1985), die selbst zehn Jahre lang als Lehrerin tätig war, beschreibt, wie die Dominanz von Jungen ihr Äquivalent im Lehrerinnen- und Lehrerverhalten hat. Der bewußt gestellte Anspruch, Jungen nicht länger mehr Aufmerksamkeit als Mädchen zu schenken, führte zu dem subjektiven Eindruck der Lehrpersonen, Mädchen seien bevorzugt worden. Empirische Daten zeigten jedoch, daß die Jungen weiterhin den Großteil der Aufmerksamkeit erhielten. (Spender, 1985:91ff.) Dies bezeichnet Spender als einen „doppelten Standard", der in den Klassenzimmern herrscht.

„Ein Grund dafür ist zweifellos, daß Sexismus so allgemein vorhanden ist und unsere Art, die Dinge zu sehen, so sehr beherrscht, daß wir manchmal gar nicht wahrnehmen, wie sehr unsere Handlungen davon gesteuert werden. Selbst wenn wir meinen, gerecht und fair zu sein oder sogar die Mädchen zu bevorzugen, kann es sein, daß der empirische Befund das Gegenteil erweist." (Spender, 1990:73)

Auch Frasch/Wagner (1982) stellten bei der Beobachtung von Lehrerinnen und Lehrern des 4. Schuljahres fest, „... daß Jungen im Unterricht deutlich häufiger drangenommen, gelobt und getadelt werden als Mädchen". (Frasch/Wagner, 1982:272) In der Diskussion ihrer Ergebnisse schließen sie:

„Einstellung und selektive Wahrnehmung des Lehrers drücken sich darin aus, daß der Unterrichtsbeitrag von Jungen – unbemerkt – als wertvoller eingestuft und Jungen für förderungswürdiger erachtet werden. Lehrer spornen deshalb Jungen mehr an, was zu häufigerem Lob und Tadel und Disziplintadel führen kann, wenn die schulische Mitarbeit der Jungen durch deren aggressives Verhalten gefährdet ist. Möglichst gute Schulleistungen, vor allem bei Jungen, werden für so wichtig erachtet, daß Lehrer sich auch von sich aus mehr den Jungen zu wenden. Mädchen müssen sich die Zuwendung des Lehrers eher selbst holen. Bei männlichen Lehrern ist diese Tendenz im übrigen noch stärker ausgeprägt als bei weiblichen Lehrern; auf Jungen achtet man einfach mehr..." (Frasch/Wagner, 1982:275ff.)

Dweck et al. (1978) hatten in ihren Untersuchungen folgendes festgestellt: Der Tadel der Lehrpersonen gegenüber den Jungen bezog sich vor allem auf deren Disziplin oder auf Aspekte ihrer Arbeit, die nicht im Zusammenhang mit einer intellektuellen Leistung standen. Hingegen waren fast 90% des Tadels bei Mädchen auf deren Leistungen selbst gerichtet. Lob bezog sich bei Jungen in mehr als 90% auf deren Leistung. Dies war bei den Mädchen signifikant weniger der Fall. Sie wurden indessen häufiger für Wohlverhalten oder für die ordentliche Ausführung von Aufgaben gelobt. So ist bei den Jungen der Tadel ohne Relevanz für die Bewertung ihrer Fähigkeiten, und das Lob bestätigt, daß sie gute Leistungen bringen können. (vgl. Dweck et al., 1978)

Das Selbstbild der Mädchen kann davon auf Dauer nicht unbeeinflußt bleiben. So formuliert Mühlen-Achs (1987):

„Diese Leistungsattribuierungen der Lehrpersonen, also die Ursachenzuschreibung für bestimmte Leistungen, werden wiederum im Verhalten gegenüber den Schüler/innen sichtbar, von diesen wahrgenommen und interpretiert, und beeinflussen dadurch in starkem Maß die Vorstellungen von der eigenen Leistungsfähigkeit und Begabung." (Mühlen-Achs, 1987:181)

So verwundert es beispielsweise nicht, daß die Mädchen selbst von ihrer mangelnden Begabung, vor allem in den naturwissenschaftlichen Fächern, überzeugt sind. Im Gegensatz zu Jungen schreiben sie gute Noten in diesem Bereich oftmals externen Variablen wie Zufall oder Glück zu. Konsequenz daraus kann das Meiden dieser „männlichen Domäne" seitens der Mädchen sein, da sie sich nicht zutrauen, in ihr Erfolge durch eigene Leistung erzielen zu können. Da auch die Umwelt diese Attribuierungen durch das „Bild Mädchen“ eher bestätigt – Bedingung jeder Attribuierung ist die soziale Resonanz –, schließt sich der Kreis, in dem schließlich die Leistungen und Kenntnisse der Mädchen in diesen Fächern nach Art der „self-fullfilling prophecy“ tatsächlich immer schlechter werden. Entsprechend konstatiert Hemmerich (1987) für den Bereich der naturwissenschaftlich – technischen Fächer eine Resignation der Mädchen bei Mißerfolg, da sie nicht erwarten, diesen durch größere Anstrengung überwinden zu können.[75] (vgl. dazu auch Faulstich-Wieland, 1987)

Hagemann-White (1984) erkennt zutreffend: Gerade weil Mädchen sich reibungsloser in die Schule einpassen, lernen sie, ihre Mißerfolge als Ausdruck der Grenzen ihrer Fähigkeiten und nicht als Aufforderung zu neuem Bemühen zu interpretieren. Diese Konsequenzen sind fatal, zeigen doch Weiners (1972) Untersuchungen zur Leistungsmotivation ganz generell: Leistungsmotivierte Personen führen ihre Erfolge auf hohe Begabung und Anstrengung zurück und Mißerfolge auf mangelnde Anstrengung. Diese Attributionen erklären deren erhöhte Bereitschaft zu Leistungsverhalten sowie ihre große Ausdauer selbst bei Mißerfolgen. Indessen neigen Personen mit niedriger Leistungsmotivation dazu, Mißerfolge direkt auf mangelnde Begabung zurückzuführen. Konsequenz dieser Attribution ist die Vermeidung von Leistungssituationen sowie ein nur sehr geringes Ausdauerverhalten.

Das auffällig sinkende Zutrauen der Mädchen in ihre eigenen Leistungen und Fähigkeiten ist also vor allem das Resultat der Wirksamkeit ineinandergreifender Sequenzen von Selbst- und Fremdattributionen. Als Konsequenz zeigen Mädchen oftmals einen Attribuierungsstil, der mit dem depressiver Menschen zu vergleichen ist. Somit verwundert es nicht, daß diese „hilflosen“ Verhaltensmuster laut Dweck/Goetz (1978) weitaus häufiger bei Mädchen als bei Jungen vorkommen. Grundsätzlich gilt:

„Wenn ein Kind beim Mißlingen eines Versuches sagt ‚ich bin wohl zu blöd für so was‘, beim Gelingen aber ‚na, da muß ich Glück gehabt haben‘, zieht es die eigne Eignung oder Fähigkeit in Zweifel. Kinder, die so reagieren, geben auch relativ schnell auf. Schon der erste Mißerfolg wird verallgemeinert, es werden dann keine Erfolge mehr erwartet“. (Hagemann-White, 1984:69)

Anders formuliert:

„Wenn ein Kind glaubt, daß es hilflos ist, wird es nur schlechte Leistungen einbringen, unabhängig von seinem IQ. (...) Auf der anderen Seite wird ein Kind, das glaubt, seine Welt kontrollieren und bewältigen zu können, begabtere Gleichaltrige, denen eine solche Überzeugung fehlt, in seinen Leistungen übertreffen.“ (Seligmann, 1986:130)[76]

Daß diese Selbstattribuierungsprozesse so umfassend das Selbstwertgefühl von Mädchen beeinträchtigen können, läßt sich anhand von Mechanismen erklären, die zusätzlich auf ihre Situation einwirken.

An Mädchen und Jungen der 4. bis 6. Klasse wurden Aufgaben verteilt, wobei anschließend die Bewertung dieser Lösungen bei einem Teil von Erwachsenen bei dem anderen Teil von Gleichaltrigen mitgeteilt wurde. Hierbei zeigt sich eine Bestätigung der zuvor beschriebenen Ergebnisse, sofern die Mitteilungen von Erwachsenen ausgingen: Jungen deuteten ihre Mißerfolge als Folge fehlender Bemühungen und strengten sich erneut an; Mädchen nahmen mangelnde Befähigung an und reagierten hilflos, in dem sie ihre Bemühungen aufgaben. Interessanterweise waren jedoch diese Muster umgekehrt, als Gleichaltrige die Mitteilung übernahmen: Negative Bewertungen durch Gleichaltrige ließen die Mädchen weitgehend unberührt; nach einem Mißerfolg, der ihnen von einem gleichaltrigen Kind mitgeteilt wurde, schrieben sie dies mangelnder Anstrengung zu und zeigten danach deutlich bessere Leistungen. Die Jungen schrieben nun ihre Mißerfolge mangelnder Fähigkeit zu und gaben schnell auf. Von allen Gruppen im gesamten Versuch zeigten die Jungen das „hilflose“ Verhaltenssyndrom sowie den stärksten Leistungsabfall, die von gleichaltrigen Jungen Mißerfolgsmeldungen erhalten hatten. (vgl. Dweck/Goetz, 1978:165).

Zurecht weist Hagemann-White in diesem Zusammenhang auf ein großes Defizit in der Sozialisation hin:

„Was den Mädchen dabei völlig fehlt, ist die Chance, sich von den Normen und Bewertungen der Erwachsenen zu distanzieren.“ (Hagemann-White, 1984:71)

Hinzu kommt eine damit verbundene andere „externe Variable“, die die Wirksamkeit von Fremdattribuierung und Selbstattribuierung der Mädchen als „weniger leistungsstark“ unterstützt: die Affinität von Schülerrolle und der Entwicklung des spezifischen weiblichen Sozialcharakters. (vgl. Kuhn, 1980) Die Schülerrolle umfaßt die für die erfolgreiche Unterrichtssdurchführung notwendigen Verhaltensdispositionen wie Kooperationsbereitschaft, Konzentration, Mitarbeit sowie das Still-Sitzen. Die Übereinstimmung zwischen diesen Anforderungen und dem schon vorschulisch geprägten weiblichen Sozialcharakter führt zu einer stärkeren Einbindung der Schülerrolle in das Selbstbild der Mädchen. Ihre Rolle als Schülerin läßt wenig Möglichkeiten offen, sich aus der Schülerinnenrolle zu lösen, ohne nicht den eigenen, daran gekoppelten Identitätsentwurf sowie die Erwartungen seitens der Lehrpersonen hinsichtlich ihres richtigen Verhaltens zu lösen. Die Nichtanerkennung ihrer Leistungen sowie ihrer sozialintegrativen Fähigkeiten, die häufig nur als typisch weibliches Wohlverhalten interpretiert und gelobt werden, hat deshalb für Mädchen eine persönlichkeitsbedrohende Dimension. Die auf die Mädchen projizierte Schülerrolle ermöglicht indessen den Jungen eine Abgrenzung, so daß auch bei objektiv schlechteren Leistungen ihr Selbstwertgefühl nicht zwangsläufig beeinträchtigt wird. Die höhere Wertschätzung des angesonnenen männlichen Sozialcharkters kann durchaus mit einer mangelnden Erfüllung der Schülerrolle einhergehen.

Sogar die Selbst- und Fremdattribution von Faulheit bei schlechten Leistungen der Jungen hat eine positive Auswirkung auf deren Selbstbild und Selbstbewußtsein, da an ihren „wirklichen Fähigkeiten" nicht gezweifelt wird. Negative Merkmale wie mangelnde Disziplin werden durch die dahinter vermuteten Persönlichkeitsmerkmale wie Selbstbewußtsein, Mut und Durchsetzungsvermögen aufgehoben.

Der für Mädchen im Gegensatz zu Jungen aufgezeigte Modus von Fremd- und Selbstattribution stellt sich letztlich als „circulus vitiosus" dar, betrachtet man die Untersuchungen von Ickes und Layden (1978). Sie gingen der Frage nach, bei welchen Personen ein selbstwerterhaltender Attributionsstil am ausgeprägtesten auftritt. Es zeigte sich, daß der selbstwerterhaltende bzw. selbstwertsteigernde Attributionsstil am stärksten bei Personen mit schon hoher Selbstwerteinschätzung vorkommt. Die Umkehrung dieser Tendenz bei Versuchspersonen mit niedrigem Selbstwertgefühl führt indessen dazu, daß negative Ergebnisse von Ihnen in höherem Maß auf interne statt auf externe Ursachen zurückgeführt werden. Die Autoren verweisen in diesem Zusammenhang auf Ähnlichkeiten zum Attributionsstil, wie er bei depressiven Menschen vorkommt.

Fend stellte bei der Beschreibung kognitiver Interpretationsmuster von selbstbewußten gegenüber weniger selbstbewußten Schülern fest:

> „Ein wenig selbstbewußter Schüler bestraft sich selber stärker, weil er schlechte Leistungen auf mangelnde Begabung und manchmal auf mangelnde Anstrengung zurückführt. Er gleicht diese Selbstbestrafung aber nicht durch eine Erklärung guter Leistungen durch Begabung und Anstrengung aus. Zur Erklärung führt er eher unkontrollierbare externe Umstände an." (Fend et al., 1977:377/378)

Ein hohes Selbstbewußtsein besteht darin,

> „... daß positive Informationen für die Selbstbeurteilungen akzentuiert und negative ‚ausgefiltert' werden. Niedriges Selbstbewußtsein ist durch den umgekehrten Fall charakterisiert." (Fend et al., 1976:377)

Das heißt:

„Wenn sich solche Interpretationsmuster der eigenen Leistungen verfestigen, so kann dies gleichbedeutend mit einer geringen Kontrolle über die eigene Situation sein, es kann gleichbedeutend mit einem geringen bzw. großen Selbstvertrauen und schließlich einem entsprechenden Selbstbewußtsein werden." (Fend et al., 1977:377)

Fazit

Die Situation der Schülerinnen ist dadurch geprägt, daß ihnen weniger Beachtung und weniger Lob für gute Leistungen geschenkt werden. Aber die Art der alltäglichen Rückkopplung ist langfristig für das Selbstbild wichtig. Rückkopplung heißt nichts anderes als Kontrolle über die eigenen Reaktionen zu haben. Voraussetzung dafür ist es aber, wahrgenommen zu werden, beachtet zu werden und Bestätigung für erbrachte Leistung zu bekommen. Mädchen müssen daher permanent den Eindruck haben, daß ihnen Erfolg unverdientermaßen zufällt. Ihr Stillsein, ihre Aufmerksamkeit und ihre damit verbundenen sozialintegrativen Verhaltensweisen erfahren keinerlei Belohnung, da sie sowohl dem „Naturell Frau" als auch vor allem der Schülerinnenrolle zugeschrieben werden, ungeachtet der Tatsache, daß es für Mädchen gleichermaßen wie für Jungen eine Leistung bedeutet, beispielsweise spontan Regungen zu unterdrücken. Wenn weder diese Leistung noch das Erbringen guter Noten seitens der Lehrpersonen auf einen Bewältigungsprozeß zurückgeführt wird, löst dieses in dem Mädchen „Hilflosigkeitsmuster" aus.

Seligmann stellt die Frage: „Wie entwickelt man seinen Sinn für Macht, Wert und Selbstachtung?" und schließt daran gleich deren Beantwortung: „Nicht durch Besitzen, sondern durch häufige Erfahrung, daß die eigenen Aktivitäten die Welt verändern". (Seligmann, 1986:93/94) Im Schulalltag werden Mädchen im Vergleich zu der Aufmerksamkeit gegenüber Jungen weder deutlich positiv noch deutlich negativ zur Kenntnis genommen. Die Konsequenz der vorstehend beschriebenen Beobachtungen wird durch Seligmanns gedanklicher Weiterführung – die sich nicht auf Mädchen oder Jungen, sondern auf depressive Menschen bezieht – deutlich:

„Was aber am wichtigsten ist: wie schnell ein Individuum von seiner eigenen Hilflosigkeit oder seinem Bewältigungsvermögen überzeugt wird, wird durch seine Erfahrung kontrollierbarer und unkontrollierbarer Ereignisse geformt." (Seligmann, 1986:130)

Was heißt das für das zukünftige Umgehen mit Hilflosigkeitsattributionen?

„Um Hilflosigkeit im Klassenzimmer rückgängig zu machen, ist es notwendig, einige Mißerfolge zu erfahren und dann eine Methode zu entwickeln, diese zu bewältigen." (Seligmann, 1986:149)

Bewältigung und Selbstwert sind Begriffe, die zusammengehören. Bestimmte Anordnungen von Umweltkontingenzen können sowohl zu hilflosen als auch zu selbstsicheren Verhaltensmustern führen, die zur Bewältigung von Konfliktsituationen befähigen.

Was impliziert die Feststellung von Fremd- und Selbstattribuierungsprozessen für die feministische Forschung im allgemeinen sowie für die vorliegende Arbeit im besonderen? Zunächst muß auf die Existenz bislang verdeckter Attribuierungen hinsichtlich der Variable Geschlecht aufmerksam gemacht werden, um sie in das Bewußtsein aller – nicht nur der Lehrpersonen – zu rücken. Da der Schulalltag so sehr durch die Präsenz von Schülern bestimmt ist, wird es unbedingt notwendig, die Präsenz von Mädchen und deren Kompetenz durch häufiges Aufrufen sowie durch Wiederholung ihrer Beiträge zu untermauern. Stereotype und Wertvorstellungen, unterschiedliche, nach Geschlecht spezifische Annahmen über die Kompetenzen, über Begabung oder Fleiß beim Lösen von Aufgaben, beeinflussen zunächst die Erwartunsghaltung und Wahrnehmung der Lehrenden/Erziehenden. Deren – unbewußt in das erzieherische Reden einfließenden – Attribuierungen beeinflussen dann die Identitätsgenese für Mädchen oftmals nachhaltig – und zwar negativ. Verunsicherungen können bei den Mädchen ausgelöst, Zweifel an ihrer eigenen Kompetenz bestätigt werden, ohne daß dies seitens der Lehrenden tatsächlich intendiert gewesen wäre.

Aus den Ausführungen zu Seligmann läßt sich folgern, daß durch das Erlernen der Sozialtechnik „Selbtbewältigungsvermögen“, Mädchen bei dem Prozeß unterstützt werden, sich selbst aus dem Zirkel herauszulösen, der durch die Selbst- und Fremdattribuierung eines Verhaltens als ‚hilflos‘ und ‚typisch weiblich‘ bestimmt wird. Die Lehrenden selbst sollten ebenso kritisch eigene Attribuierungen thematisieren und hinterfragen, um damit die Veränderung des Interaktionsgeschehens im Unterricht einzuleiten.

In den attributionstheoretischen Konzepten werden Reaktionen und Verhalten der Menschen auf Signale und nicht auf Sachverhalte hin analysiert. Attribuierungen erfolgen demnach nicht auf eine realitätsgetreue Abbildung der Umwelt, sondern auf deren Deutung. Sie erzeugen aber auch eine soziale Wirklichkeit, da die nachfolgenden Handlungen durch diese Vorstellungen ausgelöst werden. Identität, beschrieben als Konstrukt von Beziehungen, stellt sich über die Auseinandersetzung mit dieser gedeuteten Umwelt her (Strauss, 1974). Auch die Konstruktion des Konzeptes „weibliche Identität“ wird von Attributionsprozessen beeinflußt, in denen internalisierte Vorstellungen, wie die Maxime: „Ein Mädchen schafft das nicht“, abgebildet sind. Bedingung jeder Attribution ist die soziale Resonanz und Akzeptanz, die in eben diesen alltagstheoretischen Vorstellungen zum Ausdruck kommt. Solche, die Wirklichkeit konstruierenden Prozesse erfolgen über die Sprache als Medium der Verständigung und Selbstverständigung. Sprache ist, so die im nächsten Kapitel zu erörternde These, Mitkonstrukteurin eines Konzeptes weiblicher Identität, das der freien Entfaltung der Persönlichkeit für Mädchen und Frauen entgegenwirkt und diese beschränkt.

III Pädagogische Analyse der Erziehungssemantik

In diesem Kapitel wird die Erziehungssemantik öffentlicher Einrichtungen analysiert – Gesetzestexte, Gesetzestexterläuterungen und vor allem weit verbreitete Erziehungshilfen mit beratender Funktion –, um geschlechtsspezifischen Attribuierungen nachzuspüren, wenn professionell Beratende über Erziehung reden und so den Eltern ihre Kinder verständlich machen. Bevor jedoch die Ergebnisse dieser Analysen ausführlich dargestellt werden, wird zunächst der Zusammenhang von Sprache und Erziehung thematisiert. Denn:

„Sprache ist der Speicher angehäufter Erfahrungen und Bedeutungen, die sie zur rechten Zeit aufbewahrt, um sie kommenden Generationen zu übermitteln." (Berger/Luckmann, 1987:39)

Gezeigt wird, daß eine Sprachanalyse immer auch Gesellschaftsanalyse bedeutet, da in der Sprache gesellschaftliche Werte und Vorstellungen kodifiziert sind.

„Das Verständnis des Phänomens Sprache ist also entscheidend für das Verständnis der Wirklichkeit der Alltagswelt." (Berger/Luckmann, 1987:39)

In einem Exkurs wird anschließend die „Sprache als Gegenstand feministischer Forschung" thematisiert. Verdeutlicht wird, welche Vorstellungen und Wertungen hinsichtlich der Geschlechterdifferenz in der Sprache vorfindbar sind und wie die feministische Linguistik versteckte Wertungen auch da aufdecken konnte, wo sie nicht vermutet werden und hinter einem selbstverständlichen Alltagssprachgebrauch verborgen bleiben. Gesellschaftliche Wertungen, die den Mädchen und Jungen im Elternhaus und später in der Schule begegnen, sind ebenfalls in der Sprache kodifiziert und fließen nahezu unbemerkt in den Sprachgebrauch des Elternhauses oder ins erzieherische Reden der Schule mit ein, zumal Erziehung ohne Sprache nicht denkbar ist und deren Verwirklichung als sprachliche Interaktion gedeutet werden kann. Im Anschluß an den Exkurs wird die Sprache professioneller Beratung über Erziehung daraufhin analysiert, ob, und wenn ja, welche spezifischen Wahrnehmungen und Erwartungen bei Beratenden in der Erziehung gegenüber

Mädchen und Jungen in ihr vorfindbar sind. Denn das Erziehungsverständnis dokumentiert sich darin, wie wir über Erziehung und in der Erziehung reden, und es erzeugt selbst soziale Wirklichkeit. Schließlich wird über die pädagogische Semantik die Selbst- und Fremdzuschreibung von Eigenschaften und Kompetenzen beeinflußt und damit auch maßgeblich die Identitätsgenese.

III.1 Die Bedeutung der Sprache für das Erziehungsverständnis

Bereits bei der Behandlung der Identitätstheorien hatte sich die fundamentale Bedeutung der Sprache für die Identität und Identitätsgenese gezeigt. Indem sie dem Menschen ermöglicht, sich in die Rolle des Gegenüber hineinzuversetzen, versteht er nicht nur die Rolle des anderen, sondern auch seine eigene Rolle und gewinnt in diesem Prozeß seine persönliche Identität (vgl. Mead, 1973). Der Mead'schen Tradition folgend, weist Strauss (1974) den Wörtern Bedeutung als Handlungsmandate zu und betont die Interpendenz von Sprach- und Identitätswandel.

Grundsätzlich liegt die Funktion der Sprache in der elementaren Zuordnung des Menschen zu seiner Welt und in der Regulierung des menschlichen Verhaltens in dieser Welt. (vgl. Loch, 1968:96). Sprache als Medium der Erfahrung leistet eine Vorinterpretation der Wirklichkeit, da sie bereits Perspektiven, Verweisungen, Signale und appellative Anforderungen enthält. So erscheint die Sprache selbst durch die schon geprägten Bedeutungen als fertiges Haus, „das schon andere bewohnen und bewohnt haben, und das wir neu beziehen." (Prange, 1981:129) Durch den Spracherwerb ist es möglich, Erfahrung zu äußern und ihr eine bestimmte Bedeutung zu geben, allerdings gemäß bestimmter Denkweisen, die unserem Eintritt in die Sprache vorausgehen. (Weedon, 1991:55) Die Bedeutung der Sprache für das Erziehungsverständnis leitet sich daraus ab, daß sich in der Sprache und durch sich die Entfaltung des kindlichen Bewußtseins vollzieht.

Die Erziehung ist ohne die Sprache nicht denkbar, denn: „Immer wenn erzogen wird, wird gesprochen." (Loch, 1970:481) Sprache ist Gegenstand, Medium und Bedingung der Möglichkeit des Erziehens. So lassen sich mit Loch (1970) vier Funktionen der Sprache im Erziehungsprozeß differenzieren: die operative, die instruktive, die kommunikative und die emanzipative. Operativ fungiert die Sprache bei der im Erziehungsprozeß notwendig demonstrativen Reproduktion von Kulturobjekten. Der Mensch gebraucht sie bei seinen kulturschaffenden Handlungen, um etwas zu überliefern, zu bewirken oder herzustellen. Der Anteil der Sprache kann, wie z.B. beim Sport, verschwindend gering sein, kann erläuternde Funktion haben oder sogar konstituiv sein, wie beim Vortrag eines Gedichtes. Die instruktive Funktion der Sprache zeigt sich, wenn während des Enkulturationsprozesses Sprache benötigt wird, um dem Kind kulturelle Strukturen zu vermitteln. Diese Funktion der Sprache wird als eine spezifische Transformation ihrer operativen Funktion betrachtet, denn menschliches Lernen ist eine bestimmte Form des Handelns und des bei diesem Handeln geforderten Sprechens. Die kommunikative Funktion der Sprache ermöglicht eine Verständigung von Partnern über ihre jeweiligen Intentionen. Im Erziehungsprozeß zeigt sie sich bei der Interaktion von Lernenden und Lehrenden, wenn die instruktive Funktion sozial wird, indem die Erwachsenen sie den Kindern vorgeben bzw. bekräftigend zurückgeben. Sprachleistungen der Erziehung, die das Ziel der Mündigkeit intendieren, werden mit dem Begriff der emanzipativen Funktion der Sprache erfaßt, die normgebend und damit kritisch auf die anderen Funktionen des erzieherischen Sprechens zurückwirkt. Zu den sprachlichen Formen, in denen sich die emanzipative Funktion der Sprache verwirklicht, wird z.B. die Form des Protestes, die Kritik und die Diskussion gerechnet. Emanzipatives Sprechen ist kritisch, da verfälschende oder nicht zu rechtfertigende Aussagen richtiggestellt werden; es ist praxisbezogen, denn Leitmotiv der Emanzipation ist die verantwortliche Verwirklichung dessen, was als vernünftig erscheint. (vgl. Loch, 1970)

Prange formuliert grundsätzlich:

„Die Sprache ist ein universales Medium der Erziehung, und zwar dasjenige, in dem die Erziehung und das Lernen seiner selbst innewird. Es vollzieht sich nicht nur sprachlich, sondern weiß, daß es sich vollzieht. Das geschieht in der artikulierten Sprache, die selber ein Gegenstand ist, der gelernt werden muß: zunächst im primären Spracherwerb, wenn das Kind in die sprachlich verfaßten Ordnungen seines Umgangs sich einlebt, dann im sekundären Spracherwerb des scholastischen Lernens, das die Sprache nicht nur zu ihrem Mittel, sondern auch zu ihrem Objekt hat." (Prange, 1981:126)

Die Entfaltung des kindlichen Bewußtseins vollzieht sich in der Sprache und durch die Sprache. Sie ist maßgebendes Vehikel für die Weltwahrnehmung des Kindes und damit für den Aufbau der kindlichen Gegenstandswelt. Sie dient als Instrument des Wiedererkennens, der Identifikation, der Klassifikation und der Qualifikation eigener Erfahrungen. (vgl. Loch, 1968:90f.)

„Die Sprache ist es, die dem Kind geistig auf die Beine hilft. Das in ihr beschlossene Wissen ermöglicht eine ordnende Gruppierung der Dinge, ohne die ein Zurechtfinden in der Welt nicht möglich wäre." (Kainz, 1960 zit. in: Loch, 1968:88)

Von fundamentaler Bedeutung ist das schon bestehende Sprachgebäude des Elternhauses, in das die Kinder hereinwachsen. Denn von den Bedeutungen, welche die Sprache des Elternhauses dem Kinde erschließt und mitgibt, hängt es zunächst ab, wie ein Kind in der Folge die Welt erlebt, sie wahrnimmt und Position zu ihr bezieht. Zurecht findet Humboldts Auffassung von der Sprache als dem „bildenden Organ des Gedankens" ihre Erweiterung durch Loch, der die Sprache als des „bildende Organ des Menschen" überhaupt betrachtet. (vgl. Loch, 1968:92) Auch bei Humboldt ist menschliche Bildung ohne Sprache undenkbar. Er deutet sie als die Macht, die zwischen der Welt und dem Subjekt vermittelt.

Ohne Wörter, die Empfindungen kategorisieren und objektivieren, wäre es nicht möglich, Erfahrung in Realität umzuformen. Somit spielt die Sprache bei der Erzeugung der sozialen Wirklichkeit eine wesentliche Rolle. Sinneswahrnehmungen werden durch Sprache in wissenschaftliche Realität übersetzt und gleichzeitig durch sie erzeugt, da die Sprache bestimmte Wahrnehmungen zusammenfaßt, sortiert oder hervorhebt. (vgl. Hubbard, 1989:302) Dennoch sind Wörter nicht – ohne Ursprung – einfach da, alle Akte der Benennung geschehen nicht willkürlich, sondern vor dem Hintergund gesellschaftlicher Verständigung darüber, was als wirklich gilt. Diese Feststellung wirft die Frage auf,

„... wer über die soziale Sanktionsmacht verfügt, um die weitere Wirklichkeit zu definieren, in die sich die Erfahrung jedes Menschen einfügen muß, damit er oder sie als vernünftig und verantwortungsbewußt akzeptiert wird." (Hubbard, 1989:302)[77]

Schräpel führt aus:

„Tatsächlich ist es aber eine Frage der Macht, wer die ‚Bedürfnisse einer Sprachgemeinschaft' definiert, da ‚die Sprachgemeinschaft' in ihrer postulierten Homogenität nicht existiert und somit nur bestimmte Gruppen (oder auch Individuen) die (ihre) Bedürfnisse wirkungsvoll artikulieren und durchsetzen können." (Schräpel, 1985:223)

Wie soziale Akteure einander und ihre Umwelt definieren, erklärt auch Becker (1981) zunächst allgemein mit deren Definitionsmacht durch die Sprache:

„Eliten, herrschende Klassen, Bosse, Erwachsene, Männer, Angehörige der weißen Rasse – übergeordnete Gruppen allgemein – erhalten sich ihre Macht sowohl durch die Kontrolle der Art und Weise, wie Menschen die Welt, ihre Komponenten und Möglichkeiten definieren, als auch durch den Gebrauch primitiverer Formen der Kontrolle. Sie können solche Formen der Kontrolle verwenden, um eine Vorherrschaft zu etablieren, oder die auf der Kontrolle von Definitionen und Bezeichnungen gegründete moralische Legitimität ins Feld führen, doch das letztere funktioniert glatter und kostet weniger." (Becker, 1981:184)

Daß eine Sprachanalyse synonym mit einer Gesellschaftsanalyse ist, erklärt sich daraus, daß in der Sprache gesellschaftliche Wertvorstellungen zum Ausdruck kommen, denn:

„Jede Gesellschaft hat ihre besondere Art und Weise, die Realität – ihre Welt, ihr Universum, ihr Ensemble von Symbolen – zu definieren und zu begreifen. Dies ist bereits in der Sprache als der symbolischen Basis einer Gesellschaft vorgegeben. Auf dieser Basis und mit ihrer Hilfe entsteht ein vorgefertigtes Typisierungssystem, vermittels dessen die unzähligen Erfahrungen der Wirklichkeit zu ordnen sind. Diese Typisierungen und ihre Ordnung sind Allgemeingut der Gesellschaftsglieder, wodurch sie nicht nur den Charakter der Objektivität annehmen, sondern als gegeben, als die Welt tout court, als die einzige Welt, die der normale Mensch denken kann, genommen werden. Die scheinbare Objektivität und die als selbstverständlich und gegeben angenommene Art und Weise gesellschaftlicher Definitionen der Wirklichkeit zeigen sich am deutlichsten an der Sprache selbst, aber es ist wichtig, sich immer zu vergegenwärtigen, daß letztere die Grundlage und das Instrumentarium zu einem viel größeren weltschaffenden Prozeß ist.“ (Berger/Kellner, 1965:221)

Sprache kann als Komponente der Sozialstruktur betrachtet werden. Deshalb gibt ihre Analyse einen unmittelbaren Hinweis darauf, in welcher Weise sich die Menschen in der Gesellschaft gegenseitig beeinflussen. (Berger/Luckmann, 1987) Entsprechend spiegeln sich auch gesellschaftliche Veränderungen in der Sprache wider. Neuprägungen als Komponenten des Sprachwandels zeigen sich beispielsweise im Bereich der Politik, Technik und Werbung, wie auch im Wandel von Wortbedeutungen (z.B. Feminismus) oder im Wandel des konnotativen Gehalts eines Wortes (z.B. Demokratie).[78]

Für Weedon (1991) als Vetreterin der poststrukturalistischen Theorie ist Sprache

„... der Ort, wo tatsächliche und mögliche Formen der gesellschaftlichen Organisation und ihre wahrscheinlichen sozialen und politischen Konsequenzen definiert und infragegestellt werden. Sie ist aber auch der Ort, an dem unsere Eigenwahrnehmung, unsere Subjektivität konstruiert wird.“ (Weedon, 1991:35)

Nach ihren Vorstellungen sind die Zeichen in ihrer Bedeutung als Ergebnis eines Gesellschaftsvertrages keinesfalls festgelegt, denen die individuellen Sprecherinnen und Sprecher unterworfen sind. Vielmehr wird die Verortung der gesellschaftlichen Bedeutung in festgelegten Zeichen infragegestellt. Sprache wird als ein System betrachtet, das immer aus historisch spezifischen Diskursen besteht. Die Bedeutung des Signifikanten „Frau“ variiert je nach Kontext vom Ideal über das Opfer bis zum Lustobjekt.

„Die Pornographie und der größte Teil der Werbung zeigen uns beispielsweise Modelle der Weiblichkeit, in denen eine bestimmte Version der weiblichen Sexualität überwiegt. Bei dieser Form von Weiblichkeit richten sich die Frauen völlig auf die Befriedigung des männlichen Blicks, männlicher Phantasien und männlicher Bedürfnisse aus und beziehen daraus ein fragwürdiges masochistisches Vergnügen. Dies steht im Widerspruch zu anderen Versionen der Weiblichkeit, die die Asexualität der Frauen hervorheben, indem sie entweder die Jungfräulichkeit oder die Mutterschaft verherrlichen, und in denen andere Formen masochistischen weiblichen Verhaltens gefordert sind.“ (Weedon, 1991:37)

Was ein Signifikant in einem bestimmte Augenblick bedeutet, hängt demnach von den Diskursbeziehungen ab, innerhalb derer er seinen Platz hat, und steht ständig neuen Lesarten und Interpretationen offen. Entsprechend lautet Weedons These: Sprache hat Veränderungsmöglichkeit und zwar durch das „Angebot“ an unterschiedlichen Subjektpositionen und durch die Möglichkeit der Analyse des jeweiligen historischen Diskurses.

„Für den feministischen Poststrukturalismus ist es die Sprache in Form einander widerstreitender Diskurse, die uns zu bewußt denkenden Subjekten macht und es uns ermöglicht, der Welt eine Bedeutung zuzuschreiben sowie auf ihre Veränderung hinzuwirken.“ (Weedon, 1991:48)

Diese Sichtweise impliziert zum Beispiel die Erkenntnis, daß es die zeitgenössische Definition der Frau als Hausfrau und Mutter ist, die zu Konflikten im weiblichen Lebenszusammenhang führt, und daß nicht, wie bislang von einem Großteil der Frauen angenommen, die Ursache dieser Konflikte in der je persönlichen Unzulänglichkeit liegt. Vielmehr steht diese Definition im Widerspruch zu einer anderen Subjektposition,

„... von der aus sie (die Frau, d.V.) ihre Situation erfassen kann, eine Position, die sie zum Gegenstand und nicht zur Ursache der Widersprüche macht, die sie erlebt.“ (Weedon, 1991:51)

Aber entsprechend der „Definitionsmacht Sprache“ wird auch in der poststrukturalistischen Theorie angenommen, daß die Variationsbreite der potentiellen Bedeutungszuschreibung der Erfahrung durch die Macht des Diskurses eingeschränkt und determiniert wird.

„Durch die Gesellschaftsverhältnisse, die immer Verhältnisse von Macht und Machtlosigkeit zwischen verschiedenen Subjektpositionen sind, wird die Anzahl der unmittelbar zugänglichen Subjektivitätsformen auf der Grundlage von Geschlecht, Rasse, Klasse, Alter und kulturellem Hintergrund festgelegt. Wo andere Positionen zwar vorhanden sind, aber nur einer bestimmten Klasse, Rasse oder einem bestimmten Geschlecht zur Verfügung stehen, muß das davon ausgeschlossene Individuum seinen Zugang zu ihnen durch Veränderung der vorhandenen Machtverhältnisse erkämpfen. So mußten Frauen lange um einen größeren Anteil am Bildungsangebot kämpfen und dabei zugleich die Bandbreite der ihnen innerhalb des vorhandenen Rahmens diskursiver Machtverhältnisse zugänglichen Subjektpositionen in Frage stellen. Im 19. Jahrhundert mußten Frauen, um Zugang zur Bildung zu erlangen, auf Subkjektpositionen Anspruch erheben, die Rationalität und Körperkraft erforderten.“ (Weedon, 1991:123)

Schauplätze der Diskurse sind Sozialisationsinstanzen wie Familie, Schule, etc, die aufgrund der Autorität dessen, was als „natürlich“ oder „normal“ gilt, funktionieren. Zwar gibt es innerhalb dieser Instanzen Raum für Widerstand, dennoch funktionieren die meisten Diskurse auf der Grundlage eines Konsenses, indem sie „selbstverständliche“ Seinsweisen anbieten. Die Wissenschaft, die Religion oder der gesunde Menschenverstand bürgen für diese Autorität.

Erst die Schaffung alternativer Diskurse ermöglicht, neue Weiblichkeitsmodelle zu entwerfen. Indem gezielt andere Gesichtspunkte angeboten werden, kann die Bedeutung der Erfahrung verändert werden. Hierdurch verschwinden die Bedeutungen zwar nicht, aber jede Interpretation ist nur vorübergehend, also spezifisch für den Diskurs, in dem sie hervorgebracht wird. Aus der Perspektive der poststrukturalistischen Theorie bietet die Sprache mehrere Möglichkeiten, das eigene Leben gemäß verschiedener Sichtweisen der Erfahrung zu interpretieren. Inhärent ist der Sprache also die Möglichkeit, verändernd auf die Wirklichkeitserfassung einzuwirken.

Exkurs: Sprache als Gegenstand feministischer Forschung[79]

In der Sprache sind grundlegende Wertvorstellungen kodifiziert.[80] Deshalb kann anhand einer Sprachanalyse beispielsweise der Grad verinnerlichter Rollenzuweisungen für Männer und Frauen abgelesen werden. Denn Handlungsnormen und Rollenstrukturen, wie z.B. „Mädchen kämpfen nicht“, „Jungen kochen nicht“, „Mädchen spielen Hochzeit“, „Jungen spielen Indianer“, manifestieren sich in der gesprochenen und geschriebenen Sprache. Mit einer feministischen Sprachanalyse drückt sich die Intention aus, kritisches Bewußtsein für sexistische Sprache und Sprachverhalten in einer breiten Öffentlichkeit zu verankern.

„Sprache ist sexistisch, wenn sie Frauen und ihre Lesitung ignoriert, wenn sie Frauen nur in Abhängigkeit von und Unterordnung zu Männern beschreibt, wenn sie Frauen nur in stereotypen Rollen zeigt und ihnen so über das Stereotyp hinausgehende Interessen und Fähigkeiten abspricht und wenn sie Frauen durch herablassende Sprache demütigt und lächerlich macht.“ (Trömel-Plötz, 1990:53)

Das Interesse gilt der Sensibilisierung für die latente, außerbewußte Dominanz des Männlichen in der Sprache. So stellt sich über das bisherige linguistische Interesse hinaus, d.h. zu erfassen, was Ausdrücke bedeuten, die Frage, „...was es für Menschen subjektiv und objektiv bedeutet, daß Ausdrücke gerade das bedeuten, was sie bedeuten." (Pusch, 1984:10) Fokussiert werden z.B. Wortbedeutungen, in denen Verhaltensschemata und gesellschaftliche Wertungen enthalten sind oder es wird gefragt nach in sprachlichen Systemen vorgegebenen Möglichkeiten des Sprachgebrauchs, Frauen ein- oder auszuschließen.

Eine feministische Sprachanalyse stellt die Forschenden jedoch vor die Schwierigkeit, von der Sprache einer Gesellschaft sowie den ihr inhärenten Wertvorstellungen geprägt zu sein und sich gleichzeitig davon distanzieren zu müssen. Generell stellt Nadig für die feministische Forschung fest:

„... gleichzeitig gegen sie (die Gesellschaft, d.V.) zu denken, zu handeln, wahrzunehmen und die Resultate dieses Tuns auch noch so darzustellen, daß sie verstanden werden und eine aufklärerische Wirkung haben, erfordert von Frauen eine höchst komplexe Pendelbewegung zwischen der Identifikation mit dominierenden Institutionen und der Abgrenzung davon, ein Sich-Einlassen auf Etabliertes und Distanzierung davon, um zu überprüfen, was dabei erfahren wurde." (Nadig, 1987:165)

Dieses permanente Oszillieren zwischen Anpassung und Abgrenzung gilt auch für Wissenschaftlerinnen im Bereich der feministischen Linguistik, die sich eines Gegenstandes bedienen, der gleichzeitig Objekt ihrer Kritik ist.

So forderte bereits Humboldt – für die humanistische Pädagogik als Theorie der Bildung –, den Unterricht in einer fremden Sprache abzuhalten, um das, was durch seine Selbstverständlichkeit im Gebrauch verhüllt bliebe, durch eine fremde Sprache erkennbar zu machen.

„Der Bildungswert der Sprache liegt für Humboldt weit über jedem faktischen Nutzen. Die Kenntnis verschiedener Sprachen mit den jeweils in ihnen enthaltenen Ansichten von der Welt, vermag die Absonderung, in der sich die Subjektivität notwendigerweise befindet, aufzuheben und die Wechselwirkung von Ich und Welt auf eine höhere Stufe zu führen, so daß sowohl ein vertieftes Verstehen des außer uns Liegenden möglich wird, als auch die Individualität die dies hervorbringt, durch das Fremde in ihrer Eigentümlichkeit bestärkt und von ihrer Einseitigkeit befreit wird." (Meyer, 1979:208/209)

In diesem Sinne formuliert auch Prange:

„Um die eigene Sprachlosigkeit des Erfahrens zu verfremden, gewissermaßen den ‚fremden Blick' (BRECHT) für das Eigene zu gewinnen, sollen wir durch das reinigende Bad einer vergleichsweise vollkommenen Sprache wie das Griechische gehen." (Prange, 1981:133)

Aufschlußreich sind in diesem Zusammenhang auch die Erfahrungen, die Lenz beim Erlernen der japanischen Sprache machte:

„Ich lernte Japanisch, wie manche das Schwimmen – mit einigen Vorkenntnissen warf ich mich in eine ländliche japanische Kleinstadt und stellte verwirrt fest, daß mir im Wasser des Sprachflusses die gewohnten ‚Balken' fehlten. D.h., die verschiedenen Variationen, in denen die soziale Stellung und die Beziehung der Sprechenden zueinander kodiert werden, waren mir nicht bekannt. Ich sprach zu Anfang mit einem Studenten wie mit einem Professor – oder umgekehrt – oder drückte mich wie ein Mann aus und wunderte mich über die resultierende frostige Atmosphäre, Heiterkeit oder auch schlichtes Nicht-Verstehen meiner – wie mir schien – grammatikalisch korrekten Formulierungsversuche." (Lenz, 1979:25)

Die japanischen Gesprächspartnerinnen hatten ihrerseits schon einige Jahre in Berlin gelebt und durch die deutschen Sprach- und Verhaltensstrukturen eine Distanz zu dem erwarteten weiblichen Rollen- und Sprachverhalten in Japan entwickelt.

Diese Beispiele zeigen zweierlei: Sie verweisen zum einen nochmals auf die Verwobenheit von Sprache und sozialem Handeln. Zum anderen wird deutlich, wie schwierig es ist, Distanz zur Muttersprache zu entwickeln.

Bevor für diese Arbeit wichtige Erkenntnisse der feministischen Linguistik dargestellt werden, soll ein kurzer historischer Rekurs auf die Bedeutung des grammatikalischen Geschlechtes erfolgen.[81] Ob dieses bei Genussprachen wie der deutschen „...aus dem natürlichen abzuleiten ist, das heißt, ob die Wortendungen der Nomina und der Pronomina sowie die Artikel eine Ausweitung der als männlich oder weiblich geltenden Qualitäten in die Sprache bedeuten," wird seit über 2000 Jahren diskutiert. (Janssen-Jurreit, 1978:623) Aristoteles betrachtete die Endungen eines Wortes als klassifizierendes Kriterium und stellte das „Männliche, wie es bewegt und handelt" dem „Weiblichen, wie es leidet" gegenüber.[82] Die scholastischen Grammatiker des Mittelalters wie auch die Humanisten folgten dieser aristotelischen Tradition.

Im 19. Jahrhundert formulierte Jakob Grimm (1785-1863) eine umfangreiche Theorie zum Geschlecht in der Sprache. Auch er betrachtete das grammatische Geschlecht als eine Ausdehnung des natürlichen in die Sprache. Aufschlußreich sind vor allem die dem Maskulinum und Femininum zugeordneten Eigenschaften:

„Das Maskulinum scheint das frühere, größere, festere, sprödere, raschere, das tätige, bewegliche, zeugende; das Femininum das spätere, kleinere, weichere, stillere, das leidende, empfangende." (Grimm, zit. in: Janssen-Jurreit, 1978:627)

Noch im 20. Jahrhundert knüpfte Seidler (1953) in seiner „Allgemeinen Stilistik" an Grimms Theorie an:

„Am Ursprung der Ausbildung der Geschlechtsformen steht eine gemüthafte Einstellung zur Welt; sie erwächst aus unserem menschlichen Wesen, dem die Geschlechtertrennung als einem Lebewesen sehr grundlegend ist. Das eine erleben wir als aktiv, gebend, groß, es nimmt in unserer Erfassung männliche Wesenszüge an; das andere erleben wir als passiv, empfangend, klein, es nimmt in unserer Erfassung weibliche Wesenszüge an." (Seidler, 1953 zit. in: Janssen-Jurreit, 1978:636)

Erst seit den 70er Jahren setzen sich allmählich neue linguistische Thesen durch, die das Zusammenspiel von syntaktischen und morphologischen Momenten verantwortlich für die Einteilung der Sprache in mehrere Klassen machen und es ablehnen, das natürliche Geschlecht oder Wertunterscheidungen als Ursprung des grammatischen Geschlechtes anzusehen. Trotzdem läßt sich dieses zweitausend Jahre alte historische Erbe der Herleitung des grammatischen Geschlechtes aus dem natürlichen sowie den damit verbundenen Projektionen und Wertungen nicht einfach ablegen.

Ausgangspunkt feministischer Linguistik war die Hypothese, daß der weibliche Lebenszusammenhang in der Sprache keinen Ausdruck findet. Alle deutsch sprechenden Frauen haben von Kindheit an gelernt, Maskulina auf sich selbst und auf andere weibliche Individuen anzuwenden. Es stellt sich jedoch die Frage, ob Aussagen mit Personenbezeichnungen aller Art tatsächlich in der postulierten Weise funktionieren, wie es in der Linguistik bislang behauptet wird, nämlich auf eine oder mehrere Person beliebigen Geschlechtes referieren zu können.

Zur Spezifizierung der Geschlechtszugehörigkeit stehen in der deutschen Sprache unterschiedliche grammatische Subsysteme zur Verfügung. Zu den lexikalischen Mitteln der Geschlechtsspezifikation gehört die Verwendung der Attribute sowie die lexeminhärente Geschlechtsspezifikation (z.B. Schwester/ Bruder), eine weitere Kategorie bilden die Genera Femininum und Maskulinum und schließlich setzt sich eine dritte Kategorie aus Wortbildungen, z.B. Suffixe zur Spezifikation auf -in, -esse, etc, zusammen.

Das Genus der Lexeme mit einer lexeminhärenten Geschlechtsspezifikation (z.B. Bruder/Schwester) ist mit wenigen Ausnahmen (z.B. Mädchen, Fräulein) für Frauen feminin und für Männer maskulin (Ausnahme: „Tunte"). Semantisch gesehen enthalten jedoch die geschlechtsabstrahierenden Begriffe wie Kind, Individuum, Mensch, Person, Jugend, Volk eine unbestimmte männliche Bedeutung. Denn trotz ihrer Neutralität werden sie rein männlich gedacht:

„Was das Individuum betrifft, so ist ohnehin ein jedes der Sohn seiner Zeit..." (Hegel, zit. in: Janssen-Jurreit, 1978:642)

Und auch folgendes Beispiel untermauert die Plausibilität dieser Feststellung:

„Jede Sprache entwickelt sich (...) nicht anders als jeder Mensch sich vom Kind zum Jüngling, vom Jüngling zum Mann und zum Greis entwickelt." (Staiger 1968, zit. in: Pusch, 1984:107)

Der Titel des Simmel-Buches „Alle Menschen werden Brüder" enthält zwei Nomina. Das erste läßt das Geschlecht offen, das zweite definiert die angesprochenen Personen aufgrund seiner lexeminhärenten Geschlechtsspezifikation als männlich. Eine ebenso einseitige Festlegung, indem das geschlechtsabstrahierende Nomen Mensch durch ein zweites Nomen „Schwester" spezifiziert wird, stößt auf sofortige Ablehnung. Auch eine Formulierung wie: „Die Deutschen sind tüchtige Hausfrauen" scheint unmöglich, obwohl deren Sprachstruktur identisch ist mit dem Satz: „Die Deutschen sind tüchtige Soldaten." Ein anderer Satz – „Ein Berliner ist schlagfertig" – enthält linguistisch bewertet zwei Lesarten: 1. Alle Personen, die in Berlin leben, sind schlagfertig. 2. Alle Männer, die in Berlin leben, sind schlagfertig; d.h. zwei Chancen des Angesprochenseins sind für Männer enthalten. Generell umfaßt diese Regel des Mitgemeintsein-Könnens als Grundbestand deutscher Grammatik eine Doppeldeutigkeit jeder maskulinen Personenbezeichnung:

„Sie besitzt eine Hauptbedeutung ‚Männer' und eine Nebenbedeutung ‚Männer und/oder Frauen'- und so dürfen wir Frauen dann bei jedem Satz über Personen raten, ob wir wohl mitgemeint sind oder nicht." (Pusch, 1990:29)

Trömel-Plötz (1987) verweist auf psychologische Forschungen, die zeigen,

„... daß die Wahrnehmung selbst bei intendiertem generischen Gebrauch in eindeutigem Kontext trotzdem noch spezifisch maskuline Referenten assoziiert, d.h., daß weder die Intention der Sprecher noch ein eindeutiger Kontext garantiert, daß die Hörerin oder der Hörer sich z.B. unter Student in Konstanz auch Studentinnen vorstellt." (Trömel-Plötz, 1987:65)

Demgemäß weckt die Schlagzeile: „KFZ-Mechaniker wird Schauspielerin!" (Neue Westfälische vom 7.4.1983; vgl. Pusch, 1990:48) vermutlich eher die Assoziation „Geschlechtsumwandlung" als „Mechanikerin". Wirklich geschlechtsneutral sind Berufs- oder Personenbezeichnungen erst dann, wenn sie auf rein weibliche, rein männliche und gemischtgeschlechtliche Gruppen referieren können.

Die Subsumtion von Frauen unter männliche Oberbegriffe ist für die meisten Personen so außerbewußt,[83] daß dazu über lange Zeit weder eine positive noch negative Haltung entwickelt wurde. Erst die Umkehrung dieser Selbstverständlichkeit – die Subsumierung männlicher Personen unter weibliche Oberbegriffe – rückt dieses Fakt in das öffentliche Bewußtsein. Denn:

„Weibliche Bezeichnungen sind für Männer genauso untragbar wie weibliche Kleidungsstücke." (Pusch, 1984:7)

So stellt das Ansprechen eines männlichen Käufers unter Verwendung der femininen Gattungsform „Kundin" einen Verstoß gegen die Grundregeln sozialen Verhaltens dar. Im Gegensatz dazu akzeptiert die Kundin bislang jedoch die Subsumierung unter dem geschlechtsneutralen Archilexem „Kunde". Zurecht resümiert Pusch, daß die Frage, ob eine Fehlidentifikation einen sozialen Verstoß darstellt, davon abhängt, welches Bewußtsein das fehlidentifizierte Individuum von seiner Identität hat. (vgl. Pusch, 1984:23) Generell wird mittels der Grammatik das andere, weibliche Geschlecht kongruent gemacht: Aus der Schülerin Ute und dem Schüler Uwe werden die Schüler Ute und Uwe, aus 99 Lehrerinnen und einem Lehrer werden in einer einzigartigen Metamorphose 100 Lehrer. (vgl. Trömel-Plötz, 1987:95)

Um das Wortfeld der Bezeichnungen für Menschen von einer neutralen Warte aus betrachten zu können, zieht Pusch zum Vergleich die Klasse der paarweise vorhandenen, symmetrisch angeordneten Körperteile und die damit verbundenen Arten der Situierung (links-rechts) heran und stellt sie den zwei Arten der Geschlechtszugehörigkeit (weiblich-männlich) gegenüber. Den vorstehenden Beispielen ist eine theoretisch mögliche, symmetrische Struktur gemeinsam, d.h. mit denselben grammatikalischen Mitteln wird Situierung oder entsprechend Geschlechtszugehörigkeit spezifiziert.

Dem Beispiel Ohr/Ohren mit der attributiven Situierungsspezifikation rechts/links entspräche bei der Anwendung der Bezeichnung Kind/Kinder die Spezifikation weiblich/männlich.[84] Trotz dieser möglichen Symmetrie ist es im Sprachgebrauch unüblich, von einem weiblichen Kind oder einem weiblichen Menschen zu sprechen. (vgl. Pusch, 1984:52) Außerdem wird die korrekt attributive Geschlechtsspezifkation in der Praxis aufgelöst, indem nach wie vor nur z.B. von dem Ingenieur und nicht von dem männlichen Ingenieur die Rede ist. Die Bestätigung der Asymmetrie ergibt sich aus der eindeutig einseitigen, aber üblichen Geschlechtsspezifikation „weiblicher Ingenieur". Generell sind attributive und sonstige Spezifikationen solange diskriminierend, wie die Spezifikation einseitig (z.B. weiblicher Clown), d.h. die Spezifikation des jeweiligen Pendants unüblich ist (männlicher Clown).

In Genussprachen, wie der deutschen, weisen vor allem Personenbezeichnungen, die aus Adjektiven und Partizipien abgeleitet sind, eine Asymmetrie auf. Sie besteht darin, daß die Bezeichnungen im Singular für das männliche Individuum und für ein Individuum gleich welchen Geschlechtes identisch ausfallen. Denn die Geschlechtsspezifikation erfolgt hier mittels des Differentialgenus und ist nicht lexeminhärent (z.B. der Angestellte). Das bedeutet, daß die angeblich geschlechtsneutrale Form sowohl auf einen Mann referieren, als auch die Referenzspezialisierung offen lassen kann. Männer haben also bei dieser weitaus häufigsten Form der Personenbezeichnung wiederum zwei Möglichkeiten des Gemeintseins: Einmal, indem sie direkt als Mann angesprochen werden, und zum anderen, indem sie mit unter das geschlechtsneutrale Archilexem fallen. Frauen hingegen können sich nur zusammen mit den Männern durch das Archilexem gemeint fühlen.

Termini, die mithilfe eines Suffix geschlechtsspezifizierend werden (z.B. „Studentin"), scheinen auf den ersten Blick das beste Mittel gegen eine sprachliche Benachteiligung anzubieten, da damit die weibliche Studierende direkt im Sprachsystem aufgegriffen wird. Doch obwohl nunmehr speziell auf Frauen referiert wird, ändert sich durch die Movierung an der Asymmetrie der Bezeichnungen nicht viel. Denn durch den Gebrauch der movierten Form („Studentin") wird wiederum deutlich, daß der vermeintlich geschlechtsneutrale Begriff „Student" mit der Genus-Geschlechtsspezifikation (ebenfalls „Student") identisch ist. Dasselbe gilt auch für die Pluralform. Solange die grammatikalisch möglichen Formen der Spezifikation nur einseitig genutzt werden, wird indirekt und diskret die Auffassung unterstrichen, daß weibliche Repräsentanz gerade durch die Markierung im Sprachsystem die Ableitung und Ausnahme von der Norm sei. Denn normalerweise werden weibliche Formen durch Suffixe von der männlichen Form gebildet (Arzt/Ärztin), umgekehrt jedoch in der Regel nicht (Krankenschwester/Krankenpfleger aber nicht: Krankenbruder). Zwar wird damit der Forderung nach explizitem Gemeintsein enstprochen, gleichzeitig jedoch eine Abhängigkeit der Frau vom Mann im Sprachsystem konserviert. (vgl. Pusch, 1984:59)

Ein weiteres wichtiges Feld ist die Analyse der indefiniten Personalpronomina. Sie verweisen im Satz auf ein Nomen in allgemeiner Form und übernehmen dessen substantivische oder adjektivische Funktion. Von Natur aus inhaltsarm, erhalten sie erst in einer bestimmten Redesituation durch den Bezug auf ein Gemeintes ihren Gehalt. Sie sind somit situationsabhängige Formwörter, die sich auf eine nicht näher benannte Größe beziehen. Wortgeschichtlich sind indefinite Personalpronomina wie „jemand", „jedermann", „man", „niemand" aus einer maskulinen Form hervorgegangen. (Duden, 1978) Das könnte erklären, weshalb heute potentiell nachfolgende feminine Pronomina fehlen. „Jemand hat ihren Zug verpaßt" gilt als ungrammatikalische Konstruktion. Selbst in Kontexten, in denen aus semantischen Gründen klar wird, daß die betreffende Person weiblichen Geschlechts ist, muß grammatischen Regeln folgend, das Possessivpronomen sexindefinit sein – was aber gleichzeitig heißt, identisch mit der männlichen Form. Dementsprechend sind indefinite Personalpronomina ein gutes Beispiel für „Supermaskulina" (Pusch, 1984:86). Sie sollen sich zwar auf beide Geschlechter beziehen, doch die Referenz auf die Frau als Gemeinte wird nur durch einen eindeutigen Kontext garantiert, beispielsweise in der Formulierung: „Jemand hat seinen Lippenstift vergessen". Ansonsten wird in der Praxis angesichts des Gefolges an ausschließlich maskulinen Pronomina, etwa in der Feststellung: „Jemand hat seinen Autoschlüssel liegengelassen" eher auf männliche Personen referiert.

Auch den Alltag druchdringende Sprichwörter wecken einseitig männliche Assoziationen: z.B. „Jeder ist seines Glückes Schmied; jeder nach seiner Facon". Gerade die Semantik des „jeder" läßt die Lesart „Männer allein" zu, weil es das feminine Pendant „jede" gibt, wovon jedoch selbst in eindeutig weiblichen Kontexten kein Gebrauch gemacht wird: „Jeder erlebt seine Schwangerschaft anders." Solche Formulierungen erfüllen ein „patriarchalisches Übersoll", da selbst die Duden-Grammatik (1973:617) das Maskulinum nur für gemischtgeschlechtliche Gruppen erwartet. (in: Pusch, 1984:92)[85]

Fazit

Der semantische Raum im Deutschen wird durch die männliche Perspektive dominiert und ist von ihr durchdrungen. Das Sprachsystem referiert auf eine männliche Dominanz, weshalb weitaus mehr Chancen des Gemeintseins und Identifiziertwerdens für Männer als für Frauen bestehen. Entsprechend wird die Assoziation „weiblich" sprachsystematisch erschwert und pejorativ konnotiert. In den vorstehend beschriebenen linguistischen Ungleichheiten spiegelt sich aber nicht nur die weibliche Unterpriviligierung in der Gesellschaft wider. Da Sprachgebrauch und -erwerb, Herausbildung geschlechtstypischer Fähigkeiten, Kommunikations- und Interaktionsmuster untrennbar miteinander verwoben sind, nimmt die Sprache Einfluß auf die Sozialisation von Jungen und Mädchen als Prozeß der Gewinnung weiblicher und männlicher Identität. Doch Frauen ist die Möglichkeit verstellt, mit Hilfe der Sprache als Identitätssysmbol hinsichtlich sozialer Rollen zu zeigen, welche Person „man" ist. Dieses fehlende „Angebot" an Rollen hat faktische Konsequenzen. Frauen kommen nicht vor, haben wenig Möglichkeiten sich selbst zum Ausdruck zu bringen, treten außerhalb frauentypischer Kontexte auch nicht als Identifikationsfiguren in den Vordergrund. Die Vermeidung sexistischen Sprachgebrauchs dient der Durchsetzung faktischer Gleichberechtigung. Denn als entscheidende Sozialisationsinstanz unterstützt die Sprache die Konstruktion einer sozialen Wirklichkeit, die die Repräsentanz von Frauen ignoriert und die Ungleichheit zwischen den Geschlechtern perpetuiert.[86]

III.2 Pädagogische Sprachanalyse der Erziehungssemantik öffentlicher Einrichtungen

Nach der alten Lehre der Rhetorik lassen sich verschiedene pädagogische Redeformen unterscheiden. Es gibt die darstellende (beweisende) Rede, in der ein Sachverhalt semantisch abgebildet wird; es gibt die beurteilende Rede, in der es um die Unterscheidung von gut und nicht-gut geht; und es gibt die beratende, auffordernde, appellative Rede, die die Frage „Was sollen wir tun oder lassen?“ thematisiert. Die Pädagogik beschreibt in der Wissenschaft, sie beurteilt Sachverhalte und sie berät. Im folgenden werden in einem ersten Schritt einige wenige Beispiele aus dem juristischen Bereich analysiert, denn Gesetzestexte, entsprechende Kommentare und Auslegungen fungieren als beurteilende Rede mit hoher Signifikanz. Sie bilden die sowohl bindende als auch pragmatische Handlungsgrundlage öffentlicher Einrichtungen und haben auch Leitfunktion für private, caritative und halböffentliche Einrichtungen. In einem zweiten Schritt wird dann ausführlich auf die Peter-Pelikan Hefte eingegangen, die in den letzten Jahren große Bedeutung als Erziehungshilfe erlangten und damit ein Beispiel öffentlicher Semantik mit beratender Funktion darstellen.

III.2.1 Gesetzestexte und Gesetzestexterläuterungen

Gesetzestexte lassen in der Regel[87] weder direkte noch indirekte geschlechtsspezifische Attribuierungen vermuten, die über Sprache vorgenommen werden. Diese Texte sind überwiegend geschlechtsneutral gehalten. Gesprochen wird nicht von Mädchen oder Jungen sondern von dem Kind, dem Jugendlichen, dem Volljährigen, dem jungen Menschen sowie den entsprechenden Pluralformen. (siehe z.B.: Ribbert, 1976: Jugendrecht, Jugendhilfe; Riedel/Deisenhofer, 1983: Jugendwohlfahrtsrecht; Happe/Saurbier, 1990: Kinder- und Jugendhilfegesetz) Dies suggeriert die Verwirklichung eines egalitären Prinzips. Es stellt sich aber die Frage, inwieweit nicht gerade in bewußt neutral gehaltenen, richtungsweisenden Grundlagentexten ein ganz spezifisches „Bild Mädchen/Frau“ gewissermaßen verdeckt konstruiert wird. Die Hypothese ist, daß die semantische Neutralität die faktisch gemeinte, pragmatisch wirksame Intention verhüllt.

In diesem Zusammenhang ist die Analyse von Schutzbestimmungen interessant, die pädagogisch legitimiert sind. Indem Grenzen gesetzt und/oder vorgeschrieben werden, soll erzogen werden. Aufschlußreich ist beispielsweise die Handhabung des Tatbestandes der Verwahrlosung, dessen Definition aus juristischer Sicht lautet:

„Verwahrlosung ist ein Zustand von einiger Dauer mit erheblichem, d.h. eine Maßnahme der öffentlichen Jugend-Hilfe erforderlich machenden Sinken des geistigen, sittlichen oder körperlichen Zustandes des Kindes unter den Durchschnitt, der bei einem Minderjährigen unter den gleichen Verhältnissen als Ergebnis einer sonst ordnungsgemäßen Erziehung erreicht wird." (Riedel, Jugendwohlfahrtsgesetz. Kommentar, 1965:608)

Gesprochen wird wiederum geschlechtsneutral von dem Kind und dem Minderjährigen. Eine Analyse der Haupteinweisungsgründe bei Fällen der Fürsorgeerziehung und der Freiwilligen Erziehungshilfe im Jahre 1950 verweisen jedoch auf nach Geschlecht divergierende Einweisungsgründe und somit auf die Realität kultureller Zweigeschlechtlichkeit: Während nur 2.7% der 582 Jungen wegen „sexueller Auffälligkeit" eingewiesen wurden, betrug der Prozentsatz bei den 378 Mädchen immerhin 16.3%. (vgl. Pongratz/Hübner, 1959 in: Steuber, 1987:46) Auch in den sechziger Jahren gehörten „unerwünschte sexuelle Beziehungen" zu den ausschlaggebenden Verhaltensmerkmalen für die Einleitung der Fürsorgeerziehung: Sie trafen auf ein Drittel der (200) Mädchen, jedoch nur auf 1% der (200) Jungen zu. (vgl. Specht, 1967 in: Ahlheim et al., 1972:80) Bei solch starken, nach dem Geschlecht unterschiedlichen Häufigkeiten drängt sich der Eindruck auf, daß in die Bestimmung der Verwahrlosungsmerkmale unmittelbar normative Gesichtspunkte einfließen. So formuliert Wortmann (1978):

„... die Norm, nach der weibliches Verhalten beurteilt, diszipliniert und sanktioniert wird, ist selbst schon an einem weiblichen Normalitätsstandard (Monogamie, sich ‚aufheben' für den Mann des Lebens, Gefahr frühzeitiger Schwangerschaft) orientiert." (Wortmann, 1978:227)[88]

Als erstes Anzeichen dafür, ob eine moralische Verwahrlosung droht, werden Verhaltensweisen gewertet, mit denen sich Mädchen der familiären Kontrolle zu entziehen suchen. Gründe für die Einweisungen von jungen Frauen sind das Weglaufen von Zuhause, Unverbesserlichkeit, sexuelle Vergehen, Schulschwänzen und Verletzungen von Aufsichtsauflagen. (vgl. Armstrong, 1977:115f.) Zum „eigenen Wohl" werden die Mädchen für solch nichtkriminelles Verhalten jedoch härter bestraft als Männer für kriminelles Verhalten. Dabei bilden die Kategorien „Weglaufen" und „Unverbesserlichkeit" diejenigen unspezifischen Kategorien, hinter denen die Gerichte ihren zweifachen Standard der Sexulamoral verbergen. (Chesney-Lind, 1977:125ff.) Unter Berufung auf Einsele (1977) macht Smaus (1991:28) darauf aufmerksam, daß im Ermessensfall die berufsmäßige Prostitution zur Anwendung des

Erwachsenenstrafrechts führt, weil sexuelle Frühreife eben als ‚Reife' interpretiert wird.

„Hier wird zusätzlich bestraft, daß junge Frauen aus der Obhut und der Abhängigkeit vom Vater oder einem Manne ausgebrochen sind, Die gesamte ‚Rettungsideologie' der Sozialarbeit baut darauf auf, daß Frau einen Mann findet, der sie ernährt und auf sie aufpaßt." (Kersten, 1986 zit. in: Smaus, 1991:28)

Unter dem sorgsam gewobenen Netz neutraler Kind- und Jungendlichensemantik schimmern also deutliche, nach dem Geschlecht ausgerichtete Differenzierungen hervor.

Unter der semantischen Geschlechtsneutralität von Gesetzestexten verbirgt sich noch ein weiterer wesentlicher Unterschied: Bei Straftaten gegen die sexuelle Selbstbestimmung kann nämlich sowohl hinsichtlich der Täter als auch der Opfer ein geschlechterdifferentes Ungleichgewicht festgestellt werden. So waren 1990 unter 1631 Verurteilten vergleichbarer Delikte nach den §§ 174, 174a und 176 StGB nur 21 Frauen (d.h.: 1.29%). Das heißt: Täter sind fast ausschließlich Männer. (vgl. Oberlies, 1992:101) Andererseits werden weitaus mehr Mädchen als Jungen als Sexualobjekte mißbraucht: Nahezu jedes dritte Mädchen muß mit dieser Verletzung der sexuellen Integrität und damit mit einem zentralen Angriff auf die persönliche Identität fertig werden. Sexuelle Gewalt gegen Jungen trifft hingegen jeden achten bis zehnten.[89] (vgl. Kavemann, 1992:108)

In den seltenen Fällen, in denen von der neutralen Kind- und Jugendlichensemantik abgewichen wird, treten Geschlechtsrollenstereotypen sogleich offen zu Tage. So ist im folgenden Zitat (Heddadeus, 1980) die Perpetuierung des klassischen „Bildes Frau" deutlich zu erkennen:

„Von besonderer Bedeutung ist auch die Auswahl der im Heim angebotenen Arbeitsmöglichkeiten, bei der nicht finanzielle, sondern pädagogische Gründe im Vordergrund stehen müssen. In Mädchenheimen ist im Arbeitsbereich darauf zu achten, daß nicht nur Hausfrauenvorbereitung betrieben, also nur Kochen, Nähen und Waschen angeboten wird." (Heddadeus, 1980:9, § 78 JWG)

In den Gesetzes-Text Erläuterungen zum Gesetz zum Schutze der Jugend in der Öffentlichkeit des Landes Schleswig-Holstein (Inkrafttreten: 1985) heißt es, zunächst geschlechtsneutral:

„Neben den letztgenannten Personen, die einen eingeschränkten Erziehungsauftrag schon aufgrund ihrer Funktion besitzen, sieht das Gesetz vor, daß jede sonstige Person über 18 Jahre, soweit sie aufgrund einer Vereinbarung mit den personensorgeberechtigten Aufgaben der Personensorge wahrnimmt, als Erziehungsberechtigter gilt."

Einige Zeilen weiter wird dies durch ein Beispiel illustriert:

„Nach dem Gesetz ist für die Gleichstellung mit den Erziehungsberechtigten ein Alter von wenigstens 18 Jahren erforderlich. Bei weitestgehender Auslegung dieser Bestimmung ist davon auszugehen, daß der 18jährige Freund die Funktion als Erziehungsberechtigter für seine 15jährige Freundin übernehmen kann, sofern eine Vereinbarung mit dem Personensorgeberechtigten vorliegt und er seine Berechtigung auf Verlangen schriftlich oder mündlich darlegen (...) kann." (§2 Abs. 3 S. 10)

Zweifellos weckt dieses Beispiel Assoziationen zur „Vormachtstellung" des männlichen Jugendlichen als Beschützer über die weibliche Jugendliche. Es stellt sich die Frage, welche Reaktionen das Beispiel in seiner Umkehrung auslösen würde bzw. welche mit dem Beispiel verknüpften „Selbstverständlichkeiten" damit ans Licht und ins Bewußtsein gerückt würden.

Im Exkurs war auch anhand referenzsemantischer Untersuchungen die Dominanz des Männlichen im deutschen Sprachgebrauch dokumentiert worden. Auch in Gesetzestexten läßt sich dieses Faktum nachweisen. So legen die im folgenden Zitat hervorgehobenen Wörter trotz ihrer Neutralität eine männliche Bedeutung nahe, da die nachfolgenden Pronomina zwar indefinite, aber doch mit der männlichen Form identische Bezeichnungen haben.

„Um in die Jugendwohngemeinschaft einziehen zu können, müssen folgende Voraussetzungen erfüllt sein: Die Gefährdung *des Jugendlichen* ist eine Voraussetzung für die Aufnahme, (...) *Der Jugendliche* muß mindestens 16 Jahre alt sein und einer geregelten Arbeit nachgehen. Der Auszug erfolgt in der Regel nach einer maximal dreimonatigen Übergangszeit, (...) d.h. für *Lehrlinge* bei Abschluß der Lehre, für *Jungarbeiter* bei Erreichen der Volljährigkeit. (...) Selbstorganisation bedeutet i.S. des Wortes für *den Jugendlichen* zu lernen, sein Leben selbst zu organisieren; *er* wird hier nicht vor der Realität beschützt oder abgeschirmt, *er* sorgt durch *seinen* Lohn für *seinen* Lebensunterhalt."

Einige Sätze weiter heißt es:

„Konkret sieht das so aus, daß von *dem einzelnen Jugendlichen* sowohl individuelle als auch gemeinsame Verantwortung erwartet wird: Individuelle, indem *er* für *sein* Zimmer, *seine* Kleidung, *sein* Essen usw. sorgt, und gemeinsam Verantwortung, indem *er* für die Miete der gemeinsamen Wohnung, die Instandhaltung der Gemeinschaftseinrichtungen (...) sich einsetzt." (In: Modelle der offenen Hilfen zur Erziehung, Schriftenreihe des Bayerischen Staatsministeriums für Arbeit und Sozialordnung zur Jugendhilfe in Bayern, Heft Nr. 2:52)[90]

Daß die unterstellte generische Funktion tatsächlich nur einseitig auf die männlichen Jungendlichen und Kinder referiert und auf Mädchen, sofern sie explizit gemeint sind, deutlich Bezug genommen wird und zwar als Abweichung von der Norm, wird in dem folgenden Beispiel (§ 78 JWG) deutlich:

„Als letzter wichtiger Punkt ist der Bereich des Sports und der Leibeserziehung zu nennen. In den Heimen müssen regelmäßige Sportveranstaltungen angeboten werden (auch in den Mädchenheimen!), an denen die Jugendlichen freiwillig teilnehmen können." (Heddadeus, 1980:6)

Resümierend bleibt festzustellen: Nur über geschlechtsneutrale Kinder und Jugendliche zu sprechen, intendiert nichts anderes als die Reproduzierung verdeckt gehaltener Rollenstereotype mit inhärent pejorativer Konnotation bezüglich der Mädchen und jungen Frauen. Ihr „Schutz" bzw. die Kontrolle bemißt sich an anderen Normen und moralischen Wertvorstellungen als bei Jungen und verweist damit deutlich auf die Wahrnehmung der Geschlechterdifferenz seitens der Rechtsprechung.

Bahr-Jendges (1991) Resümee zu einer Tagung von Juristinnen und Juristen zu den Themen „Kindschaftsrecht im Jahr 2000", „Das Kind im Verfahren", „Unterhaltsrechtliche Probleme" und „Staatliche Hilfen" trifft generell auf die Erziehungssemantik von Gesetzestexten und amtlichen Verlautbarungen zu:

„Nachdenken darüber, wie denn Konstruktion von Menschlichem möglich sei für Kinder als neue Menschen im Recht von Morgen, wenn nicht vorher über die vorherrschenden Konstruktionen des Weiblichen und Männlichen nachgedacht werde, fand nicht statt." (Bahr-Jendges, 1991:22)

III.2.2 Peter-Pelikan Briefe[91]

Die Peter-Pelikan Briefe werden in Bayern (z.B. München, Nürnberg, Bayreuth), auf Anfrage aber auch bundesweit, vom jeweiligen Jugendamt als Erziehungshilfe bei der Geburt des ersten Kindes an die Eltern oder Alleinerziehenden geschickt. Sie wenden sich damit in einer beratenden Funktion an einen breiten Adressatinnen- und Adressatenkreis. Bezug genommen wird auf die ersten sechs Lebensjahre des Kindes. Die ersten vier Briefe werden gleich nach der Geburt mitgegeben, die weiteren werden im ersten Jahr monatlich, ab dem 2. Lebensjahr zweimonatlich, dann vierteljährlich und ab dem Alter von 3 1/2 Jahren halbjährig an die einzelnen Haushalte geschickt. Insgesamt gibt es 36 Elternbriefe und zusätzlich 7 Briefe zur Verkehrserziehung. Grundlage dieser als Erziehungshilfe gedachten Broschüren ist ein von der Arbeitsgemeinschaft für Mental-Health in Louisiana entwickeltes Erziehungskonzept. Diese Arbeitsgruppe setzte sich aus Eltern und Fachleuten aus den Bereichen der Psychologie, Pädagogik und Säuglingspflege zusammen. Der Berliner Arbeitskreis „Neue Erziehung" übersetzte diese amerikanischen Elternbriefe und verschickt sie seit 1960 weiter.

Die Münchner Mental-Health Gruppe griff diese Initiative auf. In einer Arbeitsgruppe zusammen mit dem Stadtjugenamt München wurden einige Änderungen an den Elternbriefen vorgenommen und „einiges nach bayerischen Bedürfnissen" ergänzt. (vgl. Vorwort zu den Peter-Pelikan Heften, Stadtjugendamt Bayreuth) Zur Popularität der Peter-Pelikan Hefte trägt auch die Schriftenreihe des Bundesministeriums für Jugend, Familie, und Gesundheit: „Mehr Chancen für die Jugend; Bd. 13 (1974)" bei. Hierin (S. 65/66) wird empfohlen, die Peter-Pelikan Briefe zur Information aller Eltern bei Geburt des ersten Kindes kostenlos zuzustellen. Ferner wird Elternschulen und Einrichtungen der Erwachsenenbildung geraten, mit ihren Aufgaben unmittelbar an diese Briefe anzuknüpfen.

Die Briefe der Peter-Pelikan Mappe geben als Datum der Veröffentlichung entweder das Jahr 1981, 1984 oder das Jahr 1985 an. Eine Neubearbeitung der Briefe zur Verkehrserzieung erfolgte 1985.

Die Peter-Pelikan Hefte erweisen sich insofern als moderne Erziehungshilfe, als sie sich bemühen, die dem Geschlecht zugeordneten stereotypen Rollen und die daran geknüpften Verhaltensmaßregeln zu relativieren. Dies drückt sich insbesondere in Gegenattribuierungen aus. An die Thematisierung der Geschlechterdifferenz knüpft sich beispielsweise die Forderung nach Geschlechterinterdependenz bezüglich des Spielzeugs, Spielverhaltens usw., indem die Stereotype, die der Typisierung galten, ausgetauscht werden. Rollenkritisches und Emanzipationsfreundliches wird somit angeboten. Beispielsweise thematisiert der Elternbrief Nr. 7 das Vatersein mit Kommentaren wie: „Das Baby braucht nicht nur die Mutter" (S. 1) oder „Der Vater ist heute besonders wichtig." (S. 3)

Auch bezüglich der Geschlechterfrage findet sich ein fortschrittlicher Impetus. Im Brief Nr. 27 wird das Mädchen mit einer Blume ebenso bewußt als Stereotyp abgebildet wie der Junge mit einem Hammer. Denn im dazu gehörenden Text heißt es ausdrücklich, daß diese Zuweisung männlicher und weiblicher Eigenschaften nicht mehr zutreffen: „...das sind doch Vorurteile aus längst vergangenen Zeiten." (S.1) Zusätzlich werden im Text Gegenattribuierungen vorgenommen, wie: „Der Vater trocknet dem kleinen Sohn anteilnehmend die Tränen" (S. 1) oder:

„Auch der Vater kann spielen, basteln, singen, Kinder anziehen und zärtlich sein. Er kann kochen, waschen und bügeln und braucht seinen Platz in der Einteilung und Organisation des häuslichen Bereiches." (27:2)

Kritisch heißt es:

„So finden wir zum Beispiel immer noch in fast allen Schulbüchern das alte Klischee in Bildern und Texten: Die Mutter steht mit Schürze und Kochlöffel am Herd, sie serviert dem hinter einer Zeitung versteckten Vater das Essen. Das kleine Mädchen in Röckchen, mit Zöpfchen, übt ähnliches mit Püppchen, und der Sohn, kurzhaarig, probt die Zukunft im Spiel mit Autos und mechanischen Baukästen." (27:2)

Bei der direkten Thematisierung des notwendigen Aufbrechens alter Stereotypen heißt es:

„Für Ihre Tochter wird es wesentlich sein, als Ehefrau und Mutter eine unabhängige Persönlichkeit zu bleiben, die durch ihren erlernten qualifizierten Beruf an selbständiges Handeln gewöhnt ist." (27:2/3)

Demgemäß werden Mädchen beispielsweise statt mit Puppen mit Hammer und Nagel abgebildet (Brief Nr. 20). Ihnen wird das Fußballspielen zugestanden (Brief Nr. 20), das Indianer- und Cowboy-Spielen (Brief Nr. 27), ebenso wie den Jungen das Spielen mit einer Puppe (Brief Nr. 20). Der Beruf „Elektriker" könnte der Wunsch eines Mädchens sein (Brief Nr. 34), der des „Kindergärtners" der Berufswunsch eines Jungen (Brief Nr. 34). Auch das folgende Beispiel aus Brief 19 verweist auf die Intention, Rollenklischees aufzuheben.

„Auf dem Spielplatz stellt Susannes Mutter zum Beispiel erstaunt fest, daß sich ihre Tochter als ein kleiner Diktator entpuppt: ..." ‚Na, denkt sich die Mutter, die wird sich später wenigstens einmal durchsetzen'" (S. 5).

Hier ist das Stereotyp des braven Mädchens aufgebrochen, indem entgegengesetzt das Bild des diktatorischen Mädchens gewählt wurde. Im Brief Nr. 34 wird im Text bei der Thematisierung der Hausarbeit sowohl Bezug auf Mädchen als auch auf Jungen genommen; die Zuordnung zur Rolle des Hausmannes und der Hausfrau erfolgt für beide gleich. (S. 2) Insgesamt wird das Bemühen deutlich, Rollenklischees zu überwinden. Wiederum scheint ein egalitäres Prinzip verwirklicht.

Gefragt wird in der nachstehenden Analyse der Peter Pelikan Briefe, ob sich aber nicht dennoch – quasi „außer-bewußt" – Geschlechtsrollenstereotype in der Erziehungssemantik manifestieren und damit zu deren Fixierung beitragen. Welche Funktion trägt der Begriff Kind in dieser direktiv wirksamen Anleitung? Besteht nicht auch hier ein Widerspruch zwischen semantischer Neutralität und faktisch gemeinter? Tauchen latent vorhandene Differenzen in den Empfehlungen zur Erziehung von Mädchen und Jungen auf, und welcher Art sind sie? Werden nicht auch hier anhand von Attribuierungen Differenz-Stereotypen belegt, und wenn ja, inwieweit gehen in diese Attribuierungen landläufige Vorurteile mit festen Vorstellungsklischees ein?

Da sich der Forschungsgegenstand aufgrund seiner Aktualität erst konstituiert, erschien es erforderlich, ein eigenes Analyseschema zu erstellen. Dies beinhaltet die Evaluierung der folgenden Punkte auf ihren geschlechterdifferenten Gehalt hin:

- „neutrale" Kind- und Referenzsemantik;
- Attribuierungen über Abbildungen und Textbeispiele;
- Attribuierungen über Prädikate, Adjektive und Adverbien;
- Spielzeugauswahl in Text und Bild;
- das zugrunde liegende Mädchen- und Jungenbild;
- das zugrunde liegende Mutter- und Vaterbild;
- „außer-bewußte" Attribuierung versus bewußte Gegenattribuierung.

Um Überschneidungen und Wiederholungen zu vermeiden werden diese Punkte im folgenden nicht streng sukzessiv abgehandelt, sondern zu einer „lesefreundlicheren" Synthese verwoben.

„Neutrale" Kind- und Referenzsemantik

Die Analyse der Briefe Nr. 1, Nr. 13, Nr. 19, Nr. 25, Nr. 29, Nr. 33 und Nr.36, die das Alter von der Geburt bis zum 6. Lebensjahr repräsentieren, ergab, daß im Durchschnitt pro Elternbrief 80 Mal der Terminus „Kind" oder ein entsprechend neutrales Synonym wie „Kleinkind", „Kleines", etc gebraucht wird, während ein, das Geschlecht spezifizierendes Archilexem, wie z.B. Sohn/Tochter, pro Brief im Durchschnitt nur 5 Mal verwendet wurde. Hierbei reichte die Skala von 2 bis maximal 8 Nennungen pro Brief. Diese nahezu durchgängige Kind-Semantik[92] erweckt zunächst den Eindruck geschlechtsneutraler Kinder. Die Kleinkindabbildungen, die die Erziehungstexte illustrieren, verändern sich jedoch ab Pelikan-Brief Nr. 14, der Kinder im Alter von 14 Monaten thematisiert.[93] Die ursprünglich neutral gehaltene Darstellung des Kindes wird allmählich durch das Einführen konventioneller Kleidung (d.h. Rock) oder Frisur (d.h. lange Haare) spezifiziert. Diese durch Abweichung von der ursprünglichen Kinddarstellung hergestellte Differenz „konstruiert" aus dem „neutralen Kind" ein Mädchen. Sie wirkt zugleich auf die bisherige neutrale Abbildungsform in der keine Differenzen zwischen Mädchen und Jungen sichtbar waren, verändernd ein, denn diese kann nicht weiterhin als Repräsentationsfigur für Kinder unterschiedlichen Geschlechtes betrachtet werden. Statt dessen muß sie nun als Synonym für Jungen gelten. Diese über die Abbildungen vorgenommene Differenzierung in Mädchen und Jungen einerseits und die Beibehaltung des Terminus „das Kind" als Ausdruck semantischer Neutralität andererseits legt die Vermutung nahe, daß der Terminus „das Kind" auf die Kinder beiderlei Geschlechtes referieren soll. Diese Referenz müßte dann sowohl zahlenmäßig als auch hinsichtlich der inhaltlichen Bezugnahmen gleich sein.

Von den ab Brief Nr. 14 insgesamt 147 gezeigten Abbildungen sind 15 Darstellungen neutral, d.h. es ist anhand konventioneller Unterscheidungsmerkmale nicht zu erkennen, welches Geschlecht das Kind hat. Die 132 verbleibenden Abbildungen zeigen nur 41 Mal ein Mädchen, während in 91, das heißt mehr als doppelt so vielen Abbildungen das gemeinte Kind durch einen Jungen dargestellt wird. Diese Präferenz der Jungen-Darstellungen zeigt, daß trotz der offensichtlich notwendigen Differenzierung zwischen Mädchen und Jungen noch immer vorrangig Kinder durch Jungen dargestellt werden, und führt zu einer Wirklichkeitskonstruktion, die die Aktivitäten von Mädchen und Frauen verdeckt.[94]

Ein ähnliches Zahlenverhältnis findet sich in den Briefen zur Verkehrserziehung. Nur ein einziges Mal werden in Brief Nr. 3 mehr Mädchen als Jungen (Zahlenverhältnis: 7:6) abgebildet. In einem weiteren Brief (Nr. 7) ist das Zahlenverhältnis identisch (6:6). In den übrigen 4 Briefen sind auffallend mehr Jungen als Mädchen abgebildet, und zwar in einem Zahlenverhältnis von 1:6, 2:5, 0:6 und 3:11. Das Spektrum reicht also von mehr als doppelt so viel Jungen bis zu sechmal so vielen. Generell zeigt sich unter dem Mantel der neutralen Kindsemantik eine deutliche Geschlechterdifferenz: Gemeint sind in der Regel die Jungen; Mädchen kommen nur selten vor.

Abgewichen wird von der neutralen Kindsemantik immer nur dann, wenn die Geschlechterfrage und Rollenproblematik direkt thematisiert wird (Briefe Nr. 20, 27, 34). So wird im Brief 27 immerhin achtzehnmal die Geschlechtszugehörigkeit des Kindes angesprochen – durchschnittlich geschieht dies nur fünfmal pro Brief –, indem der Terminus „Kind“ durch Bezeichnungen wie „Sohn, Tochter, Junge, Mädchen“ substituiert ist. Und in Brief 34 erfolgt eine solche Differenzierung auf nur einer Seite insgesamt achtzehnmal. Sehr interessant ist, daß diese Briefe quasi vorzeichnen, wie einfach es wäre, auf die „neutrale Kind-Semantik“ zu verzichten und die Geschlechtszugehörigkeit zu betonen:

> „Ihre Tochter, Ihr Sohn erleben an Ihrem Beispiel, ob Mann- oder Frausein Spaß macht, ...“ (27:2)

Die Tatsache, daß es aber nur dann zu einer Geschlechterbenennung im Text kommt, wenn ausdrückliche Kritik an den Geschlechtsstereotypen geübt wird, macht jedoch bereits hier deutlich, daß die Problematik der Geschlechterdualität von den Beratenden, trotz allen Bemühens und aller Aufgeschlossenheit, nicht wirklich internalisiert wurde.

Auch die Untersuchung der Referenzsemantik bestätigt die in der vorstehenden Analyse zu Tage tretende Dominanz des Männlichen. Abgesehen von den selten verwandten Lexemen mit geschlechtsinhärenter Spezifikation (Schwester, Tochter, Mädchen) kommen fast ausschließlich Termini vor, die nicht auf weibliche Kinder referieren.[95] Bezeichnungen wie der Spielgefährte, der Sprößling, der Erdenbürger wecken eindeutig Assoziationen zu Jungen. Mädchen können nur theoretisch mitgemeint sein. Verstärkt wird dieses Ungleichgewicht noch durch den entsprechend notwendigen Pronominalgebrauch, der die Referenz ebenfalls auf männliche Kinder lenkt.

So heißt es im Rückblick auf das erste Lebensjahr in Brief 13 (Hervorhebungen durch die Verfasserin):

„Damals ein kleines Wesen, das alles mit sich geschehen lassen mußte, heute ein aktiver, kleiner Mit-Mensch, *der* Ihnen *seine* Gefühle und seinen Willen auch ohne Worte gut mitteilen kann, *der* aufrecht sitzen, stehen und mit Ihrer Hilfe häufig auch ein paar Schritte gehen, sich sicher aber durch Krabbeln aus eigener Kraft fortbewegen kann; vor allem aber ist er von einem ungeheuren Tatendrang beseelt, der *ihn* oft in Konflikt mit den Wünschen der Eltern bringt." (13:1).

Hier bedarf es ohne Zweifel einer Rück-Übersetzung, um sich auch ein Mädchen, eine Tochter vorzustellen. Dasselbe trifft gleichermaßen auf das folgende Beispiel aus Brief Nr. 19 zu, in dem nicht nach Mädchen und Jungen spezifiziert, sondern auf „das Kind" Bezug genommen wird:

„Vielleicht liegt es *beim einen* nur daran, daß *er* z.B. mit Bauklötzen nicht die gleiche Geschicklichkeit hat wie *der andere* und *er* sich deshalb unterordnet. Da hilft es dann schon, wenn die Eltern *ihm* viele Anregungen geben, wie *er* ungestört mit *seinen* Bauklötzen spielen kann." (Brief 19:6)

Das in den Köpfen der Autorinnen und Autoren vorhandene konventionelle Bild ruft hier sogar eine grammatikalisch falsche Konstruktion hervor, indem auf das Kind nicht mit „es" sondern „er" referriert wird. Die Assoziation „Bauklotz – Junge" läßt grüßen.

Im selben Brief Nr. 19 wird ein Mädchen beschrieben, das einen Jungen kommandiert und damit vom Rollenstereotyp abweicht. Daran knüpft sich inhaltlich die Hoffnung der Mutter, ihre Tochter würde sich später einmal gut durchsetzten. Ein weiteres Beispiel nimmt Bezug auf einen Jungen, der seinerseits durch einen anderen Jungen kommandiert wird. Kommentierend heißt es:

„Man kann Gerhards Vater schon verstehen, aber seine Sorge ist gewiß ebenso unbegründet wie die Hoffnungen von Susannes Mutter. Denn in diesem Alter ist die Rolle eines Kindes im Spiel zumeist noch nicht festgelegt. An einem Tag ‚kommandiert' *der eine*, am nächsten Tag *der andere*." (Brief 19:5, Hervorhebungen durch die Verfasserin)

Aufgrund der fehlenden Referenz auf das Mädchen wird hier wiederum die Assoziation des kommandierenden Jungen geweckt, obwohl eine grammatikalische Symmetrie möglich wäre. Da im ersten Beispiel von Susanne die Rede war, hätte es hier z.B. heißen können: An einem Tag kommandiert *die* eine, am nächsten Tag *der* andere.

Eine ganz andere Vorstellung der Realität entstünde, wäre ebenso häufig von der Spielkameradin, der Spielgefährtin sowie der Erdenbürgerin die Rede. Forciert würde dann ein ganz anderes Bild der Kinderwelt entstehen, das weitaus weniger durch die Jungen-Präsenz bestimmt wäre, sondern ebensosehr auch auf die Existenz und die Aktivitäten von Mädchen schließen lassen würde.[96]

Attribuierungen über Abbildungen und Textbeispiele

Ab Peter-Pelikan Brief Nr. 19 – das Alter der Kinder ist zwei Jahre – werden Mädchen und Jungen durch direkte Namensnennung nach Geschlecht unterschieden. Ab diesem Brief wurde mit der systematischen Analyse der Attribuierungen begonnen.

Im Brief Nr. 19 wird ein Beispiel für ein Verhalten gegeben, das Spielfähigkeit demonstrieren soll:

> „Wenn z.B. die kleine Claudia wirklich zum ersten Mal ihre Puppe freiwillig dem gleichaltrigen Gerhard überläßt, dann hat sie einen großen Schritt vorwärts getan zur ‚Spielfähigkeit' mit anderen Kindern." (Brief 19:5)

Hier geht es um Harmoniestreben, Kommunikation, Vermittlung, also um sozialintegrative Fähigkeiten. Diese kommen, wie bereits in II.3.2 ausführlich erörtert, beispielsweise in der Schülerinnenrolle zum Tragen und sind unverzichtbar für einen reibungslosen Unterrichtsverlauf. Oftmals als natürliche Disposition der Mädchen deklariert, finden sie aber öffentlich keine Anerkennung. Indem Claudia Gerhard die Puppe überläßt und nicht umgekehrt, kommt es zur Festschreibung geschlechtstypischer Attribuierungen.

Diese findet auch im nächsten Brief Nr. 20 ihre Fortsetzung: Unter dem Titel: „Haben Sie Mut zu Sanftmut" folgt auf S.6 die Beschreibung einer Mutter mit Tochter – nicht eines Vaters mit seinem Sohn. Auch hier werden gängige Assoziationsketten festgeschrieben.

Im selben Brief ist eine Mutter als Dompteuse dargestellt. Titel: „Wer erzieht eigentlich Ihr Kind?" Im Text dazu ist nur von „Michael", von „Ihrem zweieinhalbjährigen Sohn" und von „Andreas" die Rede. Durch die Abbildung wird die Assoziation „Bändigen" geweckt, und indem zweimal ein Junge als Adressat gewählt wird, entsteht die stereotype Vorstellung vom aktiven, explorativen Jungen. In diesem Brief geht es unter anderem um die Problematik des Zwangs als Mittel zur Erziehung. Die Abbildung dazu zeigt einen Jungen, der wie in einem Gefängnis im Sträflingsanzug an eine Eisenkugel angekettet ist. Auf diese überaus deutliche Metapher wird im Text anhand der Jungennamen „Michael“ und „Christian“ Bezug genommen. Diese Anknüpfung an das Beispiel des „Bändigens“ sorgt für eine Stabilisierung des Bildes und damit der Erziehungsstrategie, daß Jungen – statt „Kinder“ oder „Mädchen und Jungen“ – nicht eingeengt werden dürfen. Es drängt sich die Frage auf, weshalb nicht die stereotype Vorstellung anhand eines Text- oder Bildbeispieles mit einem Mädchen aufgebrochen wird.

In der dritten Abbildung des Briefes Nr. 24 lobt eine Mutter ihren Sohn. Der Titel des nebenstehenden Textes lautet: „Ihr Kind wird selbständig.“ (S. 5) Es folgt nachstehende Empfehlung:

„Es verdient ja auch tatsächlich Lob, denn es hat ja von sich aus eine Initiative ergriffen und damit einen sehr wichtigen Schritt vorwärts getan. Bei einem seiner nächsten Versuche wird es ihm auch gelingen, seine selbstgestellte Aufgabe zu erfüllen. Wenn Sie ihm aber nach dem ersten mißlungenen Versuch sagen würden, ‚siehst Du, das wußte ich ja, du kannst das noch nicht, du bist ja noch viel zu klein!‘ wird es vielleicht lange dauern, bis ein zweiter Versuch gewagt wird“. (Brief 24:5).

Da sowohl die nebenstehende als auch die darauf folgende Abbildung einen Jungen zeigt, wird primär die Assoziation zwischen dem männlichen Kind und Begriffen wie „Selbständigkeit“, „Autonomie“ und „Frühe Verantwortung“ geweckt. Der Eindruck, daß hier von Jungen die Rede ist, wird durch die Semantik noch verstärkt: Nicht ein einziges Mal ist ein Hinweis auf die weibliche grammatikalische Form neben der „neutralen“ Terminologie gewählt worden, deren reflexiver Bezug dann grammatikalisch „männlich“ ist. Diese Referenz legt es nahe, daß das gemeinte Kind ein Junge ist.

Die erste Abbildung des Briefes Nr. 28 zeigt einen Jungen, der die Arme hochstreckt und dabei die Fäuste ballt. Der Titel zum Text lautet: „Wohin mit den Kräften?“ (S.1) Darunter in der dritten Zeile findet sich dann folgender Text: „Parallel mit seinem Gefühlsleben entwickelt das Vierjährige Geschicklichkeit, Wagemut und Körperkraft.“ Das Bild zusammen mit dem Text legt die Vermutung nahe, diese Attribute beträfen einen Jungen. Erst einige Zeilen später heißt es dann: „Dauernd ist Ihr Kind, ob Junge oder Mädchen, in Bewegung.“ Unwahrscheinlich ist jedoch, daß damit die einmal geweckte Assoziation vollständig aufgehoben werden kann.

Auch die auf S. 2 getroffene Beispielauswahl entspricht dem Stereotyp Mädchen/Junge: Während Gerhard sich über das laute Lachen seines Vaters beschwert, fällt Anke auf, daß die Mutter einen Kleks auf das Tischtuch gemacht hat, wofür sie gerügt worden wäre. Als Tenor zeigt sich hierin: Sauberkeit- und Sauberkeitserziehung werden dem Mädchen beispielhaft zugeordnet.

Auch in den Abbildungen, in denen Mädchen und Jungen zusammen dargestellt sind, spiegelt sich Althergebrachtes: So zeigt der Brief Nr. 24 in seiner zweiten Abbildung ein fragend blickendes Mädchen und einen erklärenden Jungen. Mir ist hingegen kein Bild aufgefallen, in dem die Rollen vertauscht gewesen wären, d.h. ein erklärendes Mädchen redet auf einen fragend blickenden Jungen ein. Auch hier schimmert die geschlechtsspezifische Rollenvorstellung deutlich hervor.[97]

Auf der einzigen Abbildung des Briefes Nr. 26 hat das Mädchen die Augen geschlossen, während der Junge ihr eine Blume überreichen will. Titel des dazu gehörenden Textes: „Kinderfreundschaften" (S. 1). Hier gehen ebenfalls landläufige Vorstellungen ein, indem der Junge kavaliersmäßig dem Mädchen eine Blume schenkt. Sowohl das Geschenk selbst als auch die Geste entsprechen dem Stereotyp der Rollenverteilung.

Das Mädchen- und Jungenbild in den Peter-Pelikan Briefen

Vor allem in den Beispielen der Briefe Nr. 29, Nr. 31 und Nr. 35 werden die Entwürfe zur „Konstruktion des Bildes Mädchen" und des „Bildes Junge", die den Elternbriefen zugrunde liegen, deutlich. In Brief Nr. 29 erläutert exemplarisch ein Vater die Unterschiedlichkeit seiner beiden Töchter:

> „Ich habe zwei Mädchen, und obwohl wir beide ganz gleich erziehen und keins bevorzugen, sind sie völlig verschieden geraten. Die ältere Schwester ist still und sensibel, immer bereit zu tun, was ich sage; sie liebt ihr Spielzeug und hält es in Ordnung. An ihrer Kleidung ist selten ein Fleck. Zu den Großen ist sie immer freundlich und hilfsbereit. Die zweite ist zwei Jahre jünger und in allem das Gegenteil. Sie kann nie stillsitzen. Mit dem Mund ist sie immer vorneweg. Ihr Spielzeug ist schnell kaputt. Ordentliche Kleidung ist ihr nicht wichtig. Freundlich und höflich ist sie nur, wenn es ihr paßt. Die Kleinere könnte sich doch an der größeren Schwester ein Beispiel nehmen." (Brief 29:1)

Anhand dieses Zitates wird deutlich, daß es hier keineswegs positiv aufgefaßt wird, wenn die jüngere Schwester nur dann höflich ist, „...wenn es ihr paßt." Auch in der darauf folgenden Erläuterung ist weder von Dressurakten wie in Bezug auf einen Jungen (Brief Nr. 31) die Rede, der sich weigert, der erwarteten Höflichkeit zu entsprechen. Und auch das in Brief Nr. 20 in Zusammenhang mit einem Jungen formulierte Erziehungsmotto „Einsicht statt Zwang", kommt hier nicht zum Tragen. Erklärt wird die potentielle Verschiedenheit der Kinder lediglich durch deren unterschiedliche Position in der Famile – z.B. erstgeboren, zweitgeboren oder jüngstes Kind zu sein – oder mit jeweils anderen Eltern, die unerfahren, erfahren oder älter geworden sein können. Das Verhalten der jüngeren Schwester wird nicht als selbstbestimmtes gedeutet und damit als Persönlichkeitsmerkmal anerkannt, sondern als Fehlverhalten stigmatisiert; denn alle Vergleiche mit der älteren Schwester fallen negativ aus. Im Typus der älteren Schwester finden sich die Attribute des „richtigen Mädchens“: still, sensibel, folgsam (im Text: „immer bereit zu tun, was ich ihr sage“), achtsam (im Text: „ihr Spielzeug hält sie in Ordnung“), sauber/ordentlich (im Text: „an ihrer Kleidung ist selten ein Fleck“), freundlich, hilfsbereit. Außer acht gelassen wird, daß diese Eigenschaften auch negative Auswirkungen für die Persönlichkeitsentwicklung des Kindes haben können. Statt des „mit dem Mund ist sie immer vorneweg“ könnte es beispielsweise ebenso heißen: „Sie redet mutig drauflos“; solche Gegenbeispiele mit positiver Konnotation fehlen. Statt: „Sie kann nie stillsitzen“ könnte es ebenso gut heißen: „Sie ist sehr lebhaft“; statt: „ordentliche Kleidung ist ihr nicht wichtig“ könnte es heißen: „Sie ist so intensiv mit dem Spielen beschäftigt, daß sie nicht auf ihre Kleidung achtet.“

Das Fehlen dieses möglichen, aber unterbleibenden positiven Pendants und die stattdessen gewählten Negationen zeigen deutlich, daß sich die Vorstellungen von Eltern, Ratgebenden und Erziehenden noch immer am Bild des „richtigen Mädchens“ orientieren. Wirkungsvoll ist außerdem die Wahl der Termini, da so über die Semantik das Verhalten der kleineren Schwester als Fehl-Verhalten festgelegt wird. Attribuierungen, wie z.B. „wild“, werden vornehmlich Jungen zugeschrieben; sie könnten jedoch hier positive Pendants für die Mädchen stellen. Im jetzigen Kontext wird damit bewußt ausgedrückt: „Es fehlt der jüngeren Schwester etwas, um ein richtiges Mädchen zu sein.“

Dieses Beispiel berührt auch die Frage nach der Wirklichkeitserfassung. Die Entscheidung für Formulierungen wie: „Sie kann nie stillsitzen“ verweist auf die Person, die definiert, d.h. Definitionsmacht hat. Nicht die Wirklichkeit wird verfälscht, aber die je spezifische Vorstellung des Mädchens, das man vor Augen hat, wird eindeutig beeinflußt durch die Negativ-Beschreibung. Obwohl Termini als positive Pendants vorhanden sind, fällt ein auch positiv zu deutender Effekt in den „negativen semantischen Raum“. Daß diese Form der Attribuierung nicht zufällig ist, zeigt der im Text verdeckte Hinweis darauf, wie ein Mädchen sein sollte:

> „Ich weiß nicht, was mit ihr los ist. Sie war immer so nett und so wohlerzogen, und nun auf einmal macht sie solche Sachen!“ (Brief 29:7)

Noch einmal wird das Bild des „richtigen“ Mädchens suggeriert.

Im Brief Nr. 35 werden unter den Überschriften: ‚Auch Loben will gelernt sein‘ und ‚Die Sache mit den Belohnungen‘ Beispiele herangezogen, in denen Mädchen die „Akteurinnen“ sind. Bärbel wird gelobt: „Bärbel, du bist aber ein liebes und braves Mädchen.“ (35:1) Diese fühlt sich jedoch mißverstanden, da ihr das Lob unverdient erscheint. „Jedenfalls kam sie sich gar nicht lieb und artig vor und fühlte sich durch das Lob beschämt und mißverstanden." (35:1) Hier finden sich gehäuft mädchentypische Attributionen, d.h. eine Orientierung des richtigen Verhaltens für ein Mädchen ebenso wie für eine Frau bietet noch immer das alte Stereotyp des Nett- und Angepaßt-Seins. Jede Abweichung davon widerspricht und wird negativ konnotiert. Obwohl es den Autoren inhaltlich vorrangig darum geht, das Loben der Leistung statt des Charakters einer Person zu favorisieren, führt die stereotype Wiederholung von Attributen wie „lieb und brav" oder die Beschreibung von Gefühlsäußerungen mit Formulierungen wie „beschämt" zu einer Verstärkung des ohnehin bekannten Mädchenbildes, dem sich die Erziehenden auf Dauer nicht entziehen können, denn durch das Insisitieren auf diesen Eigenschaften werden Beispiele der Lobformulierung als Erziehungshilfe an die Hand gegeben. Das Zurückgreifen auf diese Stereotype führt jedoch zur fortgesetzten Diskriminierung der Mädchen, da diese auf das Liebsein reduziert werden, anstatt positive Verstärkung beispielsweise dafür zu erhalten, eine Persönlichkeit zu sein, die aneckt!

Im Brief Nr. 34 findet sich folgende Aussage: „Mädchen sollen und wollen heute so selbständig und unabhängig von materieller Hilfe werden..." (S. 3). Diese vergleichweise offensive Forderung nach Gleichstellung, Wahlfreiheit, etc erfährt jedoch, nahezu unbemerkt, durch die den Satz ergänzende Formulierung: „wie Jungen auch". (34:3), eine drastische Einschränkung, denn die Vergleichs- und Orientierungsgröße wird durch den Jungen vorgegeben. Dieser ist aber auch nicht per Geschlecht vom Wunsch besessen, selbständig und unabhängig, autonom zu sein. Vielmehr kommt hier die dem Geschlecht attribuierte soziokulturelle Perspektive zum Tragen. Um nicht weiterhin der Orientierung am Jungen Vorschub zu leisten, was einer Manifestation des Jungen als Maßstab gleichkommt, hätte es heißen können: „Mädchen sollen und wollen heute selbständig und unabhängig von materieller Hilfe werden."

Als konträr entpuppen sich die Vorstellungen, die das „Bild Junge" entwerfen. Unter dem Thema: „Höflichkeit ist keine Heuchelei" (Brief 31:7) heißt es über Fritz, der sich rasch für ein Geschenk bedanken soll: „‚Danke', preßt Fritz ärgerlich zwischen den Zähnen hervor". Und einige Zeilen später wird darauf nochmals Bezug genommen:

„Was empfindet Tante Anna, wenn sie das erzwungene, wütende ‚danke' von Fritz hört? (...) Auf andressierte Höflichkeit sollten wir bei unseren Kindern wenig Wert legen. (...) Höflichkeit, die von Herzen kommt, ist kein Dressurakt, sondern eine Lebenshaltung, die nur durch Vorleben an andere weitergegeben werden kann. (...) Erlittene Taktlosigkeit ermuntert nicht zur Freundlichkeit." (Brief 31:7-8)

Dieser Textbezug ist insofern aufschlußreich, als er an die „Tradition“ anknüpft, bei Fragen nach Autonomie und Nicht-Einengung deutlich Bezug auf Jungen zu nehmen. Durch die Beispielwahl wird mit Stereotypen auf herrschende Vorstellungen zur Sozialisation reagiert. Ausdruckstarke Termini wie „Dressurakt“, „erlittene Taktlosigkeit“, „erzwungenes und wütendes ‚Danke‘“ beschreiben diese Erziehungsmethode als einen Akt der Gewalt, der sich gegen den Willen des Jungen richtet. Eine entsprechende Achtung vor der Autonomie, vor dem Willen „des Kindes“ wird jedoch nicht gegenüber Mädchen nahegelegt. Daß es für sie genauso schwer ist, solcherart „dressiert“ zu werden, geht in diese Beispiele nicht ein.

Im Brief Nr. 35 ist zum Thema Kritik der folgende Merksatz als Empfehlung umrandet: „Auch der Schwache muß den Stärkeren kritisieren dürfen.“ (35:4) Sie wird kommentiert durch folgendes Textbeispiel:

> „Wenn ein Sohn von der Mutter hört: ‚Du bist ein unausstehlich frecher, dummer Esel‘, müßte er eigentlich auch antworten dürfen: ‚Du bist eine unausstehliche Ziege‘.“ (35:4).

Tenor dieser Empfehlung ist die Respekterweisung einer stärkeren Person gegenüber einer schwächeren, indem dieser zugestanden wird, gleiche Kritik auch gegenüber der starken Person äußern zu dürfen. Auch hier ist der beispielgebende Akteur ein Junge, der Sohn.

Nochmals wird bildhaft vor Augen geführt, wie sehr bei dem kleinen Jungen von einer Willenstärke ausgegangen wird, der die Erwachsenen Respekt erweisen sollen. Auch in den Briefen Nr. 32 und 33 war Respekt vor der männlichen Kindpersönlichkeit nahegelegt worden: der kleine Hansi, der Mützen haßt; Jochen, der eine Vorliebe für einen bestimmten Pullover hat; Jürgen, der neue Schuhe tragen will. Es stellt sich die Frage, wieso gerade in diesem Kontext nicht ein einziges Mädchen zur Illustration gewählt wurde. Verstärkt wird damit der Eindruck, daß der Mädchenpersönlichkeit nicht in gleicher Weise Respekt und Achtung entgegengebracht wird.

Attribuierungen über Prädikate, Adjektive und Adverbien

Jungen und Mädchen werden in den Peter-Pelikan Heften in ihren Mentalitäten, Eigenschaften, Stimmungen und Emotionen auch anhand von Prädikaten, Adjektiven, Adverbien und vergleichenden Metaphern unterschiedlich beschrieben. Die den Mädchen zugewiesenen Eigenschaften entsprechen nahezu ausnahmslos dem Mädchenstereotyp[98] Ausnahme bildet hier lediglich der Begriff „energisch“. Die Beschreibungen „lieb und artig“ werden nicht ein einziges Mal auf einen Jungen angewandt, umgekehrt wird nicht einmal ein Mädchen als „ungezogen und böse“ beschrieben. Auffallend ist außerdem die Wahl des Adverbs „beschämt“ (Brief Nr. 35) und des Verbes

„sich schämen“ (Brief Nr. 33), die sich nur in Verbindung mit einem Mädchen finden; ein ähnlicher Begriff, „verlegen“ (Brief Nr. 20), wird im Zusammenhang mit der Mutter gebraucht. Scham oder ähnliches kommt im Kontext mit einem Jungen nicht vor. In der Regel werden Attribute für Jungen nicht auch für Mädchen verwandt.

Die Jungen werden normalerweise mit Prädikaten versehen, die lautmalerisch sind und auf Erregung, Ungebändigt-Sein und ähnliches hinweisen.[99] Bis auf die Bezeichnungen „ärgerlich“ und „wütend“ gibt es keine Überschneidungen in der Charakteristik, was wiederum auf eine nicht explizite, aber vorhandene Geschlechtertrennung hinweist. Zwar haut und beißt auch einmal ein Mächen, in der Regel ist es aber die Zuschreibung für den Jungen, die die Assoziation Gewalt/Kraft und/oder Aktivität hervorruft. Beispielsweise wird in Brief Nr. 20 diese Assoziation durch die Häufung der Ausdrücke: „laut Klappern“, „mit Wucht schmeißen“, „schleudern“ sowie mit dem militärisch besetzten Begriff „marschieren“ getragen. Demgegenüber auffallend ist sicherlich der zweimalige Gebrauch des Wortes „friedlich“ im Zusammenhang mit einem Mädchen. So ist von einem Einkauf mit Petra die Rede, der nun „friedlich“ abläuft (Brief Nr. 20), und von der „friedlich“ Sandkuchen backenden Susi (Brief Nr. 26). Diese Gegensätzlichkeiten werden umso deutlicher, als sie in Brief Nr. 26 in einem Satz aufeinandertreffen:

> „Es kann durchaus vorkommen, daß Paulchen die friedlich Sandkuchen backende Susi mit einem Eimer voll Sand bestreut, oder das Thomas den Peter anrempelt und umwirft.“ (26:1)

Repräsentiert durch Junge und Mädchen stehen sich auch in folgendem Beispiel zum Thema Wutanfälle eher aktives Verhalten und passives Erleiden gegenüber: „‚Nur‘ weil ein Teil seiner Bastelei nicht festkleben wollte, zerstörte Klaus mit einem Faustschlag das ganze Papierschiff.“ (34:5) Daran schließt sich der Satz: „‚Nur‘ weil Katja, krank im Bett liegend, das Fernsehstück nicht sehen durfte, zerbiß sie verzweifelt ihren Bettbezug.“ (34:5) Obwohl in diesem Brief direkt die Geschlechterproblematik angesprochen und das Aufheben der Rollenstereotype empfohlen wird, werden zwei Seiten später wiederum Assoziationen nahegelgt, die den Bildern vom richtigen Jungen und Mädchen entsprechen. Die Formulierung: „zerstörte mit einem Faustschlag“ erinnert an das Märchen vom tapferen Schneiderlein: „sieben auf einen Streich“, während die „verzeifelte“ Reaktion eher auf Hilflosigkeit denn auf Mut oder Kraft schließen läßt. Hilfloses Reagieren steht gezieltem Handeln gegenüber.

Geschlechterdifferente Stereotype in den Briefen zur Verkehrserziehung
Diese geschlechterdifferenten Stereotype finden sich auch in den Briefen zur Verkehrserziehung. So ist im 5. Brief, der nur Jungenabbildungen aufweist, auf der ersten Abbildung ein Junge zu sehen, der allein und grüßend den Zebrastreifen zur Straßenüberquerung nutzt. Der Titel zum dazugehörenden Text lautet: „Ihr Kind ist nun ein lernbegieriger Verkehrsteilnehmer." (S.1) Auch hier steht die wachsende Autonomie des Kindes im Vordergrund und wird wieder durch einen Jungen repräsentiert.

Im Verkehrsbrief Nr. 6 sind in sechs Abbildungen Mädchen und Jungen gleichermaßen in der Obhut Erwachsener zu sehen. Aber zwei Abbildungen zeigen jeweils eine Jungenclique, in der die Jungen mit Murmeln spielen oder auf ihren Rädern fahren. Auf der letzten Abbildung ist ein Junge zu sehen, der Erwachsene in Erstaunen versetzt, da er allein aus dem Fahrstuhl spaziert kommt, somit auf „Erkundungstour" war. Während hierin ein deutlicher Hinweis auf den die Welt erkundenden, autonomen Jungen enthalten ist, zeigt nicht ein Bild ein Mädchen allein, d.h. nicht in der Obhut Erwachsener oder in einer Clique, die ja synonym für das langsame Herauswachsen aus der elterlichen Obhut steht.

Die Briefe zur Verkehrserziehung stellen inhaltlich einen Bezug zur Öffentlichkeit her, denn es geht weniger um das innerfamiliäre Leben als – dem Themenbereich entsprechend – um das Leben „außer Haus". Daß dieser Bezug eindeutig von Jungen repräsentiert wird, entspricht den stereotypen Vorstellungen vom selbständigen Jungen, der es gewohnt ist bzw. lernen muß, sich außerhalb des Hauses und des Schutzes der Familie zu bewegen. Unter dem Stichwort Innenwelt- und Außenweltorientierung zeigt sich hier das derzeit noch gültige bürgerliche Erziehungsideal für Mädchen und Jungen. Die geweckten Assoziationen decken sich mit den Untersuchungen zur Sozialisation im Kind- und Jugendalter. Mädchen werden eher dazu angehalten, im Haus zu bleiben. Die Möglichkeiten des Ausagierens eigener Kräfte sind ebenso begrenzt wie die Möglichkeiten, Spielen auch als Abenteuer zu erleben. Beschränkt sind außerdem die Gelegenheiten zur Gruppenbildung. (vgl. Hagemann-White, 1984) Die Bildvorgaben unterstützen so weiterhin die Richtigkeit eines Erziehungsverhaltens, das den Mädchen die für die Entwicklung notwendige Gruppenerfahrung durch Gruppenbildung vorenthält.

Wenn immer es um Eigenständigkeit, Persönlichkeit, Identitität und Autonomie geht, wird in den Briefen zur Verkehrserziehung ebenso wie in den Peter-Pelikan-Briefen nahezu ausschließlich auf Jungenabbildungen und Jungennennungen zurückgegriffen. So erweist sich die Zuordnung von Mädchen- oder Jungenabbildungen zur jeweiligen Thematik generell als

Ausdruck stereotyper Vorstellungen, die das Konzept weiblicher Identität maßgeblich bestimmen.

Das Mutter- und Vaterbild

Den Peter-Pelikan Briefen liegt nicht nur ein geschlechterdifferentes Jungen- und Mädchenbild zugrunde. Überholte konventionelle Vorstellungen lassen sich auch bei der Konstruktion der Mutter- und Vaterrolle nachweisen.

In den Briefen 1-19 spielen hauptsächlich die Eltern in ihrer Zuwendung zum Kind eine Rolle. Von den insgesamt 122 Abbildungen inklusive des 1. Briefes zur Verkehrserziehung ist in 25 Abbildungen nicht eindeutig zuzuordnen, um was für eine erwachsene Person es sich handelt. Von den verbleibenden fast 100 Abbildungen zeigen etwa die Hälfte der Bilder (46) jeweils eine Mutter, die sich – in Fürsorge – dem Kind zuwendet, also es pflegt, wickelt, wiegt, es ausfährt, mit ihm redet, es tröstet, etc. Demgegengenüber zeigen nur insgesamt 8 Abbildungen den Vater allein in eben dieser Rolle, d.h. etwa jede zweite Darstellung entspricht dem typischen Mutterbild. Die Unterrepräsentanz des Vaters bestätigt hingegen indirekt die Berufsarbeit als seinen Zuständigkeitsbereich. Dieser Eindruck wird auch durch die 14 Abbildungen bestätigt, in denen Vater und Mutter gleichzeitig dargestellt sind. Während in nur zwei Fällen der Vater sich um das Kind kümmert, ist es in 12 Fällen die Mutter. Diese auffallende Unterrepräsentation des Vaters bestätigt sich auch im Text. So besteht zwar der Anspruch, die Elternrolle zu thematisieren, wirklich angesprochen wird aber nur die Situation der Frau. Väter treten, wenn überhaupt, als Partner der Frau in Erscheinung, nicht jedoch in ihrer Funktion als Erziehende.

Vor allem die Prädikatwahl, die den Aussagen Sinn zuweist, unterstreicht den Rückgriff auf alte Rollenklischees und Vorurteile. Beispielsweise ist der Vater im Brief Nr. 34 „rasend“ und reagiert „unsanft“ auf das Gebrüll von Holger, im nächsten Beispiel könnte die Mutter „platzen“, weil sich die Tochter Bettina so langsam anzieht. Die Adverbien rasend und unsanft zielen auf eine Gewaltförmigkeit hin, das Verb platzen beschreibt eher den Verlust der Kontrolle der Mutter über sich. Dies entspricht dem Tenor, sie häufig als „kribbelig, nervös“ darzustellen, währen die Reaktion des Vaters weniger als Verlust der Selbstbeherrschung sondern als angsteinflößend konnotiert.

Trotz bewußter Gegenattribuierungen kommt es insgesamt zur Formulierung eines überholten Frauenbildes. So findet sich nach der aufgeschlossenen Feststellung: „Die ideale Mutter, den idealen Vater gibt es nicht“ in den Beispielen, die Frauen mehr Selbstbewußtsein suggerieren sollen, folgende Auflistung von Tätigkeiten:

„Ich kann noch mehr als Windeln waschen, Po saubermachen, Münder stopfen, Tränen trocknen. Ich kann noch tanzen, kleinere Reparaturen ausführen, schöne Dinge herstellen, neue Rezepte anwenden, ein Buch kapieren, wieder konzentriert lesen und vor allem, ich kann noch wie ein Erwachsener mit Erwachsenen reden.“ (Brief Nr. 30:3)

Diese Beispiele schreiben weiterhin ein Bild fort, daß die Frau nur als „halb erwachsen“ und wenig kompetent vorsieht. Es sind nicht Reparaturen, sondern kleine Reparaturen; es sind schöne – implizit unpraktische – Dinge, die sie herstellen kann. Sie kann ein Buch kapieren. Wieso auch nicht? Ähnliche Anregungen an einen Mann gegeben sind kaum vorstellbar. Das würde sehr deutlich, falls all diese Empfehlungen an den Vater gerichtet wären, der „kleinere Reparaturen ausführen, ein Buch kapieren, wieder konzentriert lesen und vor allem noch wie ein Erwachsener mit Erwachsenen reden kann.“

Solch divergierende Bilder von Vater- und Mutterrolle, von Männlich- und Weiblichkeitsvorstellungen können nicht ohne Konsequenzen für eine Erziehung von Mädchen und Jungen bleiben. Es wird ebenso an der Realität der berufstätigen Mutter vorbeierzogen wie an der, wenn auch noch seltenen Hausmannsrolle eines erziehenden Vaters. Zudem wird, wie es auch die Schulbuchanalysen verdeutlichten, ein Familientypus bestehend aus Vater, Mutter und zwei Kindern beschrieben und favorisiert, der andere Familienkonstellationen wie die „Ein-“ oder „Viel-Elter-Familie“ (vgl. Beck/Beck-Gernsheim, 1990b) durch Ignorieren diskriminiert.

Die Diskrepanz in den Kognitionen der Beratenden: Bewußte Gegenattribuierung versus „außer-bewußte“ geschlechtstypische Attribuierung

Ohne Zweifel sind die Elternbriefe, verstanden als Erziehungsleitfaden, darum bemüht, die Tatsache der Geschlechtlichkeit von Kindern und die damit verbundene soziokulturelle Perspektive zu thematisieren. Dies äußert sich vor allem in Gegenattribuierungen, die darauf zielen, alte Vorstellungen zu geschlechtsspezifischen Sozialisationsverläufen aufzubrechen, Rollen zu tauschen und damit die Grenzen der Handlungsmöglichkeiten aufzulösen, die anhand der Variable Geschlecht und den daran geknüpften Verhaltenserwartungen aufgebaut waren. Darin drückt sich ganz offensichtlich eine Strategie aus, alte Fehler zu vermeiden. Entsprechend der aktuellen Diskussion heißt das, Rollenkritisches aufzugreifen und Rollentypisches infrage zu stellen. Trotz dieser fortschrittlichen, zu begrüssenden Absicht kommt die vorstehende pädagogische Sprachanalyse zu dem Ergebnis, daß de facto vorwiegend konventionelle Rollenklischees über Jungen und Mädchen, Männer und Frauen perpetuiert wurden. Dieser Widerspruch zwischen Intention und Realisierung spiegelt meines Erachtens eine gravierende Diskrepanz in den

Kognitionen der Erziehenden und Beratenden – hier der Autorinnen und Autoren der Erziehungssemantik – wider. Rollenstereotype zu überwinden gelingt nur in den wenigen Briefen (vor allem Nr. 20, 27, 34), in denen die Geschlechterrollenproblematik direkt thematisiert wird. Hier kommt es zu *bewußten* Gegenattribuierungen. Nur hier entspricht die Spielzeugwahl nicht den konventionellen Vorstellungen[100]; nur hier steht auch einmal ein Mann mit Kochschürze am Herd; nur hier sind Mädchen autonom, explorativ, fordernd. Diese Beispiele geraten jedoch ungewollt in das „Emanzipationseckchen" (Ohlms, 1984:155), weil typologisierende Vorstellungen durch all die Beispiele schimmern, die sich nicht direkt auf die Frage der Geschlechter beziehen. Die Variable Geschlecht, und damit die Weiblichkeit, zeigt sich als Determinante, die in der Sprache wirksam wird. Der Widerspruch ist den Beratenden sicherlich „außer-bewußt".[101] Gerade deshalb zeigt die Analyse, daß selbst da, wo professionell beratende Personen sich ausdrücklich darum bemühen, den Realitätsgehalt der Wesenskategorien weiblich-männlich in Frage zu stellen, die „Macht der Gewohnheit" sich ihren Weg sucht und veralteten Rollenklischees weiterhin Vorschub leistet. Es zeigt sich, wie absolut notwendig es ist, diese Gewohnheiten in das Bewußtsein zu rücken, den fremden Blick auf sie zu werfen. Nur so können die Voraussetzungen geschaffen werden, das Geschlecht als „soziale Strukturkategorie" in der derzeitigen historischen Gewordenheit zu „entmachten". Denn bisher knüpft sich an die Geschlechtszugehörigkeit und den damit einhergehenden diskrepanten Erziehungszielen auch die unterschiedliche Verteilung von Lebenschancen. (insbesondere: Becker-Schmidt, 1988:194ff.)

IV Ausblick: Aspekte eines an den Interessen von Mädchen und Frauen orientierten Erziehungsverständnisses

So simpel, wie es zunächst erscheinen mag, ist es nicht, die Identität zu beschreiben, dieses „Mit sich identisch sein“ und gleichzeitige „Anderssein als alle anderen“ in ein und derselben Person. Denn:

„Wenn wir denkend „Ich“ sagen, befinden wir uns in einer paradoxen Situation – im Ich-Sagen sind wir allgemeinster Modellfall für Mensch schlechthin und gleichzeitig vereinzelt, das intimste Besondere.“ (Breitling, 1990:225)

Das heißt, mit der Identität betritt in ein und derselben Person das unverwechselbare Individuum und die sich mit allen anderen Personen formal gleich wissende Person die „historische Bühne“. „Die Identität ist das Rückgrat des Subjekts“, formuliert Nölleke (1985:162) „hinterrücks erweist sie sich jedoch durchaus als problematisch“ und zwar, wie diese Arbeit zeigt, besonders für Frauen. Deshalb folgte die Dissertation den Spuren verdeckter Mechanismen, die den Weg der Frau zu sich selbst verstellen und das Empfinden des „Ich bin Ich“ verhindern. Sie fragte nach Momenten der Unterdrückung und Beschädigung weiblicher Identität. Zu den Mechanismen, die den Prozeß der Identitätsgenese nachhaltig beeinflussen, gehört ein geschlechterdifferentes Erziehungsvertsändnis, das Jungen und Mädchen die Internalisierung unterschiedlicher Rollen nahebringt. Deshalb wurde gezielt die Erziehungssemantik öffentlicher Einrichtungen auf verdeckte alltagstheoretische Vorstellungen zur Geschlechterdifferenz hin analysiert und aufgezeigt, welches „Bild Weiblichkeit“ ihr als Konzeption unterliegt und welche Konsequenzen sich hieraus für die Identitätsgenese von Mädchen ergeben, wenn deren Erziehung an den Leitfäden dieser pädagogischen „Hilfen“ orientiert ist. Bevor nun im folgenden, aufbauend auf den Ergebnissen dieser Analyse, diskutiert wird, welche Aspekte ein an den Interessen von Mädchen und Frauen orientiertes Erziehungsverständnis beinhalten sollte, werden die wesentlichen Aspekte des bisherigen Vorgehens noch einmal skizziert.

Resumee der bisherigen Leitgedanken
Im Anschluß an die Einleitung behandelte das Kapitel I grundlegende Identitätskonzeptionen der Sozialwissenschaften. Vor allem solche Theorien wurden für die Arbeit als wesentliche begriffen, die die soziale Bezogenheit der Individuen als konstituierendes Merkmal der Identität einer Person beschreiben, wie die Theorie des symbolischen Interaktionismus, in der die Identität sich über Beziehungen herstellt und immer als intersubjektiv zu denken ist. Einerseits verdeutlichen diese „klassischen" Theorien unverzichtbare Aspekte, ohne die die Identitätsgenese nicht zu verstehen wäre; andererseits fällt jedoch auf, daß die weibliche Identität keine besondere Berücksichtigung findet bzw. gar nicht in Erscheinung tritt. Ausgegangen wird in nahezu allen Fällen von dem „Modell Mensch" verstanden als Mann, männliches Kind, oder männlicher Jugendlicher; d.h.: „Weibliche Identität" wird unter einem generellen, d.h. männlichen Identitätsbegriff subsumiert und fällt durch das Netz männlich geprägter Interpretationsschemata.

In Kapitel II wurde das Verhältnis von Geschlechterdifferenz und Identität unter besonderer Berücksichtigung der „weiblichen Identität" thematisiert. Zunächst (II.1) erfolgte die Auseinandersetzung mit historischen und zeitgeschichtlichen Aspekten der Weiblichkeit. Gezeigt wurde, daß bis heute der normative Charakter fortbestehender bürgerlicher Weiblichkeitsideologie die Ausgrenzung der Frau aus zentralen Bereichen der gesellschaftlichen Öffentlichkeit rechtfertigt und zu einer damit einhergehenden normativen Sicherung von männlichen Privilegien führt. Die Bestimmungsmomente des weiblichen Lebenszusammenhangs wurden in den 70er und 80er Jahren von der „Neuen Frauenbewegung" analysiert und führten zu einer intensiven, durchaus kontroversen Auseinandersetzung mit dem Begriff „Weiblichkeit".

Als Konsequenz formierte sich eine „andere Sicht" (II.2): Anhand von Gilligans Arbeiten zur Moralentwicklung der Frau wurde aufgezeigt, daß es nur durch das Aufgreifen der sozialen Realität auch der „anderen" Hälfte der Menschheit zu einer wirklichkeitsnäheren Gesamttheorie menschlicher Entwicklung kommen kann. Die Übertragung der Goffman'schen Stigmatheorie auf den weiblichen Lebenszusammenhang verdeutlichte dann die noch immer negativen Konsequenzen, die sich für Frauen aus der Zugehörigkeit zum „anderen" Geschlecht ergeben: Sie werden letztlich stigmatisiert und von vollständiger sozialer Akzeptanz ausgeschlossen. In einem dritten Schritt wurde dann der Erwerb der Geschlechtsidentität thematisiert. Von besonderer Bedeutung für diesen Prozeß erweist sich die im System kultureller Zweigeschlechtlichkeit asymmetrische Ausgangssituation der Geschlechter. Denn ein durch diese symbolische Ordnung hervorgerufenes altersabhängiges

Normbewußtsein trägt maßgeblich zur Entwicklung eines typisch männlichen und weiblichen Sozialcharakters bei.

Im dritten Teil des Kapitels (II.3) wurden attributionstheoretische Konzeptionen aufgegriffen, denn Attribuierungen als kognitive Prozesse der Selbst- und Fremdwahrnehmung haben entscheidenden Einfluß auf die Identitätsgenese. Die Übertragung attributionstheoretischer Ergebnisse auf die Geschlechterproblematik verdeutlichte, daß Stereotype und Wertvorstellungen, unterschiedliche, nach Geschlecht spezifische Annahmen über Kompetenzen und Begabung die Erwartungshaltung und Wahrnehmung der Lehrenden/Erziehenden beeinflussen. Deren – unbewußt in das erzieherische Reden und Handeln einfließenden – Attribuierungen haben dann oftmals negative Auswirkungen auf das Selbstbild der Mädchen und damit auch auf ihre Idendtitätsgenese. Generell resultieren über die Semantik erfolgende geschlechterdifferente Attributionen in der individuellen Verankerung von Vorstellungen zu Weiblichkeit und Männlichkeit.

Im Kapitel III ging es um geschlechtsspezifische Attribuierungen in der pädagogischen Semantik öffentlicher Einrichtungen. Zunächst wurde der Zusammenhang von Sprache und Erziehung thematisiert. (III.1) Da in der Sprache Vorstellungen und Werte kodifiziert sind, ist Sprachanalyse immer auch Gesellschaftsanalyse, und wie wir über und in der Erziehung reden, offenbart unser Erziehungsverständnis. Der anschließende Exkurs verdeutlichte, daß der semantische Raum im Deutschen durch die männliche Perspektive dominiert und von ihr durchdrungen ist. Das Sprachsystem referiert auf eine männliche Dominanz, weshalb weitaus mehr Chancen des Gemeintseins und Identifiziertwerdens für Männer als für Frauen bestehen.

Im Hauptteil des dritten Kapitels (III.2) wurde das „Bild des Mädchens“ zum einen in Gesetzestexten, entsprechenden Kommentaren und Auslegungen rekonstruiert, zum anderen in einer weit verbreiteten Erziehungshilfe für Eltern von ein- bis sechsjährigen Kindern. Es zeigte sich, daß im juristischen Bereich zwar in der Regel über geschlechtsneutrale Kinder und Jugendliche gesprochen wird. Aber der „Schutz“ bzw. die Kontrolle von Mädchen bemißt sich an anderen Normen und Wertvorstellungen als bei Jungen und verweist damit deutlich auf die Wahrnehmung einer Geschlechterdifferenz seitens der Rechtsprechung. Die detaillierte Analyse der Peter-Pelikan Hefte zeigte einerseits das Bemühen, die dem Geschlecht zugeordneten stereotypen Rollen und die daran geknüpften Verhaltensmaßregeln relativieren zu wollen. Andererseits offenbarte sich in Text und Bild ein zugrunde liegendes Mädchen- und Jungen- als auch Mutter- und Vaterbild, das konventionelle Rollenklischees festschreibt. Dieser Widerspruch wird als Diskrepanz in den Kognitionen der Beratenden interpretiert: Rollenstereotype zu überwinden, gelingt nur, wenn die Geschlechtsrollenproblematik direkt thematisiert wird. Dann kommt es zu bewußten Gegenattribuierungen. In all den anderen Fällen, in denen nicht direkt auf die Geschlechterfrage Bezug genommen wird, werden – vermutlich außer-bewußt – geschlechtstypische Attribuierungen vorgenommen. Die Analyse der pädagogischen Semantik verdeutlicht somit, daß selbst da, wo professionell beratende Personen sich ausdrücklich darum bemühen, überholte Vorstellungen von Weiblichkeit und Männlichkeit infrage zu stellen, dennoch veraltete, internalisierte Rollenklischees wirksam werden.

Der Aufbruch der Weiblichkeit

Die exemplarischen Analysen der Erziehungssemantik ebenso wie die Erkenntnisse aus den Kapiteln I und II zeigen, daß in der humanwissenschaftlichen Forschung die Frage nach der systematischen Relevanz und Funktion der Kategorie Geschlecht nachdrücklicher als bisher gestellt werden sollte. Solange an derartig problematischen weiblichen Rollenstereotypen festgehalten wird und entsprechend auch die darauf fixierte Erziehungssemantik alte Abhängigkeitsmuster stützt, sollte die Erziehungswissenschaft der Auseinandersetzung mit diesen höchste Priorität einräumen. Es ist zu fragen, welchen Beitrag pädagogische Intervention zur Entfaltung weiblicher Identität und zur Vermeidung von Fallstricken für die Entwicklung und das Leben der Mädchen und Frauen beizutragen vermag. Es ist zu erhellen, wie schließlich das traditionelle Konzept weiblicher Identität aufgebrochen werden kann, damit es zum „Aufbruch der Weiblichkeit" kommt.

Diese, die feministische Pädagogik seit einigen Jahren bewegenden Aspekte können natürlich nicht im Schlußkapitel dieser Dissertation erschöpfend behandelt werden. Hierzu bedürfte es einer eigenständigen Arbeit. Es sollen im folgenden jedoch einige Gedanken skizziert werden, die sich aus dem theoretischen Rahmen und der inhaltlichen Sprachanalyse dieser Dissertation ergeben und theoretische Pädagogik praktisch wirksam werden lassen könnten.

Die Analyse der Elternbriefe hat konkret gezeigt, wie die Beratenden selbst in die eigene Geschichte ihrer Erziehung verstrickt sind und ihr internalisiertes Verständnis von Geschlechtlichkeit in einem Beratungskonzept durchschimmert. Dies kann nicht verwundern, beruhen doch die Vorstellungen zum Geschlecht einer Person in allen Wissenschaftsbereichen und moralphilosophischen Konzeptionen auf androzentrischen Prämissen. Zutiefst ist noch die Vorstellung von Weiblichkeit und Männlichkeit als polaren Eigenschafts- und Fähigkeitskomplexen im Bewußtsein der Erziehenden verankert. Die signifikanten Inhalte, die dem Geschlechtsunterschied zugeordnet werden und ihn hierarchisieren, sind zentrales Strukturprinzip gesellschaftlicher Institutionen, also auch der Erziehungstheorie und -praxis.

„Mit der sozialen Interpretation des biologischen Unterschiedes wird eine Verschiedenheit im Sinne einer Über- oder Unterlegenheit des einen Geschlechtes gegenüber dem anderen gedeutet, ..." (Klann-Delius, 1982:77)

denn die Tatsache des zunächst biologischen Unterschiedes fungiert als soziales Differenzierungsmerkmal. Dies zeigen auch Beobachtungen zum Interaktionsgeschehen in der Schule und bereits im Kindergarten. (vgl. Dweck et al., 1978; Frasch-Wagner, 1982; Enders-Dragässer/Fuchs, 1988; Fried, 1990). Hier werden die Mädchen primär in ihrer traditionellen Schülerinnenrolle bestärkt; d.h.: Stereotype werden manifestiert, nicht durchbrochen. Die Bevorzugung der Jungen äußert sich beispielsweise im häufigeren gelobt und aufgerufen werden (vgl. Frasch/Wagner, 1982), während Spender für die Schülerinnen feststellt:

„Die Mädchen waren manchmal nichts als eine undifferenzierte Masse an der Peripherie des Bewußtseins der Lehrkraft." (1985:109)

Lehrende, die versuchen, ihre Verhaltensmuster im Unterricht zu ändern und den Mädchen gleich viel Zeit und Aufmerksamkeit wie den Jungen zu widmen, machen oftmals eine frustierende Erfahrung. Während sie den subjektiven Eindruck haben, die Mädchen sogar zu bevorzugen, offenbart eine quantitative Interaktionsanalyse, daß sie diesen nur wenig mehr als ein Drittel ihrer Aufmerksamkeit zukommen lassen. Hier zeigt sich eine frappierende Parallele zu den Ergebnissen der Sprachanalyse: Es besteht eine Diskrepanz zwischen fortschrittlicher Intention und „außer-bewußter" mädchendiskriminierender Erziehungspraxis. Es stellt sich deshalb die Frage, wie der Zirkel aufgesprengt werden kann, in den die Erziehenden verstrickt sind, und zwar insofern, als sie die Erziehung, die sie erlebt, mitgemacht oder genossen haben, noch einmal an den zu erziehenden Kindern exerzieren und so das Geschlechtsschema fortsetzen und reproduzieren. Anders ausgedrückt: Wie läßt sich ein aufgeklärtes Verständnis von Erziehung im Blick auf die Geschlechterdifferenz in wirkliche Handlungen und Verhaltensweisen übersetzen?

Zweifellos ist die Bewußtmachung eine wesentliche Voraussetzung für eine effektive Verhaltensänderung bei den Erziehenden. Normenreflexion ist unabdingbar, sowohl in Fortbildungsveranstaltungen für bereits professionell Beratende und Erziehende als auch bei den in diesen Berufen Auszubildenden. Im Wissenschaftsbereich muß auf der Ebene von Lehre und Forschung das Thema der Geschlechterdualität aufgegriffen und die theoretische Auseinandersetzung mit schon existenten neuen Ansätzen und Forschungsergebnissen zum Thema Geschlechterdifferenz vorangetrieben werden.

Das so hervorgerufene kritische Bewußtsein hinsichtlich des geschlechterdifferenten Verhaltens und der gute Wille, dies zu verändern, allein scheinen jedoch nicht ausreichend, um den Widerspruch in den Kognitionen der Erziehenden/Beratenden von faktisch ungleicher Behandlung der Mädchen und Jungen einerseits und dem eigenen Eindruck gerechten Verhaltens andererseits sichtbar zu machen. Vielmehr muß den Erziehenden der Spiegel vorgehalten werden, damit sie *ihr eigenes Verhalten reflektieren* und hierdurch erkennen, daß dieses faktisch noch immer an den traditionellen Geschlechterstereotypen orientiert ist. Nichts scheint heilsamer als die Diskrepanz zwischen fortschrittlicher Intention und konservativer Realisation in der eigenen Person zu erfahren. So ist Spenders Empfinden sehr gut nachzuvollziehen:

> „Es war ein ziemlicher Schock für mich, auf diese Diskrepanz zwischen dem, was ich zu tun glaubte, und dem, was ich tatsächlich tat, zu stoßen." (Spender, 1985:94)

Diesen Wirklichkeitsschock auszulösen, könnte ein effektiver Mechanismus sein, um die „außer-bewußten" an den Interessen der Jungen orientierten Erziehungsformen in das Bewußtsein der Beratenden und Erziehenden zu rücken. Als pädagogisches Instrumentarium bietet sich hierfür beispielsweise eine obligatorische Analyse zur quantitativen Ermittlung von Aufmerksamkeitsstrukturen gegenüber Jungen und Mädchen an, die in regelmäßigen Abständen durchgeführt wird und zwar überall dort, wo professionell erzogen und beraten wird: in der Schule, ebenso wie im Kindergarten, in der Krabbelgruppe ebenso wie im Jugendheim, in der Beratungsstelle ebenso wie in den Universitäten. Diese kritische Selbstreflexion und Sensibilisierung für das eigene Tun könnte über Arbeitstagebücher, Besprechungen, Supervisionen und Übungen mit Videoaufzeichnungen unterstützt werden. Nicht nur generelle kritische Reflexion, sondern Selbstreflexion, nicht nur das Erhellen des bewußt gesteuerten Verhaltens, sondern auch die Analyse „außer-bewußter" internalisierter Handlungsformen ist notwendig, um die Präferenzen und Wertmaßstäbe, die die eigene Erziehung begleiteten, aus der tabuisierten Zone der Gewohnheit und des Selbstverständlichen herauszuholen!

Daß sich immer dann, wenn die Geschlechterrollenproblematik nicht explizit thematisiert wird, Übernommenes und Internalisiertes gewohnheitsmäßig, d.h. geschlechterdifferent offenbart, spiegelt verinnerlichte Attribuierungsvorgänge seitens der Erziehenden wider, die ihre Orientierung am Geschlecht des Kindes finden: „Mädchen sind fleißig – Jungen begabt", „Männer sind stark – Frauen schwach". Auf diese Attributionen hin wird gehandelt, obwohl sie ausschließlich das Resultat kognitiver Deutungen und nicht realitätsgetreue Abbildungen eines Sachverhaltes sind. Beispielsweise finden sich in den Peter-Pelikan Heften Attribuierungen unterschiedlicher „Wesensmerkmale“ im Bild des „wilden Jungen“ und des „hilfsbereiten Mädchen“. Solche Ursachenzuschreibungen seitens der Erziehenden und Beratenden werden in ihrem differenten Verhalten gegenüber Mädchen und Jungen sichtbar. Veränderte Attribuierungen könnten somit zur Verhaltensänderung beitragen. Die Gretchen-Frage lautet: Wie lassen sich diese Attribuierungen steuern oder zumindest beeinflussen?

Eine Antwort darauf ist: Durch Sprache und Sprachveränderung. Denn Attribuierungen sind Symbolisierungsvorgänge, die ohne die Sprache nicht zu denken sind. Sprache ist das Medium der Verständigung und Selbstverständigung. Sie beeinflußt und führt zu Selektivität von Wahrnehmungen und stellt „die Klammer zwischen der privaten Subjektivität und der sozialen Welt“ (Geulen, 1977:301) dar. Vor allem ist sie Mitkonstrukteurin der Vorstellungen zur Weiblichkeit, auf die hin gehandelt wird. Bereits bei Strauss (1974:20) war daraufhin gewiesen worden, daß die Art der Bennenung eines Objektes auch die Richtung des Handelns bestimmt und demzufolge die Neubennenung eines Objektes auch zu dessen Neueinschätzung führt. So wird die Bearbeitung der Sprache – und zwar der eigenen und der der pädagogischen Texte und Beratungsformen – ein unterstützender Schritt sein, konventionelle Attribuierungen bzgl. der Geschlechter bei den Erziehenden und Beratenden zu relativieren. Durch diese einzuübende und auszuübende Praxis wird die Basis für veränderte Handlungen geschaffen. Zwar kann ein Sprachwandel allein kaum Verhaltensänderungen und/oder sozialen Wandel bewirken; er kann jedoch sehr wohl ein Bewußtsein für den Sexismus in der Sprache wecken und Distanz zu „eingefahrenen“ Vorstellungen ermöglichen. Deshalb ist der Sprache, als Medium der Sichtbarmachung, eine partiell realitätsbestimmende und verändernde Kraft immanent.

Ziel muß deshalb ein Wandel hin zu einer Sprache sein, die nicht weiterhin patriarchalisch kodiert, d.h. sexistisch ist, sondern es Frauen ermöglicht, Realität – und somit sich selbst – aus ihrer Perspektive zu benennen. Intention ist die Sichtbarmachung von Mädchen und Frauen durch Schaffung von Symmetrie, Gleichbehandlung und der Möglichkeit zur Selbstdefinition innerhalb der Sprache. (vgl. Schräpel, 1985:224) Dabei soll nicht-sexistische Sprache den Standard verändern und nicht etwa nur eine Alternative zum herkömmlichen Sprachgebrauch sein. (vgl. Schräpel, 1985:219).

Diese Forderungen sind keineswegs neu. Bereits 1906 thematisierte Helene Schirmacher in einem Aufsatz den „Sexualismus in der Sprache“, der an Aktualität der derzeitigen Diskussion kaum nachsteht.

„Die ganze Sprachverwirrung ist dadurch entstanden, daß ‚männlich' mit kräftig, mutig, aufrichtig identifiziert wurde, weiblich hingegen mit schwächlich, feige, treulos. Diese Klassifizierung entspricht den Tatsachen nicht, hat ihnen auch nie entsprochen. (...) Sie heute noch aufrecht erhalten, ist stets ein Mangel an Logik und oft eine Roheit. Die Frau loben, indem man sie zum Manne macht, den Mann tadeln, indem man ihn Frau nennt, bedeutet höchste Arroganz und gröbsten Sexismus. Hier müssen wir umdenken und darum: weg aus dem Sprachgebrauch mit Geschlechtsvorurteil und Geschlechtsdünkel." (Schirmacher, 1906 orig., hier: 1988:10)

An dieser Sprachrealität hat sich tatsächlich bis heute nicht viel geändert, ebenso nicht an der Schwierigkeit, diese zu verändern. Schirmacher resümierte in weiser Voraussicht:

„Wir werden voraussichtlich noch recht lange aufzuklären und zu erziehen haben, bis dieser grundlegenden Sprachverbildung gesteuert und ein neuer Sprachgebrauch eingebürgert ist." (Schirmacher, orig. 1906; hier: 1988:10)

Es stellt sich die Frage, wieso es so schwierig ist, beispielsweise behördliche Sprachregelungen bezüglich einer sprachlichen Gleichbehandlung von Frauen und Männern (vgl. hierzu insbesondere: Guentherodt, 1982) durchzusetzen, um damit gegen die sprachliche Manifestation der Minderbewertung, der Benachteiligung und der Nichtbeachtung der Frauen entgegenzuwirken. Die Antwort lautet: weil es sowohl linguistisch als auch politisch motivierten Widerstand gegen einen solchen Sprachwandel gibt. Linguistisch motivierter Widerstand zeigt sich beispielsweise in der Forderung nach Ökonomie und Einfachheit. (vgl. Schräpel, 1985:218) So wird das sogenannte Splitting – z.B. Zuhörerinnen und Zuhörer anstatt nur Zuhörer zu sagen – als im Widerspruch zu diesen Prinzipien stehend betrachtet, da es einen höheren Konzentrations- und Zeitaufwand erfordert als die konventionelle Sprache. Daß dieser linguistisch motivierte Widerstand häufig synonym mit politisch motiviertem Widerstand ist, zeigen beispielsweise die Argumente gegen eine symmetrische Verwendung der Bezeichnungen „Frau" und „Herr" statt wie zuvor je nach Status „Fräulein/Frau" und „Herr". Hier gibt es keinen linguistisch motivierten Grund, aber es drückt sich der Wunsch nach der Aufrechterhaltung dieser Hierarchie aus, nach der die Frau erst durch eine Ehe zur richtigen Frau wird. Es ist nichts anderes als

„... ein Versuch, das Monopol des Benennens aufrechtzuerhalten, ... letztendlich geht es um die Definition von Realität und die damit verbundene Möglichkeit, Macht auszuüben." (Schräpel, 1985:219)

Daß einer Feminisierung der Sprache nicht nur linguistischer Widerstand entgegenschlägt, zeigt sich auch sehr deutlich im „Langen Brief der Duden-Redaktion an die taz". Hier schreibt der Leiter der Dudenredaktion:

„Keinen Niederschlag im Duden findet auch der Kampfgebrauch der Feministinnen, also zum Beispiel die pronominale (...) Verwendung von ‚frau' oder ‚mensch', der Gebrauch von Pronomen (...) wie ‚jemand' oder ‚wer' als Feminina oder aber die pronominale Wiederaufnahme bei ‚Gott' mit feministischen Pronomen: ..."

Resümierend heißt es:

„Es gibt, glaube ich, keinen Zweifel daran, daß eine Bewußtseinsänderung im Sinne einer stärkeren Emanzipation der Frau schon lange Platz gegriffen hat und sich fortentwickeln wird und daß die Sprache diese Bewußtseinsänderung und die gesellschaftlichen Prozesse widerspiegeln wird. Für äußerst bedenklich halte ich dagegen den umgekehrten Weg, nämlich die Sprache zu verändern, um Bewußtseinsänderungen und den Wandel sozialer Strukturen zu erreichen – Orwell läßt grüßen!" (Drosdowski, 1989)

Auch Olt wendet sich in der FAZ (v. 6.01.1990) vehement gegen eine Feminisierung der Sprache und tituliert deren Befürworterinnen als „verbissene Sprach-Amazonen".

Zu fragen bleibt, weshalb beispielsweise die Neuprägung des Begriffes „Krankenpfleger" (statt „Krankenbruder") höchst unkompliziert Eingang in den Sprachgebrauch fand, während der Begriff der „Amtfrau" lange umstritten blieb. Sogar ein Verwaltungsgerichtsverfahren mußte angestrebt werden, um diese Bezeichnung gegenüber der „Amtmännin" durchzusetzen (Pusch, 1990:218). Konsequent wird die Neubildung maskuliner Ausdrücke von vorhandenen Feminina erschwert oder ausgeschlossen, vermutlich um eventuell negative Assoziationen und Prestigeverlust durch den pejorativen Charakter all dessen, was mit Weiblichkeit verbunden wird, zu vermeiden. Deutlich wird anhand dieser Beispiele, die fragwürdige Argumentation der Geschlechtsneutralität bei der Subsumtion weiblicher Begriffe unter Oberbegriffe, deren generische Form absolut identisch ist mit der spezifisch männlichen Form. Denn selbst eine Ableitung neuer männlicher Berufs- und Personenbezeichnungen, als Ausdruck des gesellschaftlichen Wandels, von schon existenten, weiblichen Bezeichnungen wird abgelehnt und erweist sich als neuralgischer Punkt. Die männliche Hebamme avanciert zurm Geburtshelfer, aus dem potentiellen Krankenbruder wird ein Krankenpfleger und das männliche Pendant zur Kindergärtnerin ist der Erzieher.

Deutlich zeigen diese Beispiele, daß Sprachwandel auch politisch ist. Er kann demzufolge nicht nur durch Einstellungsänderungen hervorgerufen werden, sondern die Verbreitung von Innovationen kann ebenso durch Einstellungen politischer Natur scheitern oder gebremst werden.

De facto ist aufgrund technologischer, wissenschaftlicher, kultureller und politischer Entwicklungen ein ständiger Sprachwandel zu beobachten. Beispielsweise werden mit offiziellen Umbenennungen wie Kernkraft statt

Atomkraft und Personalabbau statt Entlassung (vgl. Schräpel, 1985:215), die mit den alten Begriffen assoziierten Vorstellungen verhüllt. Auch wenn eine Minderheit nicht länger bereit ist, die ihr aufoktroyierte Benennung und deren implizite Diskriminierung zu akzeptieren, kommt es zu Sprach- und/oder Bedeutungswandel, indem diese Begriffe entweder konsequent vermieden und durch neue Namen ersetzt werden oder aber bisher negativ besetzte Benennungen mit neuen Inhalten gefüllt werden, wie beispielsweise bei den Begriffen Lesbe, Neger, Krüppel oder Hexe. Sprachwandel ist somit an das Verhalten der Sprachteilnehmer und Sprachteilnehmerinnen gebunden. Erst wenn bei einer Gruppe das kommunikative Bedürfnis besteht, einen Sachverhalt nicht mehr auf die gewohnte Weise auszudrücken, kann ein Wandel stattfinden. Diese Situation ist im Bezug darauf, nicht-sexistische Sprache durchzusetzen, gegeben, denn das Bestreben hiernach ist das Produkt individueller und kollektiver Unzufriedenheit einer großen Zahl betroffener Frauen und nicht nur einer kleinen Gruppe. Da der Besitz von Prestige oder Macht die Durchsetzung neuer Sprachformen wesentlich erleichtert und damit beschleunigt, kommt gerade den Erziehenden eine wesentliche Funktion bei der Schaffung und Durchsetzung einer neuen Sprache zu: Indem sie für die Heranwachsenden mit Macht und Prestige ausgestattete Vorbilder sind, unterstützen sie bei diesen maßgeblich die Internalisierung eines innovativen Sprachgebrauches.

Diskutiert wird momentan, ob eine totale oder partielle Feminisierung der Sprache Ziel des Sprachwandels sein sollte. Für die totale Feminisierung sprechen unterschiedliche Gründe. Zunächst sind die meisten Maskulina (z.B. *Lehrer*) im Femininum mitenthalten (*Lehrerin*). Pusch beruft sich weiterhin auf das statistische Argument: Da Frauen mehr als die Hälfte der Weltbevölkerung stellen, lägen Aussagen wie: „Jeder das Ihre" deutlich näher an der Realität als „Jedem das Seine"; der Blick wird auf die Repräsentanz der Frauen gelenkt. Plausibel ist vor allem das Argument, bei dem es um die Durchsetzung „kompensatorischer Gerechtigkeit" (Pusch, 1990:100) durch die totale Femninisierung der Sprache geht, da die Gleichbehandlung „Ungleicher" weiterhin zur Fortschreibung der Ungleichheit führen kann. Frauen würden zum ersten Mal die Möglichkeit haben, die Erfahrung des expliziten Gemeintseins zu machen – im Gegegensatz dazu erführen Männer die Selbsterfahrung des Mitgemeintsein, inklusive der damit verbundenen Identitätsverunsicherung. Dies würde das „taking the role of the other" für zukünftiges intersubjektives Verhalten erleichtern sowie die Notwendigkeit einer grundlegenden Sprachreform einsichtig machen. Diese totale Feminisierung könnte in der Methaphorik Morgans (1978) auch als „going too far" bezeichnet werden, als ein „Über-die-Grenzen-gehen" zur Durchsetzung des angestrebten Ziels, der tatsächlichen, nicht formalen Gleichheit, bzw. der Durchsetzung „egalitärer Differenz". (vgl. Frommel, 1991)

Vermutlich stößt jedoch die Durchsetzung der partiellen Feminisierung der Sprache auf weniger Gegenwehr und ist damit – auch innerhalb der Erziehungswissenschaft – eher praktisch anwendbar. Schon jetzt verändert sich der Alltags-Sprachgebrauch durch das Bestreben vieler Frauen und einiger unterstützender Männer, symmetrische Muster innerhalb der Sprache als Ausdruck der Gleichstellung der Geschlechter zu verwenden. Real durchsetzbar ist vor allem die Bildung und konsequente Anwendung geschlechtsmarkierter Personen- und Berufsbezeichnungen. Hier zeigt die Erfahrung der letzten Jahre: Je mehr veränderte, movierte Formen durch die Frauen der Sprachgemeinschaft benutzt werden, (z.B.: Ich bin eine Autofahrerin, Mechanikerin, Promovendin, etc.) desto stärker wird der Prozeß der Ausdehnung der weiblichen Repräsentanz im allgemeinen Bewußtsein beschleunigt. Auch das Splitting, z.B. von Zuhörerinnen und Zuhörern zu sprechen und nicht nur von Zuhörern, sollte konsequent benutzt werden, auch wenn das ständige und ungewohnte Miterwähnen der Frauen vielerorts als umständlich empfunden wird. Dies rechtfertigt jedoch nicht das traditionelle Sprachverhalten, in dem sich Frauenrepräsentanz bestenfalls vermuten läßt. Trömel-Plötz fordert zurecht, daß trotz dieser partiellen Umständlichkeit die Einfachheit der syntaktischen Konstruktion dem Erfordernis der semantischen Stimmigkeit nachstehen müsse. (Trömel-Plötz, 1987:43) Vor allem die Feminisierung der Kongruenzregeln – den Komposita mit „man" sollten Komposita mit „frau" gegenübergestellt werden – sowie die Feminisierung des Pronominalgebrauchs – nicht „wer", sondern „welche von Euch genießt das Frausein?" – sind Mittel der Sensibilisierung für einen Sprachwandel, ebenso wie die Schaffung neuer, unerwarteter Formulierungen, wie „Alle Menschen werden Schwestern".[102] vgl. zu dieser Thematik insbesondere Heuser, 1982; Trömel-Plötz, 1987; Pusch, 1980, 1990)

Gerade für die Erziehenden böte sich darüber hinaus als „praktische Übung" an, gegenattributive Kovariationen zu schaffen, um sich selbst die eigenen „außer-bewußten" Rollenstereotype bewußt zu machen. Über einen gewissen Zeitraum könnte der für Mädchen zur Verfügung stehende semantische Fächer exklusiv auf Jungen, der für Jungen exklusiv auf Mädchen angewandt werden. Über solche selbst vorgenommene Gegenattribuierungen (z.B. weiblich/wild und männlich/zart) würden die Erziehenden für die eigenen Stereotype sensibilisiert und so der Prozeß eingeleitet, sich selbst nicht „die Schere im Kopf" sondern das „Klebeband" zu sein, das die künstliche Separierung des semantischen Feldes zu den Begriffen männlich und weiblich aufhebt.

Letztlich sollte, ausgehend von den Erkenntnissen, die die Analyse der pädagogischen Semantik in dieser Arbeit erbrachte, Abschied von einer Kind- und Jugendlichensemantik genommen werden. Denn unter dem Mantel der sprachlichen Neutralität, verbirgt sich bislang für die Mädchen eine diskriminierende Erziehungspraxis. Im Interesse der Mädchen sollten Erziehende internalisieren, daß es in einer Gesellschaft, die durch das System der kulturellen Zweigeschlechtlich charakterisiert ist, keine „neutralen“ Kinder und Jugendliche, sondern nur Mädchen und Jungen, weibliche und männliche Jugendliche gibt.[103]

Zusammenfassend habe ich die Hoffnung, daß der durch den Sprachwandel induzierte, begleitete und unterstützte Bewußtwerdungsprozeß zu Verhaltensänderungen bei den Erziehenden/Beratenden führt, die mit positiven Konsequenzen für die Mädchen verbunden sind. Nur so können sie Aufmerksamkeit erhalten und sowohl im derzeitig noch „typischen Verhalten“ nicht länger übersehen und überhört, als auch im „atypischen“ Mädchenverhalten bestärkt werden.

Die Veränderung der Sprache hin zu einem bewußt nicht sexistischen Sprachgebrauch beeinflußt nicht nur Vorstellungswelt und Attributionsvorgänge der Beratenden und Erziehenden, sondern das Durchsetzten sprachlicher Innovationen hat auch tiefgreifende Bedeutung für die heranwachsenden Mädchen. Bislang wird ihnen durch die Sprache verwehrt, die sie niemals explizit benennt, sondern nur in frauen- und mädchentypischen Kontexten auf sie referiert, gemeintzusein sowie wahrgenommen und beachtet zu werden. Die bisher zur Verfügung stehenden sprachlichen Ausdrucksmittel sind durch den männlichen Lebenszusammenhang und die dementsprechenden Perspektiven geprägt. Das hat jedoch Konsequenzen für ihre Identität.

Diese setzt sich aus dem „I“, dem spontanen Teil des Selbst und dem „me“, dem sozialisierten Teil des Selbst zusammen. (vgl. Mead, 1934) Dieser Teil ist das Resultat des Zusammenwirkens von Identifizierungen durch andere und der Selbstidentifikation, als Ausdruck der Aneignung der Identifizierung. Nicht genannt zu werden, bedeutet jedoch, nicht identifiziert zu werden, bedeutet, nicht den Spiegel durch andere zu haben und sich selbst zu identifizieren. Das Identifiziertwerden durch andere ist die Voraussetzung zur Gewinnung der Identität, die wiederum selbst Voraussetzung für psychisches und soziales Überleben ist (vgl. Durkheim, 1897, in: Pusch, 1984:24) Anders formuliert: Ich werde zu dem, wie die anderen mich sehen. Daraus ergibt sich: Wenn ich nicht gesehen werde, kann ich auch nichts werden. Das permanente Fehlen der Identitätsbestätigung muß zwangsläufig zur Erschütterung der Identität führen und nicht lediglich – wie beispielsweise die einmalige Fehlidentifikation eines männlichen Kundens als Kundin – zur Belustigung oder Irritation; anders formuliert: Die weibliche Identität steht auf sehr dünnen Beinen, mit denen es sich nur schwer oder gar nicht läßt gehen läßt. Die Identitätsentwicklung wird beeinträchtigt.

Sprache sollte aber als Mittel des Selbstausdrucks und des persönlichen Lebensstils fungieren. Die emanzipativen Leistungen der Sprache wirken in der individuellen Persönlichkeitsentwicklung als „Vehikel der Verselbständigung" (vgl. Loch, 1970:516), vermittels derer der Mensch aus sich macht, was er oder sie sein will. Grundsätzlich fungiert die Sprache als Identitätssymbol, denn sie bietet die Möglichkeit hinsichtlich sozialer Rollen zu zeigen, welche Person man/frau ist. Aber sie zeichnet sich durch einen Mangel an adäquaten Symbolen und Mustern für den weiblichen Lebenszusammenhang aus, woran sich unweigerlich das Fehlen kultureller Artikulation knüpft. Beispielsweise fehlen Muster für Frauen, um in der Öffentlichkeit agieren zu können, denn das Angebot öffentlicher Verhaltensformen ist rar. Diese Muster sind Darstellungen, das heißt, sie sind Symbolik und soziale Gratifikation. Weibliche Identität ist demzufolge vielmehr durch „Selbstverleugnung als durch Selbstverwirklichung" geprägt. (vgl. Prengel, 1987:27) Letztlich müssen Frauen, wenn sie sich zeigen und entfalten wollen, noch immer die männlichen Sprach- und Verhaltensformen adaptieren.

Der grundlegende Unterschied bezüglich der Muster für Männer erklärt sich daraus, daß die

> „Männerbilder (....) Selbstentwürfe (sind, d.V.), sie wurzeln in einer patrirachalischen Tradition. Daher treffen die Muster, die ein Mann als entfremdete Anforderungen erfährt, nur partikuläre Aspekte seines Selbstverständnisses. Klischierte Frauenbilder aber wurzeln zu keinem Zeitpunkt in weiblichen Selbstentwürfen. Aus der Perspektive der Frauen ist das gesamte System der Frauenbilder ein Fremdkörper (i.w.S.)." (Volkmann, 1984:166)

Die Lebensrealität ist ein Bühnenstück mit nahezu ausschließlich männlichen Rollen, die für Frauen gar nicht passen können. Für sie gibt es nur zwei Möglichkeiten, die letztlich Scheinalternativen sind: entweder die Rollen[104] zu akzeptieren, was aber heißt, sich ihnen anzupassen, oder zu resignieren, sich verunsichert zurückzuziehen, das heißt, keine Ausdrucksform zu finden.

Zwei Mechanismen greifen ineinander und verhindern die tatsächliche Verwirklichung einer eigenen, weniger angepaßten und fremdbestimmten Identität. Die sprachlichen Ausdruckmittel des eigenen Menschseins (als Frau) sind patriarchalisch kodiert und eignen sich häufig gar nicht, um die eigene Lebenswelt und -erfahrung auszudrücken; zum anderen ist der – zur Verfügung stehende, begrenzte symbolische Aufbau der Lebenswelt der Mädchen und Frauen dergestalt, daß er die Orientierung an normierten Vorstellungen zur Weiblichkeit nicht nur kognitiv einsichtig macht, „sondern zugleich als den Sinn ihrer Wünsche bestimmt.“ (Hagemann-White, 1984:101)

Das Auffinden von Möglichkeiten des Selbstausdruckes, „...von nicht entfremdeten Ausdrucks- und Kommunikationsmitteln“ (Klann, 1978), wird erst durch den konstruktiven Vorschlag des Sprachwandels eingeleitet. Neben die Forderung nach sprachlicher Symmetrie und Gleichbehandlung rückt deshalb vor allem die Selbstdefinition anhand der Sprache in den Vordergrund, um dem Spezifischen weiblichen Denkens und vor allem weiblicher Erfahrung zum Ausdruck zu verhelfen, d.h. diese zu übermitteln und damit Muster für die nachfolgenden Mädchengenerationen zu bieten. Frauen und Mädchen müssen die Möglichkeit haben, sich selbst aus ihrer Perspektive zu benennen, denn das ist Grundvoraussetzung für die Entwicklung einer nicht fremd-, sondern selbstbestimmten Identität.

Sprachwandel allein wird jedoch nicht verhindern, daß „die Verwirklichung einer eigenen nichtangepaßten Realität (für Mädchen, d.V.) in der Praxis riskant ist, und die Angst vor dem Ungewissen in jedem Fall sie begleitet...“ (Hagemann-White, 1984:103) Auch die Konsequenz, daß eingeschränkte Lebensperspektiven eine Ideologie des freiwilligen Verzichtes für Mädchen nach sich ziehen (Hagemann-White, 1984:102), wird ebenso wenig durch eine nicht-sexistische Sprache allein vermieden werden können. Vielmehr bedarf es weiterer unterstützender Mechanismen, um den Prozeß einer anderen, selbstbestimmteren, freien Identitätsgenese für Mädchen zu sichern und den subtilen Techniken der Selbstdisziplinierung und Selbstverleugnung entgegenzuwirken.

Kuhn bringt die Schwierigkeit für die Mädchen auf den Punkt, indem sie erkennt, daß der Kriterienkatalog, der für die Herausbildung einer vernünftigen Ich-Identität als notwendig erachtet wird (z.B.: Rationalität, Selbstbestimmung, Leistungsorientierung), im eklatanten Widerspruch zu den spezifisch weiblichen Werten und Normen steht, die sich im Verlauf der Neuzeit als identitätsbildend für Frauen entwickelt haben. (Kuhn, 1980:83) Die Aneignung von Geschlechtsstereotypen ist einerseits notwendige Voraussetzung zur Identitätsbildung, andererseits führt die Ausprägung des weiblichen Rollenstereotyps zu einer „Deformation in der Persönlichkeitsentwicklung von Mädchen“. (Kuhn, 1980:104) Deshalb müssen Rollendistanz, kritische Rollenreflexion und Ambiguitätstoleranz als Fähigkeiten bei den Mädchen weiterentwickelt werden. Sie müssen erkennen lernen, geschlechtsspezifische Identitätsbildung nicht länger als ahistorischen Prozeß zu betrachten und Rollenübernahme als sozial erlern- und veränderbar zu begreifen. Der

Mechanismus zur Veränderung ist also auch bei den Mädchen, wie zuvor schon bei den Erziehenden/Beratenden, Bewußtmachung, Reflexion; der Ort des Erlernens dieser Techniken vor allem die Schule. Die Einsicht in die historische Gewordenheit der Geschlechtsrollen ist zum Beispiel durch modifizierte Curricula im Geschichtsunterricht zu vermitteln (vgl. hierzu Kuhn, 1980); die Thematisierung der Rollenbilder „Junge" und „Mädchen", „Mann" und „Frau" bietet sich im Deutschunterricht an. (vgl. hierzu Heuser, 1982; für weitere derartige Unterrichtskonzeptionen siehe z.B. Stubbe, 1982, Edschmid, 1982; Lambrou, 1982; Schwarzrock, 1982; Fuchs, 1990; Bucaille-Euler, 1990; Klein, 1990) Grundsätzlich sollte im Unterricht der Lebenszusammenhang von Frauen, ihre Arbeit und Leistung im jeweiligen gesellschaftlichen Kontext paritätisch neben die Arbeit und Leistung der Männer gestellt werden. Hingewiesen werden sollte sowohl auf die Erziehungsleistung und Reproduktionsarbeit i.w.S. als auch auf die künstlerischen, wissenschaftlichen, politischen Aktivitäten. Zahlreiche Quellen verweisen auf sie, nur die Schulbücher und Kinderbücher ignorieren bislang durchgängig deren Existenz. Die ausdrückliche Anerkennung der Leistung von Frauen ist jedoch ein unverzichtbarer Schritt, um die Präsenz des „gleichen Geschlechtes" – als nacheifernswert – ins Bewußtsein der Mädchen zu rücken.[105]

Um diese Nacheiferung nicht nur vorstellbar, sondern auch durchführbar zu machen, ist jedoch ein anderer stützender Mechanismus notwendig. Es reicht nicht aus, daß die Mädchen erkennen: So bin ich jetzt – geworden durch diese und jene Rahmenbedingungen. Wichtig ist es seitens der Erwachsenen, weiterzufragen: Warum setzt Du Dich nicht ein? Das heißt, Anspruch erheben und ermutigen, das heißt für die Mädchen selbst, daß auch ihr eigener Anspruch „angesprochen" werden muß. Hierein greift als „Sprungbrett" das Erlernen von Sozialtechniken: Denn zur Größe gehört die Selbstdarstellung und das Vertrauen in die eigene Größe und Leistung. Das heißt, mithilfe pädagogischer Intervention muß die Handlungskompetenz der Mädchen gestärkt und erweitert werden, um zur Entfaltung von Autonomie zu gelangen. Erweiterung der Handlungskompetenz heißt aber auch gegen die Erwartungsnorm zu handeln (vgl. Heuser, 1982), so daß die Geschlechtsrollen nicht länger Determinanten der Handlungsrichtung bleiben. Tatsächliches Trainieren neuer, anderer, verdeckt gehaltener oder atypischer Verhaltensmuster und Darstellungsformen zur besseren Kenntnis eigener Fähigkeiten und deren Erweiterung, das Ausprobieren, Ausagieren eigener Kräfte, Phantasien, Vorstellungen sollte in den unterschiedlichsten Institutionen der Erziehung angeboten werden: in Krabbelgruppen, Kindergärten, Schulen, Jugendzentren, Erziehungsheimen etc. Das Erlernen und Einüben von

Sozialtechniken wird schließlich dazu beitragen, daß die in der Sprache neu auftauchenden Muster für die Mädchen nicht nur leere Hülle bleiben.

Die Effizienz solcher Trainings zeigt sich derzeitig in hochaktuellen Programmen, dem „School Development Programm“ (James P. Comer) und den „Social Skills Trainings“ (Bruce Compas), wie sie in den USA in den letzten Jahren entwickelt wurden. Erfolgreich werden hier grundlegende Lebensfertigkeiten trainiert, um Gewalt und Drogenkonsum bei Jugendlichen vorzubeugen:

„Das sind umfassende Programme, in denen grundlegende Lebensfertigkeiten wie gewaltfreie Konfliktlösung, Entscheidungsfindung, das Wahrnehmen von Gefühlen bei sich selbst und bei anderen, der Aufbau und die Pflege von Freundschaften sowie ein gesunder Umgang mit Streß gelernt und eingeübt werden.“ (Berg, in der der SZ v. 11.3.1993)

Als Pendant zu solchen „Social Skills Trainings“ könnte globales Selbstsicherheitstraininig für Mädchen entwickelt und etabliert werden, das je spezifische Schwerpunkte, wie Rhetorik, Körpersprache, Selbstverteidigung oder pschysoziale Übungen umfaßt und altersspezifisch vermittelt wird. Intention ist generell, hierdurch die eigenen Stärken zu erkennen, auf sie vertrauen lernen, um sie dann selbstsicher nach außen zu vertreten. Daran anknüpfend könnten Mädchen und Frauen in praktischen Übungen lernen, deutlichen Einfluß auf das Interaktionsgeschehen zu nehmen, indem sie an ihrem eigenen Ausdruck feilen und sich konsequent darin schulen, direkt, eindeutig, klar und durchsetzungsgewillt aufzutreten und die eigenen Interessen, die es durch Bewußtmachung, Reflexion oftmals erst zu erkennen gilt, wenn nötig auch mit Vehemenz zu vertreten.

Bereits im Kindergarten könnte mit den Mädchen beispielsweise eingeübt werden, sich nicht vom lautstärkeren Auftreten eines Jungen dazu veranlaßt zu sehen, diesem postwendend das Spielzeug zu überlassen. Die Umstrukturierung gängiger Leitbilder, wie sie durch Barbie und He-man repräsentiert werden, könnte diesen Prozeß unterstützen. He-man könnte

„... z.B. Pfarrer, Sozialarbeiter, Drogenberater, Koch, Vater und anderes (werden d.V.), Barbie könnte Bildhauerin werden, Schriftstellerin, Ärztin, Forscherin, Politikerin, Umweltschützerin.“ (Kämpf-Jansen, 1989:126)

Diese stellvertretend mit den Puppen ausgeführten Spiele eröffnen den Mädchen und Jungen insofern neue Perspektiven, als die Veränderbarkeit bislang vorgegebener Rollen ganz einfach, spielerisch und phantasievoll vermittelt wird. (vgl. z.B. Rohlfs, 1985; Kämpf-Jansen, 1989)

Das Rollenspiel als Methode, eigenes Verhalten kritisch beurteilen zu lernen und Lösungen/Perspektiven zu finden, eignet sich für alle – nicht nur junge – Altersgruppen. Wenn andere Verhaltensmuster im Rollenspiel ausprobiert werden, z.B. als Mädchen in die Rolle eines streitbaren Helden, als Frau in die Rolle des männlichen Chefs zu schlüpfen, dann wird damit einerseits das Nachempfinden des Machtgefühls, teilweise auch das Durchschauen des Imponiergehabes, ermöglicht, andererseits das eigene, teils unsichere Verhalten deutlich vor Augen geführt. Dadurch eröffnen sich Perspektiven, eigenes Verhaltensrepertoire zu erweitern, das weder nur an typisch weiblichen noch männlichen Mustern orientiert ist und sich entsprechend individuell gemäß spezifischer Vorstellungen und Phantasien neu konstruiert. Solche, durch Einsatz von Videotechnik noch effizienter zu gestaltende Rollenspiele können auch dazu verhelfen, größere Klarheit über eigene Gefühle und Zielsetzungen zu gewinnen, die oftmals durch die Sprache und Verhaltensnormen diffus erschienen waren. (Will ich, daß die anderen mich mögen oder will ich, daß sie mich aufgrund meiner Kompetenz respektieren?) Generell soll den Mädchen durch praktische Übungen vermittelt werden, daß sie erkennen, was sie wollen, was sie können, und ebenso das Wissen, daß das, was sie wollen, auch erreicht werden kann. In der Metaphorik Seligmanns heißt das nichts anderes, als sich des eigenen „Selbstbewältigungsvermögens" bewußt zu werden.

Hilfreich ist auch das Trainieren rhetorischer Fähigkeiten. „‚Rhetorik' ist Praxis und Theorie der auf Wirkung bedachten Rede." (Schlüter, 1986:22) Sie vereinigt die natürlichen Fähigkeiten mit technischen Fertigkeiten. Für Frauen sind rhetorische Kenntnisse insofern von großer Bedeutung, als der professionelle Status einer Rednerin häufig durch die Zugehörigkeit zum Geschlecht Frau überschattet oder verdeckt wird. Die Reaktionen auf die Inhalte einer Rede orientieren sich häufig am Geschlecht der vortragenden oder redenden Person. (Wagner et al., 1981) Das Geschlecht als Statusfaktor wird wirksam; es gibt einen sogenannten Männerbonus (Wagner, 1984), d.h., Redebeiträgen eines Mannes wird mehr Respekt gezollt, ganz gleich ob statusniedrig oder statushoch. Ferner werden Frauen in Diskussionsrunden weitaus häufiger unterbrochen als Männer. (vgl. dazu auch Trömel-Plötz, 1982) In Rhetorikkursen kann dieser Männerbonus in das weibliche Bewußtsein gerückt werden, um so oftmals das Nicht-Akzeptieren des eigenen Redebeitrages durch die anderen Diskussionsteilnehmerinnen und Teilnehmer zu erklären. Desweiteren muß das „typisch weibliche" Sprachverhalten kritisch hinterfragt werden. Beiträge von Mädchen sind häufig durch Tentativität des Formulierungsmodus charakterisiert, das heißt: durch tastendes, vorsichtiges Sprechen; durch die Abschwächung von Aussagen, indem ihre Gültigkeit eingeschränkt wird: „es scheint so, .."; „vielleicht"; „ich glaube"; oder indem die Aussage durch Abschwächung am Satzende wieder in Frage gestellt wird, durch ein: „oder nicht?“; durch Selbstabwertung: „Es fiel mir nur gerade so ein“; „ich bin nur eine Schülerin“. Durch das Einüben und Ausüben selbstbewußteren Sprachverhaltens wird die Realität zurecht gerückt: Die Kompetenz und Fähigkeit der Mädchen findet Anerkennung.

Von nicht zu unterschätzender Bedeutung für das interaktive Kommunikationsverhalten ist neben der gesprochenen auch die sogenannte Körpersprache, die sich in Köperhaltungen, Mimik, Gestik usw. zeigt. Diese Signale stehen häufig, ohne daß es der sendenden Person bewußt wäre, im Widerspruch zu der verbal übermittelten Information. So verliert die durch Fakten abgesicherte, klar formulierte Forderung durch eine unkontrollierte Körpersprache, wie z.B. gesenkter Blick, gebeugte Haltung, an Überzeugungskraft. Deshalb ist es für Mädchen und Frauen sinnvoll, in speziellen Trainings, unter Zuhilfenahme moderner Videotechnik, einzuüben, die Körper- und verbale Sprache in Einklang zu bringen, um so Bedürfnisse, Forderungen etc. effizienter und authentischer zum Ausdruck zu bringen.

Selbstverteidigungskurse für Mädchen und Frauen bieten sich an, um das Bewußtsein für die eigene körperliche Stärke zu schärfen. Die Erfahrung, ein Brett mit der Handkante durchschlagen zu können, vermittelt nicht nur Vertrauen in die eigene körperliche Kraft, sondern trägt auch durch einen generalisierenden Effekt wesentlich dazu bei, die Selbstattribuierung weiblicher Schwäche zu relativieren.

Generell sollte in speziellen Programmen nicht einseitig nur die destruktive, gewalttätige, verletzende Aggression, die vor allem bei Jungen auftritt, abgebaut werden – wie in den amerikanischen „Social Skill Trainings“ an Schulen – sondern auch die „positive aggressive Lebenskraft“ (Macha, 1992) bei den Mädchen gefördert werden, damit sie zu einer größeren Durchsetzungsfähigkeit gelangen. (für eine ausführliche pädagogische Reflexion geschlechterdifferenter Aggression vgl. Macha, 1992)

Zusammenfassend sehe ich einerseits ein großes Potential darin, was Selbstsicherheits- und „Social Skill“ Trainings den Mädchen und Frauen vermitteln könnten. Erreicht werden kann, daß Mädchen dem entgehen, was Volkmann in einem anderen Zusammenhang als „Entwirklichung der Frau durch das System der Weiblichkeitszuschreibungen“ bezeichnet. (Volkmann, 1984:165) Andererseits besteht ein deutliches Defizit erziehungswissenschaftlicher Theorie hier auf Alter und Institution zugeschnittene Konzeptionen zu entwickeln und sie in pädagogische Praxis umzusetzen. Diese Lücke zu schließen, ist von größter Wichtigkeit, denn es steht für mich außer Frage, daß der kognitive Bewußtwerdungsprozeß nur dann in Verhaltensänderung resultiert, wenn er durch neue Modi gesichert wird, durch Praxis, die einzuüben und auszuüben ist.

Ausgegangen wurde in diesem Kapitel von der Frage, wie sich ein aufgeklärtes Verständnis von Erziehung mit Blick auf die Geschlechterdifferenz in wirkliche Handlungen und Verhaltensweisen übersetzen läßt. Vorgeschlagen wurde, zum einen bei den Mentalitäten der Erziehenden/Beratenden aber auch der Heranwachsenden anzusetzen. Die Form ist primär Aufklärung, Bewußtmachung, Reflexion. Dieser Prozeß muß zum anderen aber durch direkte Veränderung anhand neuer Praxis unterstützt werden. Zwei Wege, die hier favorisiert wurden, bestanden in der Bearbeitung der Sprache hin zu einem nicht-sexistischen Sprachgebrauch sowie der Erweiterung von Handlungskompetenzen durch „Social Skill" und Selbstsicherheitstrainings für Mädchen und Frauen. Angesetzt werden muß drittens jedoch immer auch an den Institutionen der Erziehung, was in der Regel auch heißt: an Vorschriften, Quoten, rechtlichen Regelungen. Auf diese Punkte soll hier nicht im Detail eingegangen werden. Anmerken möchte ich jedoch, daß gerade auf dieser Ebene zumindest vorübergehend Ungleichheit investiert, d.h. institutionell verankert werden muß, um zu einer wirklichen Gleichberechtigung von Mädchen und Jungen, Frauen und Männern zu gelangen. Gleichberechtigung heißt dabei mit dem „Frankfurter Frauenmanifest" der Paulskirche „Anerkennung von Gleichheit und von Verschiedenheit." (vgl. hierzu den Titelseitenartikel von Margit Gerste in der ZEIT v. 19.03.1993)[106] Ein in der Theorie ausformuliertes und praxisrelevant umgesetztes pädagogisches Konzept weiblicher Identität wird mit zum Erreichen dieser konkreten Utopie einer „egalitären Differenz" beitragen, indem es den Aufbruch der Weiblichkeit forciert, begleitet und stützt. Es wird erst dann nicht mehr vonnöten sein, wenn die „durchgesetzte Gleichheit" mit der „respektierten Verschiedenheit" Hand in Hand gehen wird.

Anmerkungen

1 Vaertings Hauptwerk ist unterzeichnet mit „Dr. Mathilde Vaerting, Dr. Matthias Vaerting". Unter Berufung auf zeitgenössische Rezensionen hebt Kraul hervor, daß Mathilde Vaerting alleinige Autorin gewesen sein muß. Offensichtlich habe sie sich ein männliches Pseudonym bzw. einen männlichen Coautor zugelegt, um ihren Thesen innerhalb der Wissenschaft zu größerer Akzeptanz zu verhelfen. (vgl. Kraul, 1987:487ff.)

2 So lautete das Thema seiner Antrittsvorlesung im Jahre 1961 in Göttingen. (zit. in: Prange, 1991:6)

3 Bei der „Frauenfrage" handelt es sich keineswegs nur um für Frauen relevante Fragen, sondern es geht um die kritische Auseinandersetzung mit der gesellschaftlichen Organisation des Geschlechterverhältnisses.

4 William Stern (1871-1938) kommt das Verdienst zu, die Person zu einem Systembegriff in der Psychologie gemacht zu haben. In seinem dreibändigen Werk (Person und Sache, 1906-1924) wird die Person als Substanz verstanden. Diese Substanz im personalistischen Sinn meint kein einfaches Sein wie im Herbartschen Substanzbegriff, sondern die Person kennzeichnet vielmehr eine „Vieleinheit". Diese Vieleinheit meint das Konglomerat an Zuständen, Geschehnissen, Teilen, Phasen und Schichten, das der Person nicht nur äußerlich aufgeklebt, sondern in ihr ist. All diese Teile stützen und bedingen sich gegenseitig und führen so als „Zusammenklingen des Vielen" zum personalen Ganzen. Die Person wird definiert als ein die Psyche und das Physische übergreifendes Einheitsprinzip. (vgl. Pongratz, 1984:46ff.)

5 In der gegenwärtigen Persönlichkeitspsychologie wird zunehmend die Anwendung idiographischer Prinzipien zum Nachweis der Verhaltenskonsistenz aufgegriffen. Beispielsweise fließen bei Untersuchungen von Bem/Allen (1974) Allports Gedanken zur Analyse des Konsistenzproblems ein. Das idiographische Moment ihrer Untersuchungen liegt in der Selbsteinschätzung der Probanden. Auch Magnusson/Endler (1977) bemühen sich um eine behutsame Einführung idiographischer Prinzipien in die vorrangig nomothetische Eigenschaftserfassung. Ihr Kohärenzprinzip beruht auf Allports Gedanken, daß Personen konsistent sein können, jedoch nicht in gleicher Weise. Lamiell (1981, 1982) kritisiert an den bisherigen Arbeiten der differentiellen Psychologie, daß die Aussagen über ein Individuum immer auf der Basis eines Vergleichs mit anderen gemacht werden. Er geht davon aus, daß allgemeine Gesetze, die für jedes Individuum gelten sollen, auch

von der Untersuchungseinheit der individuellen Person ausgehen müssen und nicht von Aggregaten von Personen. Zur Kennzeichnung seines Ansatzes führt Lamiell den Begriff „idiothetisch“ ein. Dieser besagt, daß basierend auf einer idiographischen Meßmethode potentielle Verhaltensweisen eines Individuums in Beziehung zu aktuellen Verhaltensweisen gesetzt werden. (für alle Angaben in dieser Anmerkung vgl. Laux/Weber, 1985:245)

6 So bezieht er sich auf die empirischen Untersuchungen von McKee & Sheriffs (1957), die belegen, daß der Prozentsatz von Studentinnen bzgl. ihrer intellektuellen Minderwertigkeitsgefühle etwa doppelt so hoch ist wie bei den männlichen Studierenden. Diese geschlechtsspezifisch unterschiedlichen Ergebnisse führt Allport jedoch nicht auf biologische sondern soziokulturelle Variablen zurück: „Dies merkwürdige Resultat kann auch lediglich lokale Bedeutung haben. Es handelte sich um Studentinnen eines Mädchen-College im Schatten einer großen Universität, die nur von Männern besucht wird. Sie hängen in ihrem ganzen Unterricht von Lehrern der benachbarten Universität ab, und die Tatsache, daß alle Lehrer Männer sind, scheint das Vertrauen der Studentinnen auf die intellektuellen Fähigkeiten ihres Geschlechtes und auf sich selbst erschüttert zu haben.“ (Allport, 1959:602)

7 So stellt Hagemann-White (1984) eine hohe Affinität der Geschlechterforschung bis in die frühen achtziger Jahre zur Eigenshaftspsychologie fest und kritisiert, daß den Individuen eine zu starke zeitlich überdauernde, situationsübergreifende Neigung oder Fähigkeit zu einem bestimmten Verhalten unterstellt wird, wobei das Geschlecht als Merkmal der Person gilt, das jeweilige Dispositionen erklären konnte.

8 Es soll hier nicht verschwiegen werden, daß eine aktuelle Variante des Feminismus, der Gynozentrismus, bei der Frage der Geschlechterdifferenz die biologische Determination im Sinne einer Allport'schen Substanztheorie aufgreift. (z.B. Lonzi, 1975; Sichtermann, 1983; Daly, 1986)

9 An dieser Stelle soll auf Eriksons (1950, 1959) Identitätstheorie verwiesen werden, die den gesamten Komplex der „stufenweisen“ Persönlichkeitsentfaltung behandelt. Seiner Theorie zufolge bedeutet die Persönlichkeitesentfaltung eines Kindes das Durchlaufen von acht phasenspezifischen psychosozialen Krisen. Deren Abfolge ist zwar biologisch vorgegeben, die Art und Weise, wie konkrete Verhaltensmuster innerhalb der Phasen ausgebildet werden, wird jedoch soziokulturell vermittelt. Jeder Phase bzw. Stufe entspricht eine bestimmte Grundhaltung, umschrieben durch ein Kriterium relativer psychosozialer Gesundheit und eine korrespondierende Form der Dysfunktion. Überwiegt dauerhaft eine positive Komponente, dann wird von einem normalen Entwicklungsprozeß gesprochen, rückt die dysfunktionale Komponente in den Vordergund, von einer Krise. (vgl. Rucht, 1979:26) Am Ende jedes Stadiums wird eine bleibende Lösung des jeweiligen Problemkomplexes erreicht. Sie hilft die reife Ich-Identität aufzubauen, indem bestimmte positive und negative Grundqualitäten entwickelt und von der übrigen Persönlichkeit mit integriert werden. Indem Erikson der Persönlichkeitsentfaltung des Kindes bis zum Erwachsenen und dessen Entwicklung folgt, überwindet er die Begrenzung psychoanalytischer Forschung auf das frühe Kindesalter.

Erklärt werden kann mithilfe seines Konzeptes beispielsweise auffällig deviantes Verhalten als mögliche Resultante einer Heimsozialisation. So beruft sich Schwarzmann (1975) hinsichtlich der sogenannten Verwahrlosung jugendlicher Mädchen auf das Fehlen des Urvertrauens, das durch eine ablehnende Haltung der erziehenden Personen ihnen gegenüber hervorgerufen werden könnte: „Wer nie das Gefühl der Identität durch primäres Bejaht-Werden erlebt hat, kann auch die sozialen Forderungen seiner Entwicklungsstufe nicht integrieren." (Schwarzmann, 1975:57)
Trotz der Feststellung geschlechtsspezifischer Unterschiede in der Entwicklung dient Erikson jedoch die männliche Erfahrung als Grundlage eines idealtypischen Lebenszyklus. Autonomie, Leistung und Initiative sind die am Ende der Adoleszenz zu erwerbenden Haltungen. Erst im Erwachsenenalter tauchen in seiner Theorie Werte auf, wie Versöhnung, Verbindung und Fürsorge für die nachfolgende Generation. Solche Phasen der Persönlichkeitsentwicklung könnten als „eher weiblich" in ihrer Betonung auf Bindung und Gemeinschaft gesehen werden, die Phasen mit dem Gewicht auf Autonomie und Trennung als „eher männlich". Mit Gilligan (1982) darf jedoch bezweifelt werden, ob nach Lebensphasen, in denen Trennung, Autonomie und Unabhängigkeit im Vordergrund stehen, noch eine Hinwendung zu Bindungen und Gemeinschaft möglich ist.

10 Geistiger „Großvater" ist Peirce.

11 Der Titel seines Buches lautet: „The Unadjusted Girl" und beinhaltet das berühmt gewordene „Thomas-Theorem". Situationen, die von einer primären Definitionsinstanz – also von den daran beteiligten Menschen – als real definiert werden, sind in ihren Konsequenzen dann real. (vgl. Helle, 1977:60)

12 Mead (1863-1931) nahm entscheidenden Einfluß auf die Soziologie, nachdem er 1893 an die Philosophische Fakultät der Universität Chicago berufen wurde, wo er bis zu seinem Tode blieb. Seine einflußreichste Vorlesung – die nach seinem Tod von Blumer weiter gehalten wurde – trug den Titel: Comparative Psychology. Untersucht wurde die Frage, in welcher Beziehung Kollektivphänomene der Gesellschaft wie Sprache, Sitten und Mythos zur Entwicklung der Persönlichkeit des Menschen stehen. Seine unmittelbare Wirkung war jedoch gar nicht besonders groß. Da Mead zu seinen Lebzeiten nur wenig publizierte, wurden seine Arbeiten erst durch die Veröffentlichungen seines Nachlasses publik. (vgl. Helle, 1977:68ff.)

13 Mead gilt auch als „Vater" des Rollenbergriffs, für dessen Einführung in den deutschsprachigen Raum Dahrendorf (1958) sorgte.

14 Mead knüpfte zunächst an Wundts (1832-1920) Begriff der Geste als sozialer Vermittlerin von Handlungsintentionen an. Ihmzufolge weist jede Geste eine Parallele zu einem bestimmten psychischen Zustand auf. Wundt geht mit seinem psychophysisichen Parallelismus von einer Trennung von Geste und Idee aus. Damit kann aber nach Ansicht Meads nicht die funktionale Beziehung zwischen Geste und Symbol innerhalb der gesellschaftlichen Handlung hergestellt werden, da die Wirkung, die der Kontext der gesellschaftlichen Erfahrung auf die Existenz und Entwicklung des Geistes hat, nicht aufgezeigt wird. Ihm erscheint der Begriff der

Assoziation zur Erklärung der Verknüpfung bestimmter Einzelheiten im Bewußtsein des Menschen unzureichend.
Ungeklärt bleibt – so jedenfalls der Kommentar Meads – die Frage, wie der reagierende Organismus die gleiche Idee irgendeiner Geste erhalten oder erfahren kann, die der diese Geste setzende Organismus hat, (vgl. Mead, 1973:88) denn für Mead ist in der gesellschaftlichen Handlung die Reaktion im allgemeinen von anderer Art als der Reiz, der diese Reaktion auslöst.
Die Lösung des Problems kann nach Mead nur dann erfolgen, wenn die Identität nicht, wie Wundt es tut, als dem gesellschaftlichen Prozeß primär angenommen wird, sondern vielmehr durch den gesellschaftlichen Prozeß und die Kommunikation erklärt wird.
Wundts Analyse der Kommunikation setzt die Existenz geistiger Wesen voraus, die zueinander in Kommunikation treten können, und eben diese Existenz muß aufgrund seines psychologischen Ausgangspunktes ein unerklärliches Rätsel bleiben. (vgl. Mead, 1973:89)

15 Die Priorität der vokalen Geste bedeutet jedoch keineswegs, daß Mead die Bedeutung des Verhaltens und Ausdrucks als nichtsprachliche Zeichen unterschätzt oder gar negiert. Auch wurde nicht die Mitteilung, sondern die Mitteilbarkeit zum Bewußtseinskriterium erhoben.

16 Diese Kritik bezieht sich zwar vor allem auf Parsons strukturfunktionalen Ansatz zur Klärung des Verhältnisses von Individuum und Gesellschaft, trifft in gleicher Weise jedoch auch auf Meads zentrale Überlegungen zu.

17 Der Begriff Stigma als Verweis auf körperliche Zeichen wurde von den Griechen geschaffen; diese Zeichen wurden in den Körper geschnitten oder gebrannt und waren dazu bestimmt, etwas Ungewöhnliches oder Schlechtes über den moralischen Zustand des Zeichenträgers auszusagen. Die so gekennzeichneten Sklaven, Verbrecher oder Verräter galten als rituell für unrein erklärte Personen und konnten nun auf öffentlichen Plätzen gemieden werden. Unter dem Begriff Stigma wird heute ein Merkmal verstanden, durch das sich eine Person negativ von der Personenkategorie, der sie angehört, unterscheidet, da sie den geltenden Standards physischer, psychischer und/oder sozialer Normalität nicht entsprechen kann. Dieses Merkmal gefährdet die betreffende Person in ihrer sozialen Identität und wird sie von der vollständigen sozialen Akzeptierung ausschließen. (vgl. Lexikon zur Soziologie, 1988:750)

18 Goffman veranschaulicht diese Beobachtung am Beispiel des/der Gelähmten, der/die wieder zu schwimmen lernt. (vgl. Goffman, 1988:19)

19 Während sich die soziale Identität einer Person aus den in Rollen institutionalisierten Erwartungen ergibt, sieht Goffman die persönliche Identität, die sich auf die Unverwechselbarkeit der Person stützt, aus 3 Komponenten zusammengefügt: (1) aus der organischen Einmaligkeit des Individuums, die an Namen und Körper gebunden ist; (2) aus der je einmaligen Kombination lebensgeschichtlicher Daten; sowie (3) aus der Verkörperung als ein Objekt moralischer Zuordnung. Während es für ein Individuum ein Problem seiner sozialen Identität ist, beispielsweise eine

„dunkle Vergangenheit" zu haben, ist die Art und Weise wie die betreffende Person damit umgeht, eine Frage persönlicher Identität. (vgl. Goffman, 1988:73ff.)

20 Bei der Organisation sozialer Situationen lernen Blinde beispielsweise, den für den Interaktionsprozeß typischen und notwendigen Blickkontakt zu simulieren, so daß er zu einer Aufrechterhaltung des Interaktionskodexes beiträgt und mögliche Irritationen ausschließt.

21 Ein solches Sozialisationsmuster ergibt sich z.B. aus der Situation, daß eine bisher behütete und abgekapselte Person, die sich aufgrund dieser Isolation als ganz gewöhnlicher normaler Mensch empfindet, durch den Schuleintritt die Erfahrung ihrer Stigmatisierung macht. Ein anderes Sozialisationsmuster wird bei Personen erkennbar, die erst spät in ihrem Leben mit der eigenen Stigmatisierung konfrontiert werden und die bei der damit notwendig gewordenen Neuorientierung häufig auch eine Mißbilligung der eigenen Person entwickeln.

22 Laut Dubiel (1976) hat sich vor allem Habermas um die deutsche Rezeption und Systematisierung der fast ausschließlich in den USA entwickelten Ich-Identitätskonzepte verdient gemacht. Er bestimmt die Ich-Struktur rollentheoretisch, wobei er den Begriff der persönlichen Identität ebenso wie den Begriff der sozialen Identität von Goffman zu Hilfe genommen hat. Die persönliche Identität, die sich in der unverwechselbaren Lebensgeschichte äußert, sichert ‚vertikal' die Konsistenz eines lebensgeschichtlichen Zusammenhanges, und die soziale Identität, Ausdruck der Zugehörigkeit zu verschiedenen Bezugsgruppen, garantiert ‚horizontal' die Erfüllbarkeit der differierenden Ansprüche aller Rollensysteme, denen die Person zugehört. Ich-Identität wird verstanden als Balance von sozialer und persönlicher Identität. Nur eine paradoxe Interaktionstechnik ermöglicht das Herstellen und Aufrechterhalten dieser Balance: „Einerseits insistiert die Person auf ihrer sozialen Id., indem sie mit den Gegenspielern der jeweiligen Interaktionssituation im Rahmen normierter Erwartungen identisch zu sein versucht (phantom normalcy); andererseits versucht sie, diese Id. als eine nur scheinhafte zu signalisieren, um nicht den Anspruch auf individuelle Unverwechselbarkeit aufgeben zu müssen (phantom uniqueness)." (Dubiel, 1976:150/151) Habermas vereinigt alle vorläufigen Definitionen, indem er die Ich-Identität als die Fähigkeit beschreibt, die gestörte Balance jener zwei Fiktionen wiederherzustellen. (vgl. ebd.)

23 Goffman unterscheidet zwischen der sozialen Identität, die sich auf das, was das Gegenüber sein sollte, bezieht und der aktualen sozialen Identität, die den Besitz von tatsächlicher Kategorie und Attributen des Individuums erfaßt.

24 Dieses Phänomen wird unter der Betonung des negativen Aspektes der „gesicherten und geregelten Statusprogression" für den weiblichen Lebenszusammenhang in Kapitel II aufgegriffen, in dem eine Auseinandersetzung mit dem normativen Charakter der „weiblichen Normalbiographie" erfolgt.

25 Im Diskurs über die Ungleichheit unter den Menschen wurde die Ungleichheit zwischen Männern und Frauen nicht behandelt, sondern ging als Selbstverständlichkeit in die Theoriebildung ein. So vertritt beispielsweise Rousseau in seinem Enzyklopädieartikel „Politische Ökonomie" (1755) die grundsätzliche Auffassung, daß Gewalt kein Recht schafft. Dennoch verteidigt er mit Nachdruck die

Herrschaft der Hausväter über die Frauen, die er mit deren überlegener Körperkraft, als von der Natur eingesetzt, rechtfertigt. (vgl. Schröder, 1990:211)

26 Jauch (1988) analysiert die Geschlechterdifferenz im Umfeld der Aufklärung. Das bürgerliche Weiblichkeitsbild erscheint ihrzufolge als schwankend. Die praktische Philosophie Kants sei getragen vom Anspruch auf Freiheit des ungehinderten Vernunftgebrauchs. Doch da dieser Anspruch nur bruchstückhaft eingelöst wird, ist die vorbehaltlose Aufklärung des gesellschaftlichen, politischen und rechtlichen Vorurteils gegenüber der Frau nur ansatzweise gelungen. Denn einerseits näherte sich Kant zwar einem intersexuellen Gleichheitsprinzip, andererseits vermochte er aber seine Ethik nicht in den Alltag umzusetzen.

27 Beauvoirs (1968) Beschreibung der Unterdrückung der Frau (im Original bereits 1949 erschienen) gilt als eine der theoretisch fundiertesten und gründlichsten Ausarbeitungen des humanistischen Feminismus. Ihre Erklärung weiblicher Repression basiert auf der Unterscheidung von Transzendenz und Immanenz. Eine patriarchale Gesellschaft erlaubt Beauvoir zufolge nur Männern solche Transzendenz, die die freie Subjektivität bezeichnet. Das freie Subjekt bewegt sich in der Welt, wird initiativ, begegnet der Welt unerschrocken. Männlichkeit impliziert individuelle Existenz. Auf der anderen Seite werden Frauen durch die patriarchale Kultur zur Immanenz verurteilt. Damit ist gemeint, daß sie ein Objekt ist, ein Ding mit einer bereits festgelegten Natur. Weiblichkeit reduziert die Existenz von Frauen auf Immanenz und tradierte Verhaltensgewohnheiten, statt ihnen eine individuelle Existenz zu ermöglichen.

28 Hausen (1976) analysierte die Stereotype männlicher und weiblicher Charakteristika im 18. und 19. Jahrhundert anhand medizinischer, psychologischer, pädagogischer und literarischer Schriften. Geschlechtsspezifika für den Mann (im Gegensatz zur Frau) sind: Aktivität (Passivität), Tun (Sein), Rationalität (Emotionalität). Diese lassen sich im einzelnen folgendermaßen aufschlüsseln: Subsumiert unter dem Terminus Aktivität sind die Begriffe: Energie, Kraft, Willenskraft, Festigkeit, Tapferkeit, Kühnheit, unter dem Terminus Passivität: Schwäche, Ergebung, Hingebung, Wankelmut, Bescheidenheit; dem Komplex: „Tun" als Gegenüberstellung zum „Sein" wird zugeordnet: selbständig, strebend, zielgerichtet, wirksam, erwerbend, gebend, Durchsetzungsvermögen, Gewalt, Antagonismus; als Pendant dazu erscheinen die Termini: abhängig, betriebsam, emsig, bewahrend, empfangend, Selbstverleugnung, Anpassung, Liebe, Güte, Sympathie; der Rationalität werden zugeordnet: Geist, Vernunft, Verstand, Denken, Wissen, Abstrahieren, Urteilen; der Emotionalität die Begriffe: Gefühl, Empfindung, Empfänglichkeit, Rezeptivität, Religiosität, Verstehen. Unter dem Begriff Tugend findet sich als Aufschlüsselung des Geschlechtscharakters für den Mann einzig die Würde; Tugenden für die Frau sind: Schamhaftigkeit, Keuschheit, Schicklichkeit, Liebenswürdigkeit, Taktgefühl, Verschönerungsgabe, Anmut, Schönheit. (vgl. Hausen, 1976:368)

29 Seit dem 16. Jahrhundert war die gesellschaftliche Teilhabe von Frauen jeweils bestimmt durch die Bedingungen des Hausvaters, Ehemannes oder durch staatliche Regelungen. Diese Unterordnung der Frau „unter" den Mann entwickelte sich

jedoch erst nach und nach. So heißt es in dem Bericht eines Geistlichen aus dem 17. Jahrhundert: „Überall finden wir sie. Auf den Straßen, in den Vorstädten, in den Gassen: die kleinen Handwerkslädchen, hinter denen gearbeitet wird. Die Frauen sind dort die eigentlichen Arbeitgeber, sie beherrschen die doppelte Buchführung, sie verkaufen, sie bieten die Ware feil, zeigen die Auslagen, zählen das Geld, halten es zusammen und passen darauf auf. (...) Kurz, die Ehemänner und Väter, sie sind tatsächlich nichts andres, als Gesellen und Lehrlinge des Handwerksgeschäftes". (Bock/Duden, 1977:128) Ergänzend fügt Milhoffer jedoch hinzu, daß dieser Zugang den Frauen im Übergang vom 17. Jahrhundert zum 18. Jahrhundert zunehmend erschwert wurde. Verantwortlich dafür war die Verknappung des Lebensraumes in den Städten mit der damit einhergehenden Verschärfung der Konkurrenz sowie die Zuweisung der Frau an das Haus durch den Protestantismus. (vgl. Milhoffer, 1980:163) Für das 18. Jahrhundert stellen Bock/Duden (1977) bezüglich des „Kampfes um die Hosen" in Europa fest: „Was sich zusammengefunden hatte, waren Menschen mit bestimmten Erwartungen an die Arbeitsleistung und nicht mit der Disposition, sich wechselseitig glücklich zu machen. Keiner leistete daher eine psychisch vorweggenommene, ‚freiwillige' Unterordnung. Allerdings waren die kulturellen Normen eindeutig: die ‚natürliche Ordnung der Dinge' war die unbedingte Unterordnung der Frau unter den Mann; genauso sicher war aber, daß diese gegen erheblichen Widerstand durchgesetzt werden mußte." (Bock/Duden, 1977:136)

30 Hausfrauenarbeit im heutigen Sinn war nicht als natürliche Konstante schon immer da und ist Bock/Duden zufolge auch nicht ein Relikt aus dem Mittelalter, sie setzte sich erst allmählich im 18. Jahrhundert durch. Noch im familialen Gesamthaushalt des 18. Jahrhunderts waren die sogenannten. Frauenarbeiten nicht private Dienstleistung, sondern hatten einen wichtigen Stellenwert. So gehörte beispielsweise das Kochen auf die „Kostenseite" eines Betriebes und umfaßte die sichtbare Ernährung von Arbeitskräften. Mit dem Durchsetzten der bürgerlichen Familienideologie kam es zu einschneidenden Veränderungen: „Hausarbeit wurde fortan als Erscheinungsform von Liebe definiert, gegenüber der außerhäuslichen, Gehalt einbringenden Arbeit des Mannes." (Bock/Duden, 1977:151)

31 Angemerkt sei an dieser Stelle, daß die Rousseau'sche Geschlechterphilosophie insofern kontrovers diskutiert wird, als aus feministischer Perspektive sein Erziehungsroman nicht ausschließlich als „Bravourstück" zur Festlegung polarer Geschlechtscharaktere und Untermauerung männlicher Vormachtstellung interpretiert wird.

Bovenschen (1979) versteht in ihren Untersuchungen zur „imaginierten Weiblichkeit" Rousseaus Roman „Emile oder über die Erziehung" als „Ergänzungstheorem", das die harmonische Ergänzung der Geschlechter zum Vorteil des Mannes nahelegt. (vgl. Bovenschen, 1979:164ff.) Schröder (1990) bezieht sich auf Rousseaus Enzyklopädieartikel „Politische Ökonomie" und findet hier ein dualistisches Mann-Frau Bild, basierend auf der Prämisse: „Frauen sind nicht Teil der ‚menschlichen' und damit bürgerlichen Gesellschaft. Ihre ‚Natur' macht sie unfähig zu Freiheit und Gleichheit." (Schröder, 1990:212) Und auch in Rousseaus

Erziehungsroman erkennt Schröder den Ehemann als Gebieter mit Besitzgewalt gegenüber seiner Frau.

Im Gegensatz dazu kritisiert Garbe (1983) herkömmliche Analysen des Geschlechterverhältnisses bei Rousseau als zu kurz gefaßt. Ausgehend von dem Foucault'schen Machtbegriff (vgl. Foucault, 1979:113ff.) entdeckt sie Anzeichen dafür, daß Rousseau von einer „heimlichen" Politik der Frau ausgeht, und sie fragt, ob er diese nicht vielleicht für weitaus effektiver gehalten hat als die öffentliche „männliche" Macht. Zwar habe er die traditionelle Repräsentation von Macht den Männern zugeschrieben, eventuell aber längst die neuen Formen einer eben erst sich entfaltenden „Disziplinarmacht" auf das Konto der Frauen verbucht. Garbe verweist auf die Funktion des Dritten (des Erziehers), als eine zwischen den Geschlechtern vermittelnde Instanz, die Distanz schafft oder für Transparenz sorgt und damit beschäftigt ist, „...die äußerst prekäre duale Struktur auszubalancieren" (vgl. Garbe, 1983:85) und deutet dies als Indiz dafür, daß Rousseaus Phantasie einer anderen Logik folgte als seine Ratio, die eine deutliche Polarität forderte. Sie resümiert: „Vielleicht ist der Dritte als Grenzgänger und Vermittler zwischen den polarisierten Geschlechtern die zentrale Figur in ROUSSEAUS Szenarium?" (ebd.:86)

32 Diese Töchterschulen, die sich nach höherem und mittlerem bürgerlichen Schultypus unterschieden, wurden deshalb als Privatschulen gefördert, weil sie durch die kleine Zahl und das hohe Schulgeld dem Bügertum Exklusivität sicherten. Staatlicherseits bestand zum damaligen Zeitraum kein Interesse an Mädchenschulen. Die Zahl dieser halb-öffentlichen Einrichtungen, die auf standesgemäßen Statusausdruck abzielten, nahm im Laufe des 19. Jahrhunderts stark zu. Sie blieben aber ohne Anschluß an das Berechtigungswesen und damit an das Beschäftigungssystem. Trotz mehrerer Anläufe zwischen der Weimarer Konferenz 1872 und der Vorlage allgemeiner Vorschriften für die Entwicklung des Mädchenschulwesens 1894 wurde erst mit der Mädchenschulreform 1908 das Mädchenschulwesen grundlegend reformiert. (vgl. Schlüter, 1987:60f.)

33 Henschke (1830-1897) machte auf das quantitative Verhältnis zwischen Knaben- und Mädchenschulen aufmerksam und forderte eine Reform der existierenden Töchterschulen mit dem Ziel, Vorbildung für den weiblichen Beruf in der Familie und Vorbildung für eine Lebensstellung von Frauen außerhalb der Familie zu leisten. (vgl. Schlüter, 1987:63) Denn außer den Volks- und Bürgerschulen, die für Jungen und Mädchen keinen Unterschied machten, gab es für Mädchen darüber hinaus nur die privat organisierten Lehranstalten – die zudem unter der Willkür im Lehrplan und schlechten Lehrern zu leiden hatten – während bei den Jungen der Unterricht von der Volksschule bis zu den höheren Lehranstalten staatlich geregelt war.

34 Pestalozzis Frauenbild wird häufig vor dem Hintergrund seines Romans „Lienhart und Gertrud" diskutiert und analysiert. Mythisch überhöht wird das Frauenbild der pädagogischen und politischen Protagonistin im Bild der Erdmutter. Hierin sieht Jacobi-Dittrich (1987) einen Aspekt, der zur Verfestigung der Geschlechteranthropologie an der Wende vom 18. zum 19. Jahrhundert beigetragen hat.

Aber in ihrer Arbeit zur Bedeutung der Geschlechterdifferenz für die pädagogische Theoriebildung betont sie auch die „andere Seite“ seiner Sichtweise. Diese läßt sich zum Beispiel aus der Umsicht, mit der Gertruds Weltklugheit dargestellt wird, erschließen ebenso wie aus seiner Beschreibung des Umgang mit verwahrlosten Kindern im Stanser Brief.

35 Schon in den Anfängen der Psychologie, als sie sich von der Philosophie abnabelte, und die Gründung psychologischer Laboratorien durch Wundt (1832-1920) und James (1842-1910) erfolgte, wurde versucht, Unterschiede zwischen den Geschlechtern durch den Bezug zur Natur und damit als eine „natürliche Wertkonstante“ zu erklären. Weiniger (1922) betont beispielweise die Überlegenheit des männlichen Geschlechtes in der Literatur, Kunst, etc, um der „abgeschmackten Phrase“ der völligen Gleichheit der Geschlechter zu widersprechen. (Weininger 1922:84) Seine Auffassung spiegelt sich in der Annahme wider, daß hervorragende Frauen, die den Willen haben, zur geistigen und moralischen Freiheit sowie zur Schaffenskraft des Mannes zu gelangen, einfach männliche Züge aufweisen. (vgl. Weininger, 1922:77f.)

Auf eine unterschiedliche genetische Ausstattung der Geschlechter als Ursache von Geschlechtsdifferenzen im Sinne einer weiblichen Inferiorität griff Möbius zurück, der anhand einer Messung von Schädelinhalten, die für Frauen geringere Werte ergab, vermutete, die für die intellektuellen Leistungen verantwortlichen Gehirnteile seien bei Frauen schlechter entwickelt. (vgl. Möbius, 1905)

36 Dieser Terminus wurde von Prokop (1980) eingeführt, den sie folgendermaßen definiert: „‚Weiblicher Lebenszusammenhang‘: das sind zunächst die Tätigkeiten und Beziehungen der Frauen im Bereich der individuellen ‚Reproduktion‘ (auch die berufstätige Frau bezieht sich hierauf), also Haushalt, Familie, Erziehung und Geselligkeit.“ (Prokop, 1980:44) Dem weiblichen Lebenszusammenhang gleichermaßen zugehörig sind aber auch die aus der Organisation dieses Bereiches resultierenden Momente der Subjektivität, wie latente Unzufriedenheit. Dauerhafte Berufsarbeit vermag diese nicht zu vertreiben, denn berufstätige wie nicht berufstätige Frauen fühlen sich primär für die alltägliche Organisation der Hausarbeit, der eine repetitive Struktur zugrunde liegt, zuständig. Prokop resümiert: „Das Alltagsleben ist beruhigend und formal identitätsstiftend und zugleich Grund von verdrängter Verzweiflung.“ (Prokop, 1980:80)

Bis Ende der 80er und Anfang der 90er Jahre ist es zu keinen wesentlichen Veränderungen in den Bestimmungsmomenten des „weiblichen Lebenszusammenhangs“ gekommen. Bezugnehmend auf Ergebnisse unterschiedlicher Analysen verweisen Bamberg/Mohr (1988) darauf, daß Frauen bei Erwerbstätigkeit noch immer den größten Teil der Hausarbeit zusätzlich verrichten, sich in unteren Positionen betrieblicher Hierarchien befinden und weniger verdienen als ihre männlichen Kollegen. Sie sind ferner in stärkerem Maße von ökonomischer Unsicherheit betroffen. (vgl. Bamberg/Mohr, 1988:237) Das heißt, in zentralen Bereichen sind die Lebensbedingungen für Frauen belastend. Aktuell erweitern lassen sich diese Bestimmungsmomente im weiblichen Lebenszusammenhang durch Ergebnisse zur sozialen Ökologie von Frauen: So verweisen Nestmann/Schmerl (1990) beispielsweise auf das eklatante Ungleichgewicht zwischen dem (Wenigen), was Frauen an „social support“ empfangen und dem (Vielen), was sie an sozialer Unterstützung geben. So erbringen überwiegend Frauen als Mütter, Ehefrauen, Töchter, Schwiegertöchter, Schwestern und Schwägerinnen Leistungen wie: „Säuglingspflege, Kleinkinderberteuung, Schulkinderversorgung, Haushaltsführung, Umsorgung des Ehemannes, Pflege von kranken Familienmitgliedern, Versorgung alter Eltern und Schwiegereltern, Pflege und Versorgung von behinderten Kindern und Ehemännern...“ (Nestmann/Schmerl, 1990:19)

37 In dieser „Brigitte-Untersuchung“ wurden insgesamt 1148 Mädchen im Alter zwischen 15 und 19 Jahren von Interviewerinnen des Meinungsforschungsinstituts Contest-Census befragt. Die Erarbeitung des Fragebogens und die Auswertung des umfangreichen Daten- und Zahlenmaterials erfolgte durch Seidenspinner und Burger, zwei Wissenschaftlerinnen des DJI München.

38 Obwohl diese jungen Frauen auf eine qualifizierte Berufsarbeit verweisen können, werden sie aus den Beschäftigungsverhältnissen gedrängt, da gerade in den „typischen Frauenberufen“ (Sekretärinnen, Industriearbeiterinnen, Verkäuferinnen) ein Rationalisierungstrend besteht. In der BRD stellen die Frauen rund ein Drittel aller Erwerbstätigen. Bei den Erwerbslosen waren im Jahre 1988 indessen mehr als die Hälfte Frauen. Auch die Arbeitslosigkeit bei Akademikerinnen und Akademikern stieg an. Bei Männern um 14% bei Frauen sogar um 39%. Unberücksichtigt bleibt ferner die Zahl der Frauen, die mehr oder weniger „freiwillig“ den Arbeitsmarkt verlassen, indem sie sich nach der Arbeitslosigkeit in „sonstige Nicht-Erwerbstätigkeit“ und das ist vorwiegend die Hausarbeit, zurückziehen. Waren es 1970 gerade 6000 Frauen, sind es 1984 schon 121000. Wie sich dementsprechend der sogenannte „Wirklichkeitsschock“, der sich aus der gegenläufigen Entwicklungstendenz von hoher Berufs- und Bildungsmotivation junger Frauen und gleichzeitig errichteten Sperren zum Beschäftigungssystem ergibt, für die nachwachsende Frauengeneration im Detail auswirkt, bleibt unbeantwortet. (vgl. Beck, 1990:29f.)

39 Nur wenige Männer haben sich freiwillig für die Übernahme der Hausmannsrolle entschieden; oftmals sind sie den Forderungen der Partnerin gefolgt und teilweise waren dies auch Bedingungen für deren Schwangerschaft. Viele dieser Männer geben an, stark unter dem sogenannten Hausfrauensyndrom zu leiden. Dieser Minderheit steht die Mehrheit der Männer gegenüber, die sich bei verbaler Beweglichkeit auf die vorstehend beschriebenen alten Zuständigkeiten verlassen. Dementsprechend wird auch verbal das Bild der selbständigen, selbstbewußten Frau samt ihrer Entscheidungsautonomie dem Bild des Heimchen am Herd vorgezogen. Dies allerdings nur so weit, wie die Selbstständigkeit der Frau und ihr leistungsorientiertes Interesse sich nicht gegen das Eigeninteressen des Mannes wendet. (vgl. Beck, 1990:32f.)

40 Die ältere oder erste Frauenbewegung in Deutschland datiert sich in den Jahren 1848 bis 1933.

41 Während „Feminismus“ ein gesellschaftlicher Schlüsselbegriff der Gegenwart ist, war er noch Anfang der siebziger Jahre dem herrschenden Wissenskanon so

fremd, daß er dem enzyklopädisch-lexikographischen Zugriff entgehen konnte. So beschreibt z.B. „Der große Meyer“/Meyers enzyklopädisches Lexikon, Band 8, 1974 den Feminismus noch als das „Auftreten weiblicher Eigenschaften bei einem männlichen Tier oder beim Mann“ und entsprechend das „Große Deutsche Wörterbuch“, 1974, als „weibisches Wesen beim Mann“. (vgl. Pusch, 1983:10) Das Wort „feministe“ geht entweder auf Alexandre Dumas d.J. (1872) oder auf den Frühsozialisten Charles Fourier (1772-1837) zurück. 1899 taucht der Ausdruck noch nicht eingedeutscht – als Personenbezeichnung der/die Feministe – in Looffs Allgemeinem Fremdwörterbuch auf. Schon 1902 veröffentlichte Hedwig Dohm die Streitschrift: Die Antifeministen. Und im Jahre 1912 findet sich erstmals der Terminus „Feminismus“ in Koenigs „Großem Wörterbuch der deutschen Sprache“ sowie in Genius' „Neuem Großen Fremdwörterbuch“. Zu diesem Zeitpunkt kam er der heutigen Bedeutung näher als ca. 30 Jahre später und wurde damals definiert als: Streben nach Gleichstellung des weiblichen mit dem männlichen Geschlecht. In Genius' Wörterbuch findet sich außerdem die Bezeichnung: Der Feminist als „Anhänger dieser Richtung“. Die Feministin tauchte als Terminus jedoch nicht auf. Im Duden (Rechtschreibung) findet sich der Feminismus erst ab 1929 mit Angabe beider Bedeutungen: Frauenemanzipation und Betonung des Weiblichen. Auffallend ist bei diesem kurzen historischen Rekurs auf die begriffsgeschichtliche Entwicklung, daß von 1934 bis 1973 die Definitionen Verweiblichung und Überbetonung des Weiblichen die einzigen geltenden Definitionen waren und erst dann ein „Zurück“ zum Begriff „Frauenemanzipation“ eingeleitet wurde. (vgl. Pusch, 1983:15f.)

42 Der Begriff Sexismus wurde in den USA analog zum Terminus Rassismus gebildet. Zu verstehen ist darunter diejenige Sprach-, Denk- und Verhaltensweise, die ein Geschlecht aufgrund seiner Geschlechtsmerkmale diskriminiert. Da in den meisten Gesellschaften patriarchalische Strukturen vorherrschen, wird der Terminus Sexismus fast ausschließlich zur Kennzeichnung von diskrimierenden Einstellungen und Handlungen gegenüber Frauen verwendet. Das impliziert, daß er ebenso der Kennzeichnung von Bevorzugung und Verherrlichung des männlichen Geschlechts dient. Ähnlich wie der Rassismus wird der Sexismus durch einen deutlichen Zusammenhang zwischen ideologischer Diskriminierung und ökonomischer Ausbeutung gekennzeichnet. (vgl. Schmerl, 1988:689f.)

43 Der folgende Überblick erhebt nicht den Anspruch auf Vollständigkeit. Die deutlichen Trennungslinien zwischen den einzelnen Richtungen innerhalb der Frauenbewegung der siebziger, achtziger und neunziger Jahre werden zwar von den jeweiligen Protagonistinnen als notwendige Abrenzung verstanden, dennoch sind wesentliche Überschneidungen der unterschiedlichen Strömungen erkennbar.

44 Im Unterschied zum angelsächsischen und deutschen Sprachraum fand in Frankreich schon 1968 die Abkehr von egalitären Konzepten statt. Entscheidend dazu bei trug die Gruppe „politique et psychoanalyse“, die sich dagegen verwahrte, den Feministinnen subsumiert zu werden. Ihnen werfen sie vor, an patriarchaler Macht zu partizipieren, statt diese zerstören zu wollen. Internationale Bedeutung erlang-

ten vor allem die Schriften von Cixous (1976), Kristeva (1978) und Irigaray (1980).

45 Dieser Biologismus als einer Variante des feministischen Materialismus mit der Annahme, durch die Befreiung von „natürlichen Lasten" wie Schwangerschaft folge auch eine Befreiung von ihrer ökonomischen und politischen Unterdrückung, wird noch immer diskutiert aber auch kritisiert. MacKinnon (1989) bezeichnet sowohl den Marxismus als auch den Feminismus als Theorien der Macht. Wieso, so fragt sie, macht aber die Kritk gesellschaftlicher Machtverhältnisse – die das marxistische Modell der Klassenanalyse liefert – vor einer Kritik privater Verhältnisse halt? Ihre Antwort: Weil Frauen als revolutionäre Subjekte des Klassenkampfes im Bewußtsein des Kapitalisten ebenso wie in der Wahrnehmung marxistischer Theoretiker nicht vorkommen. Die alltägliche Erfahrung der Frauen, vom herrschenden „common sense" zu Sexualobjekten degradiert zu sein, verdeutlicht sie am Beispiel von Vergewaltigungstaten. Ein autoritativer häufig ausschließlich von Männern geführter Diskurs, der unter Anhörung des männlichen Angeklagten darüber entscheidet, ob sie ihre „Einwilligung" gegeben habe oder nicht. (vgl. ebd.)

46 So lautet der Titel des 1976 von Baker Miller erschienenen Buches.

47 In diesem Zusammenhang zu nennen ist auch der Ökofemisimus, der auf D'Eaubonne zurückgeht (vgl. Daly, 1986:29). Tenor dieser Richtung ist es, der durch Technikbesessenheit bedrohten Menschheit eine Überlebensperspektive zu eröffnen. Gegenwärtige Umweltzerstörung wird als Ergebnis einseitig analytischer „männlicher" Denkstrukturen interpretiert. Aus dieser Richtung entwickelte sich der feministische Pazifismus: Hier werden tradierte weibliche Charaktereigenschaften favorisiert, wie biologisch verankerte Friedfertigkeit, die aus der Gebärfähigkeit abgeleitet wird (vgl. Schenk, 1983).

48 Das Müttermanifest wurde am 18. 2. 1987 auf dem Nachbereitungstreffen zum Mütterkongreß verabschiedet und am 7. März 1987 vor dem Hauptausschuß der Grünen der grünen Öffentlichkeit vorgestellt. Gefordert wird (zurecht) eine kinder- und mütterfreundliche Öffentlichkeit, leider bleibt aber ungeklärt, was unter dieser Öffentlichkeit zu verstehen ist, deutlich wird nur, daß diese den Charakter einer „öffentlichen Wohnstube" und eines „nachbarschaftlichen Kinderzimmers" haben soll. Propagiert wird ferner als Einstieg in diese Öffentlichkeit beispielsweise ein Mütterzentrum, in dem Mütter und Kinder (wieder) völlig unter sich sind. Dieses erneute Einrichten in einer „Nische" wird sicherlich nicht dazu führen, tatsächlich verändernd Einfluß zu nehmen und eine frauen- und mütterfreundlichere gesellschaftliche Realität durchzusetzen. (vgl. Swoboda, 1988:37)

49 So lautet der Untertitel ihres Buches.

50 So lautet der deutsche Titel ihres 1982 erschienen Buches „In a different voice".

51 Als Schülerin und spätere Kollegin von Erikson wirft sie diesem vor, daß er „nie wirklich die Lebensläufe von Frauen untersucht hat, um mehr darüber zu erfahren". (Gilligan, 982:25)

52 Die sechs Stufen in dem Kohlberg'schen Schema, die die Entwicklung der moralischen Urteilsfähigkeit von der Kindheit bis zum Erwachsenenalter beschreiben,

basieren empirisch auf einer Untersuchung von 84 Jungen, deren Entwicklung über einen Zeitraum von 20 Jahren erfaßt wurde. Mädchen wurden nicht berücksichtigt.

53 Dieser Begriff des „care“ ist bei Gilligan von zentraler Bedeutung. Aber es ist schwierig, ihn im Deutschen angemessen wiederzugeben. Den deutschen Übersetzern ihrer Arbeit erschien der Ausdruck „Zuwendung“ als zu eng. Stattdessen verwandten sie den Terminus „Fürsorge“ in einer weitgefaßten Bedeutung des Sorgens für andere. (vgl. die Anmerkung der Übersetzer zu Gilligan, 1983:95)

54 Es soll jedoch nicht verschwiegen werden, daß auch diese Methode des „narrative and contextual mode of thought“ (Schreiner, 1987:241) kritisiert wurde, weil auf quantitative Daten verzichtet wird und selektiv Aussagen der interviewten Frauen zitiert werden, um die Kategorie weiblicher Moralität – so der Vorwurf – im Sinne Gilligans zu bestätigen. (vgl. Nails, 1983; Brabeck, 1983; in: Schreiner, 1987:241) Schreiner selbst schränkt diesen Vorwurf meines Erachtens berechtigterweise ein, indem er Gilligan zitiert, der es vor allem um die Herausarbeitug der idealtypischen Charakterisierung weiblicher Denk- und Erlebnisweisen geht. (vgl. Gilligan, 1988:10)

55 Selbst wenn es nicht Gilligans Intention ist, kann der ausschließlich positiv besetzte Begriff des „care“ als Ausdruck der Fürsorge sich dann gegen die Frauen selbst wenden, wenn sie einseitig hierauf festgelegt werden. Denn die ausschließlich fürsorglichen Handlungen als Ausdruck der besonderen Weiblichkeit oktroyieren weiterhin den Frauen Verhaltensregeln auf, die sich wie eine Krinoline dem schon existenten Korsett des Stereotyps Weiblichkeit überstülpen. Segal (1989) kritisiert die Ignoranz aller sozialen Faktoren bei der Auswertung von Interview-Antworten. So ist weiterhin der Weg geebnet, potentielle Zusammenhänge der moralischen Unterschiedlichkeit der Frauen und ihrer Diskriminierung zu verwischen. Die Geschlechtlichkeit als alleinige Determinante moralischen Urteilens wird auch von Döbert/Nunner-Winkler (1986) in Frage gestellt. Sie vermuten, daß für die jeweilige Konstruktionsart eines moralischen Urteils nicht primär das Geschlecht entscheidend ist, sondern vor allem der Grad der persönlichen Betroffenheit.

56 Stanley (1977, zit. in: Trömel-Plötz, 1987:63) fand im Englischen bzgl. sexueller Promiskuität insgesamt 220 Ausdrücke für Frauen und nur 22 für Männer.

57 Auch der Bezeichnung „Gigolo“ haftet, selbst wenn dieser als „eitler, geckenhafter Mann“ beschrieben wird (Das Neue Duden-Lexikon, 1984:1460), eher wohlmeinender Spott und Nicht-Ernstnehmen an, nicht aber die Diskreditierung als einer randständigen, außerhalb der gesellschaftlichen Normalität des Anstands stehenden, „asozialen“ Person.

58 Zu diesen Gedanken insgesamt wurde ich durch eine unveröffentlichte Arbeit von Landweer (1982) angeregt.

59 Bezugnehmend auf Storr (1968) formulieren Benard/Schlaffer, was auch heute noch gilt: „Frauen in leitenden Positionen befinden sich nur deshalb in diesen Funktionen, weil sie nicht in der Lage waren, einen richtigen Mann zu gewinnen, und dadurch ‚dogmatisch und durchsetzungsgewillt wurden‘; sie sind neurotisch,

abnormal und von ‚minderer Qualität', und daher ist es auch ganz verständlich, daß Männer weibliche Chefs irritierend und unerträglich finden." (Benard/Schlaffer, 1980:361)

60 Dem Konzept der weiblichen Normalbiographie liegt in erster Linie als empirische Grundlage eine Sekundäranalyse der Studie von Held/Levy (1974) über die Stellung der Frau in der Schweiz zugrunde. „Es hat sich in vielen Untersuchungen gezeigt, daß das Merkmal Geschlecht eine starke Varianz der Statusbiographie bedingt, mit anderen Worten, daß aufgrund dieses Merkmals eine Zuschreibung unterschiedlicher Statusbiographien vorgenommen wird, so daß man – vor allem hinsichtlich der Konfigurationsveränderungen – eine männliche von einer weiblichen Normalbiographie unterscheiden kann." (Levy, 1977:43) Nach dem Konzept der klassischen Arbeitsteilung, die für den Mann eine fortdauernde, vom Familienzyklus unabhängige Berufstätigkeit impliziert und für die Frau mindestens eine Reduktion ihrer Berufstätigkeit bedeutet, lassen sich für sie in ihrer Zuweisung auf innerfamiliäre Rollen institutionalisierte Konfigurationsveränderungen beschreiben: Die bestehende Heiratsnorm geht mit einer Einschränkung der Berufstätigkeit einher. Die Geburt des ersten Kindes bedeutet die vollständige Aufgabe der Berufstätigkeit und damit den Verzicht der Frau auf die Partizipation am zentralsten außerfamiliären Statusbereich, dem Beschäftigungssektor. (vgl. Levy, 1977:43ff.) Trotz der Veränderungen, die sich in den letzten Jahren für Frauen ergeben haben, ist die Normalbiographie als theoretisches Konstrukt noch in den Vorstellungen fest verankert und wird durch Stigmata-Drohungen bei Abweichung von dieser normativen Setzung wirksam.

61 Als Pendant etablierten sich Konzepte, in denen die Anforderungen der Gesamtgesellschaft und ihrer Institutionen an die Subjekte thematisiert werden: Dies ist der Makrobereich der Sozialisation. Zu nennen sind hier die historisch-materialistische Gesellschaftstheorie (Marx 1818-1883; Engels, 1826-1895), die fundamentale Kritik an der kapitalistischen Gesellschaft übt sowie die struktur-funktionale Theorie Parsons (1902-1979), die in der Tradition Durkheims (1858-1917) und Webers (1864-1920) wurzelt. Die Sozialisationsproblematik wird hier durch den Einbezug psychoanalytischer Vorstellungen erweitert und aller vier Ebenen des Sozialisationsprozeses – Individuum, Interaktion, Institution, Gesamtgesellschaft – systematisch miteinander verbunden. Zu nennen ist ferner die sozialisationstheoretische Weiterentwicklung des Mead'schen symbolischen Interaktionismus durch Goffman und Strauss (vgl. Kapitel I). (vgl. Tillmann, 1990:35ff.)

62 Kritik erfährt Chodorows Arbeit durch Großmaß (1989) und Hoeppel (1990). Hoeppel bemängelt die fehlende Reflexion der Variablen, die die Mutter-Kind-Beziehung unabhängig vom jeweiligen Geschecht, wie z.B. die Geschwisterfolge, beeinflussen. Ferner bedarf die Allgemeingültigkeit ihrer Theorie einer Einschränkung, da die Auffassung von Homo- und Heterosexualität als Alternativen im Sinne des entweder-oders überholt sind. (vgl. Hoeppel, 1990) Großmaß kritisiert am Modell Chodorws die Prämisse der heterosexeullen Ehe als einziger sozialer Einheit für die Erziehung und das Aufziehen von Kindern. Ferner wird die Bedeutung, die die Erziehenden dem eigenen Geschlecht in der Eltern-Kind-

Beziehung geben, außerachtgelassen. Ferner wird bemängelt, daß die kindlichen „peer-groups“ und die Institution Schule bei Chodorow nur als „affektives Vakuum“ erscheinen.

63 Transsexuelle haben mit Stigmatisierungen durch die Gesellschaft zu rechnen, solange sie nicht eindeutig als weiblich oder männlich zu kategorisieren sind. Deshalb müssen sie sich die Alltagstheorie der Zweigeschlechtlichkeit zu nutze machen, in dem sie sich darum bemühen, bei der ersten Begenung dem richtigen Geschlecht zugeordnet zu werden: „Diese Ersteinordnung ist eben wegen des Glaubens an die Eindeutigkeit und Unveränderbarkeit resistent gegen ‚Fehler‘ in der Folge: Sie werden ggf. übersehen, überhört, oder in einer Weise gedeutet, die mit dem zuerst angenommenen Geschlecht vereinbar ist.“ (Hagemann-White, 1984:81)

64 Die schlichte Erkenntnis, wer einen Penis hat, ist männlich, ist schon dem kognitiven Stand eines erst Dreijährigen zugänglich, jedoch ergab eine Untersuchung mit 3- bis 10jährigen, daß nur 20% von ihnen den Zusammenhang zwischen Genitalien und Geschlechtszugehörigkeit realisiert hatten. (McConaghy, 1979, in: Hagemann-White, 1984:85)

65 Noch in den 70er Jahren wurde in der sich allmählich konstituierenden Frauenforschung das sozialisationstheoretische Modell der Prägung favorisiert, das alle nachweisbaren psychischen Unterschiede auf Sozialisationseinflüsse zurückführte, denen das Kind als Objekt der Prägung hilflos ausgesetzt ist. Die aktuelle Sozialisationsforschung mit – wie Hurrelmann (1988:82) formuliert – „dezidiert frauenzentrierter Blickrichtung“ orientiert sich heute jedoch nicht mehr an diesem Model des passiven Sozialisiertwerdens, sondern versteht die Persönlichkeitsentwicklung als aktuelles Ereignis der aktiven Auseinandersetzung eines Menschen mit den organischen, psychischen und sozialen Lebensbedingungen.

66 Eine positive Aneignung des „Männlich-Seins“ würde voraussetzten, sich an einen Mann anzulehnen, der Männliches direkt vorlebt. Das ginge allerdings nur, wenn der Vater in gleichem Maße da wäre wie die Mutter und die Polarisierung der Geschlechtscharaktere aufgehoben wäre. Mut und Angst hätten beispielsweise nichts mehr mit einer Geschlechterhierachie zu tun, Männlichkeit hätte einen anderen Inhalt. (vgl. Hagemann-White, 1984:92)

67 Pädagogische Interventionen entsprechen diesem Prozeß, indem Mädchen dazu aufgefordert werden, über die Bedürfnisse des/der anderen nachzudenken, sich situativ in sie hinein zu fühlen.

68 Bei der Entwicklung ihres Curriculums „Frauengeschichte“, spürte Kuhn Frauen nach, die sich dem Widerspruch zwischen der Herausbildung einer scheinbar universalen Ich-Identität für das männliche Geschlecht und einer scheinbar eigenständigen, faktisch nur über den Mann vermittelten weiblichen Ich-Identität in der Geschichte widersetzten. Auf diese Art und Weise können den Mädchen auch positive Identitfikationsfiguren angeboten werden, die im (Geschichts-)Unterricht bisher weitgehend fehlten. (Kuhn, 1980)

69 In diesem Zusammenhang ist Harding (1989) zu nennen, die sich durch eine Analyse der Rationalitätskonzeption einen anderen Zugang zur Problematik ge-

schlechtsspezifischer Identitätsentwicklung verschafft. Wie Kuhn sieht sie eine deutliche Übereinstimmung zwischen dem modernen Ideal des bürgerlichen Menschen und der idealen maskulinen Persönlichkeit. In erster Linie geht es ihr deshalb darum, den Begriff menschlicher Rationalität aufzulösen, der bislang einseitig durch die spezifisch männliche Perspektive bestimmt war.

70 Diese Kovariationshypothesen können am sogenannten „Kelley-Würfel" veranschaulicht werden, einer graphischen Würfel-Darstellung, bei der auf den drei Achsen eines Koordinatensystems Personen, Objekte und Zeitpunkte abgebildet sind. Eines der wichtigsten Resultate der Forschungsergebnisse ist die Feststellung, daß insgesamt mehr Personenattributionen als Stimulusattributionen vorgenommen werden, und daß die Konsensusinformation insgesamt schwächere Effekte hat als Distinktheit- oder Konsistenzinformation.

71 Dabei wird unterschieden zwischen Kausalschemata, die zur Ergänzung unvollständiger Informationen dienen, und Schemata, die explizite und direkte Annahmen über die Kausalbeziehung bestimmter Ereignisse zu bestimmten Ursachen enthalten. Liegt nur eine unvollständige Information vor, wird zu dem personalen vollständigen Muster ergänzt, sofern eine eindeutige Zuordnung möglich ist. Paßt die vorliegende Teilinformation zu mehreren vollständigen Mustern, wird das Ereignis den in Frage kommenden Ursachen attribuiert.

72 Es wurde festgestellt, daß mit steigender Abhängigkeit „a) der Stimulusperson mehr Aufmerksamkeit zugewendet wurde (..), b) mehr Einzelinformationen über die Stimulusperson erinnert wurden, c) der Stimulusperson extremere (stärker ausgeprägte) Eigenschaften zugeschrieben wurden, d) diese Dispositionsattributionen mit größerer Sicherheit bezüglich der Richtigkeit der Beurteilungen durchgeführt wurden und e) – offenbar im Sinn wunschhaften Denkens – die Stimulusperson als sympathischer und anziehender beurteilt wurde." (Herkner, 1980:35)

73 In G.B. Shaws Stück „Pygmalion" heißt es: „... Sehen Sie, wenn man davon absieht, was ein jeder sich leicht aneignet: sich anziehen, richtige Aussprache und so weiter, dann besteht der Unterschied zwischen einer Dame und einem Blumenmädchen wahrhaftig nicht in ihrem Benehmen, sondern darin, wie man sich gegen sie benimmt. Für Professor Higgins werde ich immer ein Blumenmädchen sein, weil er mich immer wie ein Blumenmädchen behandelt und behandeln wird. Aber ich weiß, daß ich für Sie eine Dame sein kann, weil Sie mich immer wie eine Dame behandeln und behandeln werden." (Shaw: „Pygmalion", zit. in: Rosenthal/Jacobson, 1971:225)

74 Entgegen der Annahme einer größeren Aufmerksamkeit gegenüber Jungen, die u.a. die Internalisierung der gesellschaftlichen Höherwertigkeit männlichen Tuns zur Konsequenz haben kann (Frasch/Wagner 1982), betont Andresen (1982) die offensichtlichen Schulschwierigkeiten für Jungen in den ersten Schuljahren. Dies hatte zumindest in Berlin zur Folge, daß bewußt mehr männliche Erzieher für den Vorschulbereich herangezogen wurden, um einer Feminisierung der Grundschule entgegenzuwirken. (vgl. Hagemann-White, 1984:67)

75 Auch bei der folgenden Untersuchung von Brumlik/Holtappels (1987) wäre es interessant, eine Aufschlüsselung nach dem Geschlecht vorzunehmen: Die Befra-

gung von „sitzengebliebenen" Schülerinnen und Schülern einer Hauptschule zeigt, daß sie über unterschiedliche Haltungen verfügen, mit der Typisierung Schulversagerin bzw. Schulversager fertig zu werden. Eine Hälfte reagiert mit Schuldzuweisungen an die Lehrerinnen und Lehrer, die andere Hälfte spricht weitgehend sich selbst die alleinige Schuld für das Versagen zu. Sie haben die institutionelle Definition des/der Versagerin als Selbstattribution übernommen.

76 Auf Seligmann (1986) geht die Theorie der „Erlernten Hilflosigkeit" zurück, die u.a. die Entstehung reaktiver Depressionen erklärt. Sie hat Eingang in die Sozialpsychologie, die Klinische Psychologie und die Pädagogische Psychologie gefunden. Hiernach kommt es zum Gefühl der Hilflosigkeit, wenn ein Mensch mit einer Konsequenz konfrontiert wird, die unabhängig von seinen Reaktionen ist und er deshalb lernt, daß die Konsequenz von seinen Reaktionen unabhängig ist. Aus dem Gefühl der Hilflosigkeit können dann Angst und Depressionen entstehen. Weil die Überzeugung, in einer bestimmten Situation keine Kontrollmöglichkeit zu haben, auf einen Lernprozeß zurückgeht, ist sie aber beeinflußbar. So zeigen Untersuchungen: Depressionen gehen in dem Maß zurück, in dem eine Person die Kontrolle über die eigene Umgebung zurückgewinnt. Obwohl Seligmann selbst keine Differenzierung nach dem Geschlecht vornimmt, fällt auf, wie treffend seine Überlegungen gerade auf den weiblichen Lebenszusammenhang übertragen werden können.

77 Legitimationsinstanz neuer Realitäten ist für Hubbard vor allem die Wissenschaft, die die Realität nicht nur definiert, sondern ihr einen neuen Rahmen vorgibt, so daß beispielsweise Sinneserfahrungen durch vorgegebene Definitionen so „umerklärt" werden, daß sie mit der akzeptierten Definition der Wirklichkeit zusammenpassen. So wird beispielsweise trotz der konträren Wahrnehmung postuliert, daß sich innerhalb des definierten dreidimensionalen Raumes Parallelen nie schneiden. (vgl. Hubbard 1989:302/303)

78 Auch Gilligan verweist auf die nicht nur expressive, sondern denotative Rolle der Sprache, indem sie formuliert, „...daß die Art und Weise, wie Menschen über ihr Leben sprechen, von Bedeutung ist, und daß die Sprache, die sie gebrauchen, und die Verbindungen, die sie herstellen, die Welt enthüllen, die sie wahrnehmen und in der sie handeln." (1988:10)

79 Eine wichtige Frage feministischer Sprachforschung kann in dieser Dissertation nur peripher behandelt werden: Welche geschlechtstypischen Merkmale existieren im Kommunikationsverhalten? So konnte Lakoff (1975) eine größere Höflichkeit in der weiblichen als in der männlichen Sprache ausmachen. Dies sieht sie einerseits in der Funktion der Frau als „Hüterin der Moral" begründet. Andererseits beinhaltet dieser differentielle Sprachgebrauch aber auch einen repressiven Charakter, indem er die Frau in die Rolle der „Hüterin der Artigkeit" drängt und damit objektive Entwicklungsmöglichkeiten beschneidet. Auch Herrschaftsstrategien im Kommunikationsverhalten zwischen Männern und Frauen konnten aufgedeckt werden. So ergreifen Männer die Initiative zur Gesprächseröffnung und -beendigung häufiger als Frauen. (vgl. zu diesen Fragen auch Klann, 1978; Klann-Delius, 1982; Werner, 1983; Fried 1990; Trömel-Plötz, 1990)

80 Lakoff (1975) zeigte schon in den siebziger Jahren, wie anhand von Wortpaaren die Einschätzung zu den verschiedenen Rollen von Frauen und Männern in der Gesellschaft abgelesen werden kann. Die Begriffe „Jungfer“ und „Junggeselle“ enthalten beispielsweise eine ähnliche Denotation: Beide Fälle verweisen auf den Status des Unverheiratetseins. Aber während „Junggeselle“ neutral bis positiv verwendet wird, hat die Konnotation „Jungfer“ einen eindeutig pejorativen Charakter.

81 Die Ausführungen orientieren sich an der Darstellung des 33. Kapitels in Jannssen-Jureits Buch „Sexismus“ (1978).

82 Diese Sichtweise wurde jedoch schon zu jener Zeit mit dem Hinweis darauf kritisiert, daß natürliches und grammatikalisches Geschlecht nicht übereinstimmen.

83 Ein Rätselbeispiel aus den USA verdeutlicht dies: „Vater und Sohn verunglücken im Auto, der Vater ist tot, der Sohn kommt in die Notaufnahme, the surgeon (dt. Chirurg) erblickt ihn und schreit auf: ‚Oh Gott, das ist ja mein Sohn!‘“ Die Antwort zur Frage, wie das sein kann, lautet: Der Chirurg ist die Mutter. (zit. in der Süddeutschen Zeitung vom 7./8.05.1988: Männersprache, Frauensprache)

84 Die Diskrepanz ergibt sich allerdings daraus, daß die verschiedenen Genera bei Körperteilbezeichnungen irrelevant sind, was sie grundsätzlich von Personenbezeichnungen unterscheidet.

85 Trömel-Plötz et al. (1982) unterscheiden vier Arten eines frauendiskriminierenden Sprachgebrauchs: (1) die Sprache, die die Leistung und/oder Gegenwart von Frauen ignoriert (z.B. bei Anschreiben: „An die Familie Peter Dörsch“ statt: „An Frau Eva und Herrn Peter Dörsch“); (2) die Sprache, die unmerklich Frauen in Abhängigkeit vom Mann darstellt, was sich in der asymmetrischen Benutzung von Namen und Titel äußert (z.B. „Bundespräsident Scheel und Ehefrau Mildred“ statt: „Bundespräsident Scheel und seine Frau, Dr. Scheel“); (3) Sprache, die Frauen nur in traditionellen Rollen mit sogenannten weiblichen Eigenschaften darstellt, (was sich ironisch auf: „Vater liest Zeitung, Mutter liest Erbsen“ zuspitzen läßt); (4) Sprache, die Frauen in jedem Kontxt nach dem Äußeren beurteilt (z.B. „das schwache Geschlecht, das schöne Geschlecht“, statt einfach: „Frauen“). (alle Beispiele vgl. Trömel-Plötz et al., 1982:85-89)

86 Folgendes Gesetz wurde schon als Reaktion auf die Sprachkritik erlassen: „Der Arbeitgeber soll einen Arbeitsplatz weder öffentlich noch innnerhalb eines Betriebes nur für Männer oder nur für Frauen ausschreiben. (§ 611b BGB)“ zit. in: Pusch, 1984:95) Dennoch läßt sich noch Im Jahr 1991 feststellen: „Weibliche Fachkräfte werden in Stellenanzeigen nicht motiviert, sich in sogenannten Männerberufen zu bewerben: Lediglich 19 Prozent der Anzeigen, die diese Berufe betreffen, sind geschlechtsneutral formuliert, obwohl die meisten der ‚Männerberufe‘ durchaus von Frauen erlernt und ausgeübt werden können. Das hat eine Analyse ergeben, die das Berliner Bundesinstitut (Bibb) erstellt hat (...). Im Industriebereich werden zu 80 Prozent Männer angesprochen in Stellenanzeigen, beim Handwerk sind es 49 Prozent. Frauen sind jedoch dann erwünscht, wenn Teilzeitkräfte gesucht werden: 39 Prozent der Stellenangebote, in denen weibliche Fach-

kräfte gesucht werden, sind Teilzeitarbeitsplätze oder bieten diese Möglichkeit an." (Die Welt, v. 31.08.1991: „Frauen nur bedingt erwünscht")

87 Ausnahmen finden sich z.B. in einzelnen strafrechtlichen Bestimmungen.

88 Chesler (1977) weist auf die unterschiedlichen Normalitätsstandards hin. Ihre Arbeit ist grundlegend für das Verständnis der psychiatrischen Definition abweichenden Verhaltens von Frauen.

89 Die Untersuchung der Amerikanerin Russel (1986) zeigt, daß 38% aller Mädchen bis zum Alter von 18 Jahren und 28% bis zum Alter von 14 Jahren mindestens einmal innerhalb oder außerhalb ihrer Familie sexuell mißbraucht wurden. Eine niederländische Arbeit (Draijer, 1988) kommt zu ähnlichen Ergebnissen: 43% aller Mädchen bis zum Alter von 16 Jahren wurden mindestens einmal innerhalb oder außerhalb ihrer Familie sexuell mißbraucht. (alle Angaben in: Oberlies, 1992:108)

90 Alle Hervorhebungen wurden von der Verfasserin vorgenommen. In den ausgesparten Sätzen kommt die Personenbezeichnung „Jugendlicher" nicht oder nur in der Pluralform vor.

91 Wie kommt es zum Titel: Peter-Pelikan? Zwei Motive waren für die Mental-Health-Group auschlaggebend: 1. Der Pelikan ist für seine Fürsorge bei der Pflege der Jungen bekannt und dadurch zum Symbol elterlicher Liebe geworden. 2. Im Staate Louisiana entspricht er in seiner Symbolik ganz der des Klapperstorches in Deutschland. „Wenn dort kleine Kinder nach ihrer Herkunft fragten, so sagte man ihnen, der Pelikan habe sie aus dem Lebensteich gefischt, habe sie liebevoll in die geräumige Hautfalte seines Schnabels gebettet und sie so – wohlgeborgen – ins Haus getragen zu den Eltern, die sich bei ihm ein Kindchen bestellt hatten." (Vorwort zu den Peter-Pelikan Heften)

92 Zwar ist die Kind-Semantik deutlich vorherrschend, dennoch tauchen schon in den Briefen 1-19 vereinzelt Differenzierungen auf: So thematisiert der Brief Nr. 1 das Geschlecht des noch ungeborenen Kindes einmal in der Unterscheidung Mädchen/Junge. In Brief Nr. 7, also ein halbes Jahr später, wird bei der Thematisierung der Vaterrolle auch eine Differenzierung in Mann/Frau, Mädchen/Junge, Söhne/Töchter vorgenommen. Der Kontext Sexualität ist es, der auch in Brief 12 und in Brief Nr. 18 die Formulierungen Mädchen/Junge, Tochter/Sohn nach sich zieht. Außerdem wird im Brief Nr. 9 in der Sprechblase vom männlichen Kind – die Mutter sagt: „meiner" – gesprochen, und im Text tauchen auch einmal die Bezeichnungen Enkelin und Nichte auf.

93 Im Pelikan-Brief Nr. 12 wird zum ersten Mal – allerdings nur undeutlich – ein Kind mit Rock und langem Haarzopf abgebildet. In Brief Nr. 5 wurde erstmals ein Mädchen abgebildet. Diese Zeichnung bezog sich jedoch nicht auf das gemeinte Kleinkind sondern auf die ältere Schwester.

94 Zu einem ähnlichen Ergebnis kommen auch die bislang erfolgten Schulbuchanalysen, die zeigen: Nur ein Drittel der dargestellten Figuren sind Mädchen oder Frauen. Festgestellt wurde darüber hinaus, daß diese in der Regel passiv und nicht aktiv als Handlungsträgerin beschrieben werden. Die gesellschaftliche Unterprivilegierung der Frau findet ihr Pendant in Abbildungen, die männliche Figuren größer zeichnen als weibliche sowie durch die attributive Zuschreibung des

„großen Bruders" und der „kleinen Schwester". Emotionen werden durch Mädchen rerpäsentiert. (z.B. Navé-Herz, 1978; Ohlms, 1984; Fichera, 1990) Kuhn (1980) stellt z.B. für den Bereich Geschichte fest, daß Mädchen und Frauen als politisch Handelnde und Erfinderinnen in den Schulbüchern nicht vorkommen, und vor allem im Bereich der Biologie-Schulbücher läßt sich eine Geringschätzung des weiblichenen Geschlechts ablesen. (Demes, 1984)

95 Die „neutrale" Kindsemantik in den Peter-Pekikan Heften setzt sich aus folgenden Termini zusammen, die etwa entsprechend ihrer Häufigkeit aufgelistet sind: das Kind; das Baby; der Säugling; das kleine Wesen; das Kleinkind; die Kleinen; das Ein- (Zwei-, Drei-) jährige; die Spielgefährten; der Spielkamerad; ein aktiver kleiner Mitmensch; ein kleiner Mensch; kleiner Wanderkamerad; Erdenbürger; Nachbarsjunge; Nachbarskinder; das Krabbelkind; der Nörgler; Ihr kleiner Sprößling; der Bengel; der Spätentwickler. Hinzu kommen Lexeme mit einer geschlechtsinhärenten Spezifikation wie Bruder, Schwester, Bub, Sohn und Tochter, die vorwiegend in den Elternbriefen verwendet werden, die die Geschlechterfrage thematisieren, sowie der Terminus Mädchen.

96 Es soll nicht die positive Ausnahme im Brief Nr. 36 verschwiegen werden. Hier wird von der Tochter, dem Sohn, der Schülerin und dem Schüler gesprochen, obwohl die Geschlechterfrage nicht explizit thematisiert wird. So heißt es im Text: „Eine neue Rolle, die es bald ausfüllen muß, ist die des Schülers. In mehrere Rollen ist ihr Kind bereits hineingewachsen. Es ist Kind seines Vaters und seiner Mutter, also Tochter oder Sohn. Es ist Enkel seiner Großeltern, Spielgefährte von anderen Kindern auf dem Spielplatz oder im Kindergarten, Freund oder Freundin. Wenn das Kind Geschwister hat, ist es Bruder oder Schwester. Nun soll es Schüler oder Schülerin werden." (S.1) Bedauerlicherweise heißt es auf der folgenden Seite wieder: „Zu einem richtigen Schüler gehört auch der Schulranzen." (S. 2) So büßt die zuvor vorgenommene Differenzierung nach Geschlecht durch die Formulierung „der Schüler" an Konsequenz ein.

97 Die dritte Abbildung im Brief Nr. 27 stellt ein Mädchen als Kapazität, als Ärztin, dar und wäre als Ausnahme zu werten, wenn es sich nicht um ein Beispiel von bewußter Gegenattribuierung handeln würde, in dem Kritik an der Typisierung der Geschlechter und der Rolle der Geschlechtlichkeit geübt würde.

98 Die den Mädchen zugewiesenen Eigenschaften lauten: energisch (Nr. 23), wohlerzogen (Nr.29), freundlich (Nr. 29, still (Nr. 29), nett (Nr. 29), sensibel (Nr. 29), glücklich (Nr. 29) hilfsbereit (Nr. 29), großzügig (Nr. 30), vorsichtig (Nr. 33), lieb und brav (Nr. 35), lieb und artig (Nr. 35), nicht lieb (Nr. 35). Folgenden Prädikate werden für die unterschiedlichen Temperamentszuweisungen gewählt: haut und beißt (Nr. 19), heult (Nr. 20), wütender Protest und Heulen (Nr. 20), tobt es leidenschafflich gern beim Fußball herum (Nr. 20), ist mit Feuereifer dabei (Nr. 20), friedlich backend (Nr. 26), schimpft (Nr. 27), ärgerlich (Nr. 27), jammert und quengelt (Nr. 29), macht ein fürchterliches Geschrei (Nr. 32), sie springen und jauchzen (Nr. 32), knallt wütend die Tür (Nr. 33), malt gern und mit Hingabe (Nr. 33), zerbeißt verzweifelt (Nr. 34), selbständig und unabhängig (Nr. 34), bewundernswert ruhig (Nr. 34). Diejenigen Eigenschaften, die dem Mädchenstereotyp

nicht entsprechen tauchen, unabhängig vom Kontext, vor allem in den Briefen (Nr. 20, 27, 34) auf, die die Geschlechterfrage explizit behandeln; ; d.h. es handelt sich um Beispiele *bewußter* Gegenattribuierung.

99 Die Charakteristik der Jungen setzt sich folgendermaßen zusammen: folgsam (Nr. 19), hingebungsvoll (Nr. 19), lebhaft (Nr. 19), marschiert (Nr. 2o), schmeißt mit Wucht (Nr. 20), wie ein Wilder mit seinen Bauklötzen herumwerfen (Nr.20), nicht so wild schleudern (Nr. 20), seine Absätze richtig laut klappern (Nr. 20), aufgeregt (Nr.23), erregt (Nr. 23), beruhigt (Nr. 23), rempelt an und wirft um (Nr. 26), entrüstet (Nr. 28), verblüfft (Nr. 28), entrüstet (Nr. 28), ungezogen und böse (Nr. 28), beruhigt (Nr. 29), gespannt (Nr. 31), ärgerlich (Nr. 31), preßt ärgerlich hervor (Nr. 31), erzwungen wütendes ‚danke' (Nr. 31), mürrisch (Nr. 33), schlägt Kurt (Nr. 33), zerstört mit einem Faustschlag (Nr. 34). Die ersten zwei Begriffe widersprechen sicherlich dem Stereotyp Jungen und sind als absolute Ausnahme zu werten, da es der einzige Fall ist, in dem nicht im Kontext die Thematik der Geschlechterdifferenz explizit angesprochen wurde. Dem Stereotyp hingegen entsprechend sind fast alle anderen Beschreibungen.

100 In den Briefen, die die Geschlechterfrage nicht aufgreifen, wird Jungen und Mädchen vorwiegend geschlechtsstereotypes Spielzeug zugewiesen. Während Jungen beispielsweise in 9 Abbildungen mit Autos dargestellt werden, kommt dies bei den Mädchen nur ein einziges Mal vor.

101 Diese Diskrepanz zeigt sich auch im Brief Nr. 18: Die Abbildung Nr. 1 zeigt ein Mädchen, das Geburtstagskerzen ausbläst und als Geschenk eine Puppe erhalten hat. Abbildung Nr. 2 zeigt Vater mit Sohn, der Vater legt dem Sohn die Hand auf die Schulter. Die 3. Abbildung zeigt ein Mädchen spielend mit einem Ball, während der Junge mit einem Auto spielt. Die Abbildung Nr. 5 zeigt Vater mit Sohn, wie sie mit einem Auto spielen und Bauklötzen. Der Text auf derselben Seite 6 empfiehlt jedoch gleiches Spielzeug für Mädchen und Jungen.

102 Wie ein Sprachwandel auszusehen hat, kann in dieser Arbeit nur exemplarisch angesprochen werden. Für eine systematische Zusammenstellung von Vorschlägen für eine Feminisierung der Sprache siehe Hellinger (1985).

103 Vor allem Hoeppel (1991) verweist anhand der Arbeit von Grabrucker (1985) kritisch auf das Scheitern des Erziehungsziels der Geschlechtsneutralität, wie es noch heute oftmals im Bewußtsein von Erziehenden verankert ist.

104 Diese Rollen – vorgestellt als ein Paar Schuhe – passen nicht. So geht es vielen Frauen wie den Schwestern von Aschenputtel. Sie nehmen die Deformation ihrer Füße in Kauf, um in den Schuh zu passen, der es überhaupt erst erlaubt, die Bühne der Akteure zu betreten.

105 Die „Didaktik der Abschreckung" (Schaeffer-Hegel, 1984:128) kennzeichnet trotz der aufklärerischen Intention die Mädchen nur als Opfer. Das zeigt sich z.B. in dem emanzipatorischen Anspruch der Unterrichtsbeispiele zum Thema „Frau und Gesellschaft". Auch die Materialien zum Lernfeld Sozialisation enthalten eine Fülle von Beispielen, in denen Tätigkeiten und Kompetenzen von Mädchen und Frauen gegenüber denen von Jungen und Männern abgewertet werden. Da keine positive Identifikation angeboten und weibliche Sozialisation als defizitär

erklärt wird, wirkt diese Didaktik Geschlechtsrollen stabilisierend. Schaeffer-Hegel (1984:129) schlägt vor, sie durch eine Didaktik der positiven Provokation zu ersetzen. In diesem Sinne schreibt Kopp-Degethoff: „Es muß ein eigenes weibliches Selbstbild im Bewußtsein weiblicher Geschichte, weiblicher Fähigkeiten und weiblicher Stärke entworfen werden." (Kopp-Degethoff, 1988:147)

106 Vgl. hierzu auch den derzeit durchaus konträr geführten rechts- und sozialphilosophischen Diskurs zum Thema: Gleichheitsverständnis und Geschlechterdifferenz. (Gerhard et al., 1990; Frommel, 1991; Maihofer, 1991)

Literaturverzeichnis

Ahlheim, R. et al.: Gefesselte Jugend. Fürsorgeerziehung im Kapitalismus. Frankfurt/M. 1972 (2).

Allport, G.W.: Persönlichkeit (1937). Meisenheim/Glan 1959 (2).

Allport, G.W.: Gestalt und Wachstum in der Persönlichkeit (1961). Meisenheim/Glan, 1970.

Andresen, H.: Ist Schreibenlernen nur etwas für kleine Mädchen? In: Brehmer, I. (Hrsg.): Sexismus in der Schule. Weinheim und Basel, 1982, S. 159-188.

Armstrong, G.: Females under the Law. – ‚Protected but unequal'. Crime and Delinquency, April 1977, S. 109-120.

Bahr-Jendges, J.: Buchbesprechung zu Jutta Limbach, Gemeinsame Sorge geschiedener Eltern. In: STREIT. Feministische Rechtszeitschrift 1/91, S. 19-22.

Baker Miller, J.: Die Stärke weiblicher Schwäche. Zu einem neuen Verständnis der Frau (1976). Frankfurt/M. 1982.

Bamberg, E./Mohr, G.: Geschlechtsunterschiede. In: Asanger, R./Wenninger, G. (Hrsg.): Handwörterbuch Psychologie. München und Weinheim 1988 (4), S. 237-242.

Bast, C.: Weibliche Autonomie und Identität. Untersuchungen über die Probleme von Mädchenerziehung heute. Weinheim und München 1988.

Beauvoir, S. de: Das andere Geschlecht. Sitte und Sexus der Frau (1968). Reinbek bei Hamburg 1991.

Beck, U.: Freiheit oder Liebe. In: Beck, U./Beck-Gernsheim, E.: Das ganz normale Chaos der Liebe. Frankfurt/M. 1990, S. 20-64.

Beck, U./Beck-Gernsheim, E.: Das ganz normale Chaos der Liebe. Frankfurt/M. 1990b.

Beck, U./Beck-Gernsheim, E.: Riskante Chancen – Gesellschaftliche Individualisierung und soziale Lebens- und Liebesformen. In: Beck, U./Beck-Gernsheim, E.: Das ganz normale Chaos der Liebe. Frankfurt/M. 1990, S. 7-19.

Becker, H.S.: Aussenseiter. Zur Soziologie abweichenden Verhaltens. Frankfurt/M. 1981.

Becker-Schmidt, R.: Frauenforschung. In: Asanger, R./Wenninger, G. (Hrsg.): Handwörterbuch Psychologie. München/Weinheim 1988 (4), S. 194-199.

Benard, C./Schlaffer, E.: Die ganz gewöhnliche Gewalt in der Ehe. Texte zu einer Soziologie von Macht und Liebe. Reinbek b. Hamburg 1980.

Benard, C./Schlaffer, E.: Liebesgeschichten aus dem Patriarchat. Von der übermäßigen Bereitschaft der Frauen, sich mit dem Vorhandenen zu arrangieren. Reinbek b. Hamburg 1984.

Benner, D.: Allgemeine Pädagogik. Eine systematisch-problemgeschichtliche Einführung in die Grundstruktur pädagogischen Denkens und Handelns. Weinheim und München 1991.

Berg, L.: In der Schule leben lernen. Süddeutsche Zeitung: Umwelt, Wissenschaft, Technik. 11.03.1993.

Berger, P.L./Kellner, H.: Die Ehe und die Konstruktion der Wirklichkeit. In: Soziale Welt. Jg. 16. 1965, S. 220-235.

Berger, P./Luckmann, T.: Die gesellschaftliche Konstruktion der Wirklichkeit. Eine Theorie der Wissenssoziologie (1966). Frankfurt/M. 1987.

Bertram, H.: Einleitung. In: Bertram, H. (Hrsg.): Gesellschaftlicher Zwang und moralische Autonomie. Frankfurt/M. 1986, S. 9-30.

Bilden, H.: Geschlechtsspezifische Sozialisation. In Hurrelmann, K./Ulich, D. (Hrsg.): Sozialisationsforschung. Weinheim 1986, S. 777-812.

Bock, G./Duden, B.: Arbeit aus Liebe – Liebe als Arbeit: Zur Entstehung der Hausarbeit im Kapitalismus. In: Frauen und Wissenschaft. Beiträge zur Berliner Sommeruniversität für Frauen. Berlin 1977, S. 118-199.

Bovenschen, S.: Die imaginierte Weiblichkeit. Exemplarische Untersuchungen zu kulturgeschichtlichen und literarischen Präsentationsformen des Weiblichen. Frankfurt/M. 1979.

Brehmer, I. (Hrsg.): Sexismus in der Schule. Weinheim 1982.

Brehmer, I.: Von geistigen Müttern und anderen Bildern der Mütterlichkeit in Helene Langes Autobiographie. In: dies. et al. (Hrsg.): Frauen in der Geschichte IV. „Wissen heißt leben...". Beiträge zur Bildungsgeschichte von Frauen im 18. und 19. Jahrhundert. Düsseldorf 1983, S. 88-98.

Brehmer, I./Enders-Dragässer, U. (Hrsg.): Die Schule lebt. Frauen bewegen die Schule. München 1984.

Breitling, G.: Der verborgene Eros. Weiblichkeit und Männlichkeit im Zerrspiegel der Künste. Frankfurt 1990.

Brophy, J.E./Good, T.L.: Die Lehrer-Schüler-Interaktion. München u.a. 1976.

Brownmiller, S.: Weiblichkeit (1984). Frankfurt/M. 1987.

Brumlik, M.: Der symbolische Interaktionismus und seine pädagogische Bedeutung. Frankfurt/M. 1973.

Brumlik, M./Holtappels, H.G.: Mead und die Handlungsperspektive schulischer Akteure – interaktionistische Beiträge zur Schultheorie. In: Tillmann, K.J.: (Hrsg.): Schultheorien. Hamburg 1987, S. 88-103.

Bucaille-Euler, A.: Gewalt ist das Gegenteil von zärtlich sein: Wie Mädchen Gewalt in der Schule erleben. In: Enders-Dragässer, U./Fuchs, C. (Hrsg.): Frauensache Schule. Frankfurt/M. 1990, S. 132-138.

Chesler, Ph.: Frauen – das verrückte Geschlecht. Reinbek b. Hamburg 1977.

Chesney-Lind, M.: Judical paternalism and the female status offender. Training women to know their place. In: Crime & Deliquency, April 1977, S. 121-130.

Chodorow, N.: Das Erbe der Mütter. Psychonalyse und Soziologie der Geschlechter (1968). München 1990 (3).

Chysholm, L.: Die gesellschaftliche Situation von Mädchen als Unterrichtsthema: Bericht aus einem englischen Modellprojekt der Schulforschung und Lehrerbildung. In: Prengel, A. et al (Hrsg.): Schulbildung und Gleichberechtigung. Frankfurt/M. 1987.

Cixous, H.: Schreiben, Feminität, Veränderung. In: Alternative 108/109, Juni/August 1976, 19. Jg., S. 134-147.

Clarricoates, K.: „Dinosaurs in the classroom" – a re-examination of some aspects of the „hidden" curriculum in primary schools. In: Women's Studies International Quarterly, Vol. 1, 1978, S. 353-364.

Colby, A./Kohlberg, L.: Das moralische Urteil: Der kognitionszentrierte entwicklungspsychologische Ansatz. In: Bertram, H. (Hrsg.): Gesellschaftlicher Zwang und moralische Autonomie. Frankfurt/M. 1986, S. 130-162.

Dahrendorf, R.: Homo Sociologicus (1958). Opladen 1977 (15).

Daly, M.: Jenseits von Gottvater, Sohn & Co. Aufbruch zu einer Philosophie der Frauenbefreiung. München 1978.

Daly, M.: Gyn/Ökologie. Eine Meta-Ethik des radikalen Feminismus. München 1986.

Dane, E.: Vom Doppelstandard des Alterns. In: Psychologie Heute. September 1985, S. 53-59.

Das Neue Duden-Lexikon. Bd. 4. Mannheim u.a. 1984.

Demes, B.: Geschlechterrollendarstellung in Biologieschulbüchern der Sekundarstufen I und II. In: DJI Materialien, Arbeitsgruppe Elternarbeit (Hrsg.) Band 12: Die Schule lebt. Frauen bewegen die Schule. München 1984, S. 213-224.

Devereux, G.: Angst und Methode in den Verhaltenswissenschaften. Frankfurt u. a. 1976.

Dinnerstein, D.: Das Arrangement der Geschlechter (1976). Stuttgart 1979.

Döbert, R./Nunner-Winkler, G.: Wertwandel und Moral. In: Betram, H. (Hrsg.): Gesellschaftlicher Zwang und moralische Autonomie. Frankfurt/M. 1986, S. 289-321.

Drosdowski, G.: Langer Brief der Duden-Redaktion an die taz. In: Juchz & Jubel – Sonderheft der taz. April 1989, S. 86.

Dubiel, H.: Identität und Institution. Studien über moderne Sozialphilosophien. Düsseldorf 1973.

Dubiel, H.: Identität, Ich-Identität. In: Ritter, J./Gründer, K. (Hrsg.): Historisches Wörterbuch der Philosophie. Bd. 4, Darmstadt, 1976, S. 148-151.

Duden „Das große Wörterbuch der deutschen Sprache" in 6 Bd. Mannheim u.a. 1978.

Dweck, C.S./Goetz, T.E.: Attributions and learned helplessness. In: Harvey, J.H. et al. (Hrsg.): New directions in attribution research. Hillsdale N.J. 1978, Bd. 2, S. 157-179.

Dweck, C.S. et al.: Sex differences in learned helplessness: II. The contingencies of evaluative feedback in the classroom and III. an experimental analysis. Developmental Psychology Vol. 14, No. 3, 1978, S. 268-276.

Edelstein, W./Nunner-Winkler, G. (Hrsg.): Zur Bestimmung der Moral. Philosophische und sozialwissenschaftliche Beiträge zur Moralforschung. Frankfurt/M. 1986.

Edschmidt, U.: „Das faule Lenchen". Kritische Rezeption audiovisueller Medien im Deutschunterricht (3. Schj.). In: Heuser, M. (Hrsg.): Frauen – Sprache – Literatur. Fachwissenschaftliche Forschungsansätze und didaktische Modelle und Erfahrungsberichte für den Deutschunterricht. Paderborn u.a. 1982, S. 169-180.

Enders-Dragässer, U./Fuchs-Müseler, C.: Der heimliche Lehrplan der Geschlechtererziehung in der Schule am Beispiel der Interaktion. In: Prengel, A. et al (Hrsg.): Schulbildung und Gleichberechtigung. Frankfurt/M. 1987, S. 187-201.

Enders-Dragässer, U./Fuchs, C.: Interaktionen und Beziehungsstrukturen in der Schule. Eine Untersuchung an hessischen Schulen im Auftrag des Hessischen Instituts für Bildungsplanung und Schulentwicklung. Frankfurt und Wiesbaden 1988.

Erikson, E.H.: Kindheit und Gesellschaft (1950). Stuttgart 1974.

Erikson, E.H.: Identität und Lebenszyklus (1959). Frankfurt/M. 1973.

Erler, G. et al.: Kind? Beruf? Oder Beides? Brigitte Untersuchung 88. Hamburg und München 1988.

Faulstich-Wieland, H.: Geschlechterverhältnisse und neue Technologien: neue Probleme in der Schule. In: Prengel, A. et al: Schulbildung und Gleichberechtigung. Frankfurt/M. 1987, S. 239-245.

Fend, H. et al.: Sozialisationseffekte der Schule. Weinheim u. Basel 1976.

Fichera, U.: Schluß mit den sexistischen Stereotypen in Schülbüchern! Gedanken zu frauenorientierten Darstellungen von Mädchen und Frauen in Unterrichtsmaterialien. In: Enders-Dragässer, U./Fuchs C. (Hrsg.): Frauensache Schule. Frankfurt/M. 1990.

Firestone, S.: Die sexuelle Revolution (1970). Frankfurt/M. 1975.

Foucault, M.: Sexualität und Wahrheit. Der Wille zum Wissen (1976). Bd. I. Frankfurt/M. 1979.

Frasch, H./Wagner, A.C.: „Auf Jungen achtet man einfach mehr...". In: Brehmer, I. (Hrsg.): Sexismus in der Schule. Weinheim 1982, S. 260-278.

Fried, L.: Ungleiche Behandlung schon im Kindergarten und zum Schulanfang? Sprachvermittelte Erziehung von Mädchen und Jungen. In: Horstkemper, M./Wagner-Winterhager, L. (Hrsg). Die Deutsche Schule. Zeitschrift für Erziehungswissenschaft, Bildungspolitik und pädagogische Praxis. Mädchen und Jungen – Männer und Frauen in der Schule. 1. Beiheft 1990, S. 61-76.

Frieze, I./Weiner, B.: Cue utilization and attributional judgements for success and failure. J. Pers., 39. 1971, S. 591-606.

Frommel, M.: Männliche Gerechtigkeitsmathematik versus weiblicher Kontextualismus. In: Archiv für Rechts- und Sozialphilosophie, Beiheft 44, 1991, S. 82-95.

Fuchs, C.: Das Muster kennen und verändern. In: Enders-Dragässer, U./ Fuchs, C. (Hrsg.): Frauensache Schule. Frankfurt/M. 1990, S. 369-376.

Gage, N.L./Berliner, D.C.: Pädagogische Psychologie. Weinheim und München 1986 (4).

Garbe, C.: Sophie oder die heimliche Macht der Frauen. Zur Konzeption des Weiblichen bei Jean-Jacques Rousseau. In: Brehmer, I. et al. (Hrsg.): Frauen in der Geschichte IV. „Wissen heißt leben..." Beiträge zur Bildungsgeschichte von Frauen im 18. und 19. Jahrhundert. Düsseldorf 1983, S. 65-87.

Gerhard, U. et al. (Hrsg.): Differenz und Gleichheit. Menschenrechte haben (k)ein Geschlecht. Frankfurt/M. 1990.

Gerste, M.: Endlich gleich! Frauen fordern mehr Rechte in die Verfassung. In: DIE ZEIT vom 19.03.1993, S.1.

Gesetzes-Text Erläuterungen. Das Gesetz zum Schutz der Jugend in der Öffentlichkeit. Land Schleswig-Holstein. Essen 1985.

Geulen, D.: Das vergesellschaftete Subjekt. Zur Grundlegung der Sozialisationstheorie. Frankfurt/M. 1977.

Gilligan, C.: Die andere Stimme. Lebenskonflikte und Moral der Frau (1982). München 1988 (3).

Gilligan, C.: Themen der weiblichen und der männlichen Entwicklung in der Adoleszenz. In: Schweitzer, F./Thiersch, H. (Hrsg): Jugendzeit – Schulzeit. Von den Schwierigkeiten, die Jugendliche und Schule miteinander haben. Weinheim u. Basel 1983, S. 94-121.

Göttner-Abendroth, H.: Die Göttin und ihr Heros. Die matriarchalen Religionen in Mythos, Märchen und Dichtung. München 1980.

Göttner-Abendroth, H.: Die tanzende Göttin. Prinzipien einer matriarchalen Ästhetik. München 1984 (2).

Goffman, E.: Stigma. Über Techniken der Bewältigung beschädigter Identität (1963). Frankfurt/M. 1988 (8).

Griffin, S.: Frau und Natur. Frankfurt/M. 1987.

Großmaß, R.: Feminismus im Schoß der Familie. Kritische Überlegungen zu Chodorow's „Erbe der Mütter". In: Großmaß, R./Schmerl, C. (Hrsg.): Feministischer Kompaß, patriarchales Gepäck. Frankfurt/New-York 1989, S. 172-210.

Grubitzsch, H.: „Wissen heißt leben..." Der Kampf der Frauen um die Bildung zu Beginn des 19. Jahrhunderts ((Frankreich). In: Brehmer, I. et al. (Hrsg.): Frauen in der Geschichte IV. „Wissen heißt leben..." Beiträge zur Bildungsgeschichte von Frauen im 18. und 19. Jahrhundert. Düsseldorf 1983, S. 172-202.

Guentherodt, I: Behördliche Sprachregelungen gegen und für eine sprachliche Gleichbehandlung von Frauen und Männern. In: Heuser, M. (Hrsg.): Frauen – Sprache – Literatur. Fachwissenschaftliche Forschungsansätze und didaktische Modelle und Erfahrungsberichte für den Deutschunterricht. Paderborn u.a. 1982, S. 60-76.

Habermas, J.: Stichworte zu einer Theorie der Sozialisation (1968). In: ders. (Hrsg.) : Kultur und Kritik. Frankfurt/M. 1973, S. 118-194.

Hagemann-White, C.: Sozialisation: Weiblich-männlich? Opladen 1984.

Hampden-Turner, C.: Moral zwischen Angst und Gewissen. In: Psychologie Heute, Oktober 1982, S. 30-31.

Happe, G./Saurbier, H.: Kinder- und Jugendhilfegesetz. Texte jugend- und familienrechtlicher Vorschriften mit erläuternder Einführung. 18. Auflage. Köln u.a. 1990.

Harding, S.: Geschlechtsidentität und Rationalitätskonzeptionen. Eine Problemübersicht. In: List, E./Studer, H. (Hrsg.): Denkverhältnisse. Feminismus und Kritik. Frankfurt/M. 1989, S. 425-453.

Hausen, K.: Die Polarisierung der „Geschlechtscharaktere" – Eine Spiegelung der Dissoziation von Erwerbs- und Familienleben. In: Conze, W. (Hrsg.): Sozialgeschichte der Neuzeit Europas. Neue Forschungen. Stuttgart 1976, S. 363-393.

Heddadeus, E.: Jugendbehörde und Erziehungsheime. In: Schaffstein/Schüler-Springorum (Hrsg.): Kriminologische Studien Band 33. Göttingen 1980.

Heinsohn, G./Knieper, R.: Theorie des Familienrechts. Geschlechtsrollenaufhebung, Kindesvernachlässigung, Geburtenrückgang. Frankfurt/M. 1978.

Helle, H.J.: Verstehende Soziologie und Theorie der symbolischen Interaktion. Stuttgart 1977.

Hellinger, M. (Hrsg.): Sprachwandel und feministische Sprachpolitik: Internationale Perspektiven. Opladen 1985.

Hemmerich, W.: Die Ausgrenzung der Frauen aus Naturwissenschaft und Technik. In: Prengel, A. et al (Hrsg.): Schule und Gleichberechtigung. Frankfurt 1987, S. 247-254.

Herkner, W.: Attribution. Psychologie der Kausalität. In: ders. (Hrsg.): Attribution. Psychologie der Kausalität. Bern u.a. 1980, S. 11-86.

Heuser, M.: Mädchen – Jungen. Nachdenken über sich auch im Deutschunterricht. In: dies. (Hrsg.): Frauen – Sprache – Literatur. Fachwissenschaftliche Forschungsansätze und didaktische Modelle und Erfahrungsberichte für den Deutschunterricht. Paderborn u.a. 1982, S. 131-158.

Hoeppel, R.: Geschlechtsspezifische Sozialisation als Thema der Frauenforschung – Ergebnisse, Probleme und Perspektiven. In: Zeitschrift Frauenforschung 9. Jg., Heft 3, 1991, S. 1-14.

Horstkemper, M./Wagner-Winterhager, L. (Hrsg. Die Deutsche Schule. Zeitschrift für Erziehungswissenschaft, Bildungspolitik und pädagogische Praxis. Mädchen und Jungen – Männer und Frauen in der Schule. 1. Beiheft 1990.

Hubbard, R.: Hat die Evolution die Frauen übersehen? In: List, E./Studer, H. (Hrsg.): Denkverhältnisse. Feminismus und Kritik. Frankfurt/M. 1989, S. 301-333.

Hurrelmann, K.: Geschlechtstypische Sozialisation. In: Zeitschrift für Sozialisationsforschung und Erziehungssoziologie. 1988 Heft 2, S. 82-84.

Irigaray, L.: Speculum. Spiegel des anderen Geschlechts. Frankfurt/M. 1980.

Ickes, W./Layden, M.A.: Attributional styles. In: Harvey, H.J. et al. (Hrsg.): New directions in attribution research. Bd. 2, Hillsdale N.J. 1978, S. 119-152.

Jacobi-Dittrich, J.: „Hausfrau, Gattin und Mutter". Lebensläufe und Bildungsgänge von Frauen im 19. Jahrhundert. In: Brehmer et al. (Hrsg.): Frauen in der Geschichte IV. „Wissen heißt leben...". Beiträge zur Bildungsgeschichte von Frauen im 18. und 19. Jahrhundert. Düsseldorf 1983, S. 262-281.

Janssen-Jurreit, M.: Sexismus. München u. Wien. 1978 (3).

Jauch, U.P.: Immanuel Kant zur Geschlechterdifferenz. Aufklärerische Vorurteilskritik und bürgerliche Geschlechtsvormundschaft. Wien 1988.

Kämpf-Jansen, H.: He-man wird Vater und Barbie wird Bildhauerin. Über den Umgang mit geschlechtsspezifischen Leitbildern. In: Feminin – Maskulin. Friedrich Jahresheft VII. 1989, S. 124-129.

Kavemann, B.: Stellungnahme zur Anhörung des Bundesratsausschusses für Frauen und Jugend am 4.3.1992 zur Änderung von §§ 175 und 182 StGB. In: STREIT. Feministische Rechtszeitschrift 3/92, S. 105-108.

Kelley, H.H.: Attribution theory in social psychology. In: Levine, D. (Hrsg.): Nebraska symposium on motivation, Bd. 15. Lincoln 1967, S. 192-238.

Keniston, K.: Entwicklung der Moral, jugendlicher Aktivismus und moderne Gesellschaft. In: Döbert, R. et al. (Hrsg.): Entwicklung des Ichs. Köln 1977, S. 294-306.

Klann, G.: Weibliche Sprache – Identität, Sprache und Kommunikation von Frauen. In: Osnabrücker Beiträge zur Sprach-Theorie (OBST) 8./Osnabrück, 1978, S. 9-62.

Klann-Delius, G.: Thesen über: Geschlechtszugehörigkeit und Sprachlernen in Elternhaus und Schule. In: Heuser, M. (Hrsg.) Frauen – Sprache – Literatur. Fachwissenschaftliche Forschungsansätze und didaktische Modelle und Erfahrungsberichte für den Deutschunterricht. Paderborn u.a. 1982, S. 77-83.

Klein, R.: Frauenfeindlichkeit im Biologieunterricht: Die neuen Fortpflanzungstechniken. In: Enders-Dragässer, U./Fuchs, C. (Hrsg.): Frauensache Schule. Frankfurt/M. 1990, S. 300-330.

Kohlberg, L.: Zur kognitiven Entwicklung des Kindes. Frankfurt/M. 1974.

Kohlberg, L./Boyd, D.R./Levine, C.: Die Wiederkehr der sechsten Stufe: Gerechtigkeit, Wohlwollen und der Standpunkt der Moral. In: Edelstein, W./ Nunner-Winkler, G. (Hrsg.): Zur Bestimmung der Moral. Philosophische und sozialwissenschaftliche Beiträge zur Moralforschung. Frankfurt/M. 1986, S. 205-240.

Kopp-Degethoff, H.: Zur Theorie und Praxis feministischer Pädagogik. In: Franck, N. et al. (Hrsg.): Schulperspektiven. Argument Sonderband 148. Berlin/Hamburg 1988, S. 138-156.

Krappman, L.: Soziologische Dimension der Identität. Stuttgart 1982 (6).

Kraul, M.: Geschlechtscharakter und Pädagogik: Mathilde Vaerting (1884-1977). Zeitschrift für Pädagogik, 33. Jg. Nr. 4, 1987, S. 475-489.

Kristeva, J.: Die Revolution der poetischen Sprache. Frankfurt/M. 1978.

Kuhn, A.: Frauengeschichte und die geschlechtsspezifische Identitätsbildung von Mädchen. Ansätze zu einem frauengeschichtlichen Curriculum. In: Kuhn, A./Tornieporth, G. (Hrsg.): Frauenbildung und Geschlechtsrolle. Historische und erziehungswissenschaftliche Studien zum Wandel der Frauenrolle in Familie und Gesellschaft. Gelnhausen u.a 1980, S. 69-144.

Kuhn, A./Wolpe A.: Feminism and Materialism. Boston, London & Henley 1981.

Lakoff, R.: Language and Woman's Place. New York 1975.

Lambrou, U.: Mädchen – Jungen. Rollentausch: Lernen durch eigene Erfahrung (9. Schj.). In: Heuser, M. (Hrsg.): Frauen – Sprache – Literatur. Fachwissenschaftliche Forschungsansätze und didaktische Modelle und Erfahrungsberichte für den Deutschunterricht. Paderborn u.a. 1982, S. 181-190.

Landweer, H.: ‚Weibliche Identität': Selbstaffirmation als Geschlecht. In: Pschychologie und Gesellschaftskritik, Jg. 11 Heft 1. Gießen 1987, S. 83-102.

Laux, L./Weber, H.: Gordon W. Allport. In: Herrmann, T./Lantermann, E.-D. (Hrsg.): Persönlichkeitspsychologie. München u.a. 1985, S. 239-249.

Lenz, I.: Fühlen, Einfühlen und weibliche Sprache. In: Osnabrücker Beiträge zur Sprach-Theorie (OBST) 9./Osnabrück 1979, S. 25-37.

Levy, R.: Der Lebenslauf als Statusbiographie. Die weibliche Normalbiographie in makrosoziologischer Perspektive. Stuttgart 1977.

Lexikon zur Soziologie. Fuchs, W. et al (Hrsg.). Opladen 1988.

List, E.: Denkverhältnisse. Feminismus als Kritik. In: List, E./Studer, H. (Hrsg.): Denkverhältnisse. Feminismus und Kritik. Frankfurt/M. 1989, S. 7-34.

Loch, W.: Die pädagogische Funktion der Sprache. In: Schwartländer, J. (Hrsg.): Verstehen und Vertrauen. Stuttgart u.a. 1968, S. 88-98.

Loch, W.: Sprache. In: Speck, J./Wehle, G. (Hrsg.): Handbuch pädagogischer Grundbegriffe, Bd.II. München 1970, S. 481-528.

Loevinger, J.: Zur Bedeutung und Messung von Ich-Entwicklung. In: Döbert, R. et al. (Hrsg.): Entwicklung des Ichs. Köln 1977, S. 150-168.

Lonzi, C.: Die Lust, Frau zu sein. Berlin 1975.

Lott, B.: Becoming a Woman. The Socialization of Gender. Springfield 1981.

Maccoby, E. E./Jacklin, C. N.: The Psychology of Sex Differences. Stanford 1974.

Macha, H.: Pädagogisch-anthropologische Theorie des Ich. Bad Heilbrunn/ Obb. 1989.

Macha, H.: Sind Aggressionen geschlechtsspezifisch? Pädagogische Reflexionen. Unveröffentl. Manuskript. Universität Augsburg 1992.

MacKinnon, C.A.: Feminismus, Marxismus, Methode und der Staat: Ein Theorieprogramm. In: List, E./Studer, H. (Hrsg.): Denkverhältnisse. Feminismus und Kritik. Frankfurt/M. 1989. S. 86-132.

Maihofer, A.: Gleichheitsverständnis und Geschlechterdifferenz. Zum Gleichheitsverständnis des Art. 3 des Grundgesetzes und zur Verfassungsdiskussion der Frauen. In: STREIT. Feministische Rechtszeitschrift, 2/91, S. 51-54.

Mead, G.H.: Geist, Identität und Gesellschaft (1934). Franfurt/M. 1973.

Menschik, J.: Gleichberechtigung oder Emanzipation? Die Frau im Erwerbsleben der Bundesrepublik. Frankfurt/M. 1974.

Metz-Göckel, S.: Licht und Schatten der Koedukation. Eine alte Debatte neu gewendet. In: Zeitschrift für Pädagogik, 33. Jg. 1987, Nr. 4, S. 455-474.

Metz-Göckel, S./Müller, U.: Der Mann. Weinheim 1986.

Meyer, A.: Wilhelm von Humboldt (1767-1835). In: Scheuerl, H. (Hrsg.): Klassiker der Pädagogik I. München 1979, S. 198-216.

Milhoffer, P.: Frauenrolle und Familienrecht. Eine Untersuchung zur Entstehung und Funktion weiblicher Unterprivilegierung. In: Claessens, D./Milhoffer, P. (Hrsg.): Familiensoziologie. Ein Reader als Einführung. Königstein/Ts. 1980 (5), S. 157-178.

Mitscherlich, M.: Die friedfertige Frau. Eine psychoanalytische Untersuchung zur Aggression der Geschlechter. Frankfurt/M. 1987.

Mitscherlich-Nielsen, M.: Gegen männliche Werte und weibliche Anpassung. In: Psychologie Heute, Special: Frauen, war das wirklich alles? Weinheim 1987, S. 32-35.
Modelle der offenen Hilfen zur Erziehung. Schriftenreihe des Bayerischen Staatsministeriums für Arbeit und Sozialordnung zur Jugendhilfe in Bayern. Heft Nr. 2.
Möbius, P.J.: Über den physiologischen Schwachsinn des Weibes. Halle 1905 (7).
Morgan, R.: Going too Far. The Personal Chronicle of a Feminist. New York 1978.
Mühlen-Achs, G.: Feministische Kritik der Schul- und Unterrichtsforschung. In: Prengel, A. et al. (Hrsg.): Schulbildung und Gleichberechtigung. Frankfurt/M. 1987, S. 173-185.
Nadig, M.: Der feministische Umgang mit der Realität und die feministische Forschung. In: Brede, K. et al. (Hrsg.): Befreiung zum Widerstand. Aufsätze zu Feminismus, Psychoanalyse und Politik. Frankfurt/M. 1987, S. 162-171.
Nagl-Docekal, H.: Was ist feministische Philosophie? In: dies. (Hrsg.): Feministische Philosophie. Wien und München 1990, S. 7-39.
Navé-Herz, R.: Das Angebot weiblicher Identifikationsmodelle in Lesebüchern. Materialien zur Politischen Bildung. Heft 4, 1978, S. 93-99.
Nestmann, F./Schmerl, C.: Das Geschlechterparadox in der Social Support-Forschung. In: Schmerl, C./Nestmann, F. (Hrsg.): Ist Geben seliger als Nehmen? Frauen und Social Support. Frankfurt/New York 1990, S. 7-35.
Nölleke, B.: In alle Richtungen zugleich. Denkstrukturen von Frauen. München 1985.
Nunner-Winkler, G.: Ein Plädoyer für einen eingeschränkten Universalismus. In: Edelstein, W./Nunner-Winkler, G. (Hrsg.): Zur Bestimmung der Moral. Philosophische und sozialwissenschaftliche Beiträge zur Moralforschung. Frankfurt/M. 1986, S. 126-144.
Oberlies, D.: Unausgereift und aus Mangel an Erfahrung – Überlegungen zu dem vom Bundesjustizministerium vorgelegten Referentenentwurf für eine einheitliche Jugendschutzvorschrift. In: STREIT. Feministische Rechtszeitschrift 3/92, S. 99-102.
Ohde, J.: Kinderbetreuung in Deutschland. Bigitte Untersuchung '92. Hamburg 1992.
Ohlms, U.: Und drinnen waltet die züchtige Hausfrau... Das Mädchen und Frauenbild in Grundschulbüchern. In: DJI Materialien, Arbeitsgruppe Elternarbeit (Hrsg.) Band 12: Die Schule lebt. Frauen bewegen die Schule. München 1984, S. 131-161.
Olivier, C.: Jokastes Kinder. Die Psyche der Frau im Schatten der Mutter 1980. Düsseldorf 1988 (10).
Olt, R.: Geschlecht und Grammatik. In: Franfurter Allgemeine Zeitung v. 6.1.1990.
Parsons, T.: Der Stellenwert des Identitätsbegriffs in der allgemeinen Handlungstheorie. In: Döbert, R. et al. (Hrsg.): Entwicklung des Ichs. Köln 1977, S. 68-88.
Peter-Pelikan Brief 1-36. Mental-Health-Gruppe München e.V. (Hrsg.) mit Unterstützung des Bundesministeriums für Jugend, Familie und Gesundheit und des Bayerischen Staatsministeriums für Arbeit und Sozialordnung. Gräfelfing bei München 1981-1985.
Peter-Pelikan Briefe: Begleitbriefe: 1.-7. Brief zur Verkehrserziehung. Mental-Health-Gruppe München e.V. (Hrsg.) in Zusammenarbeit mit dem Bundesminister

für Verkehr, Bonn-Bad Godesberg und der Deutschen Verkehrswacht e.V., Bonn-Beutel. Gräfelfing bei München. München 1977-1983.
Piaget, J.: Das moralische Urteil beim Kinde (1932). Frankfurt/M. 1973.
Piaget, J.: Die moralische Regel beim Kind. In: Bertram, H. (Hrsg.): Gesellschaftlicher Zwang und moralische Autonomie. Frankfurt/M. 1986, S. 106-117.
Pongratz, L.J.: Problemgeschichte der Psychologie (1967). München, 1984 (2).
Prange, K.: Pädagogik als Erfahrungsprozeß, Bd. 3. Die Pathologie der Erfahrung. Stuttgart 1981.
Prange, K.: Gibt es ein Naturrecht der Erziehung? Über den Rückzug der Pädagogik aus den Institutionen. In: König, E./Zedler, P. (Hrsg.): Rezeption und Verwendung erziehungswissenschaftlichen Wissens in pädagogischen Handlungs- und Entscheidungsfeldern. Weinheim 1989, S. 125-141.
Prange, K.: Aufklärung unter Vorbehalt. Motive der Gegenaufklärung in der Erziehung. In: Vierteljahrsschrift f. wiss. Pädagogik, Jg. 66, 1990, S. 18-30.
Prange, K.: Geschlecht und Erziehung. Unveröffentlichtes Vorlesungsmanuskript. Universität Tübingen 1991.
Prengel, A: Gleichberechtigung – Ein utopisches Ziel von Schulpädagogik und Lehrer/innenbildung. In: Prengel, A. et al. (Hrsg.): Schulbildung und Gleichberechtigung. Frankfurt/M. 1987, S. 25-36.
Prengel, A: Utopie wäre ein Miteinander des Verschiedenen. In: Prengel, A. et al. (Hrsg.): Schulbildung und Gleichberechtigung. Frankfurt/M. 1987b, S. 13-15.
Prokop, U.: Weiblicher Lebenszusammenhang. Von der Beschränktheit der Strategien und der Unangemessenheit der Wünsche. Frankfurt/M. 1980 (3).
Puka, B.: Vom Nutzen und Nachteil der Stufe 6. In: Edelstein, W./Nunner-Winkler, G. (Hrsg.): Zur Bestimmung der Moral. Philosophische und sozialwissenschaftliche Beiträge zur Moralforschung. Frankfurt/M. 1986, S. 241-290.
Pusch, L.F.: Das Deutsche als Männersprache – Diagnose und Therapievorschläge. In: Linguistische Berichte 69. 1980, S. 59-74.
Pusch, L.F.: Feminismus und Frauenbewegung – Versuch einer Begriffsklärung. In: Pusch, L.F. (Hrsg.): Feminismus. Inspektion der Herrenkultur. Frankfurt/M. 1983, S. 9-17.
Pusch, L.F.: Das Deutsche als Männersprache. Aufsätze und Glossen zur feministischen Linguistik. Frankfurt/M. 1984.
Pusch, L.F.: Alle Menschen werden Schwestern. Frankfurt/M. 1990.
Reble, A.: Geschichte der Pädagogik (1951). Stuttgart 1989 (15).
Reble, A.: Geschichte der Pädagogik. Dokumentationsband (1971). Stuttgart 1992 (2).
Ribbert, F.: Jugendrecht, Jugendhilfe. Teil II: Gesetzestexte. Paderborn 1976.
Rich, A.: Von Frauen geboren. Mutterschaft als Erfahrung und Institution. München 1979.
Riedel, H.: Jugendwohlfahrtsgesetz. Kommentar. Berlin 1965 (4).
Riedel, H./Deisenhofer, U.: Jugendwohlfahrtsrecht. Textausgaben mit Erläuterungen und Sachregister. München 1983 (10).

Riemann, I./Simmel, M.: Bildung zur Weiblichkeit durch soziale Arbeit. In: Brehmer et al. (Hrsg.): Frauen in der Geschichte IV. „Wissen heißt leben...". Beiträge zur Bildungsgeschichte von Frauen im 18. und 19. Jahrhundert. Düsseldorf 1983, S. 133-144.

Rohlfs, D.: „Bei uns kocht immer Mama!" Männliches und weibliches Rollenverhalten im Bilderbuch. In: Thiele, J. (Hrsg.): Bilderbücher entdecken. Untersuchungen, Materialien und Empfehlungen zum kritischen Gebrauch einer Buchgattung. Oldenburg 1985, S. 57-106.

Rosenthal, R./Jacobson, L.: Pygmalion im Unterricht (1968). Weinheim u.a. 1971.

Rousseau, J.-J.: Emil oder Über die Erziehung (1762). Paderborn 1975 (3).

Rucht, D.: Erwachsen werden. Eine Studie über Identitätsprobleme von Gymnasiasten. München 1979.

Schaeffer-Hegel, B.: Immer wieder „miese" Rolle! Kritik an Unterrichtsmaterialien zum Thema „Frau" und wie es anders gemacht werden könnte. In: DJI Materialien, Arbeitsgruppe Elternarbeit (Hrsg.) Band 12: Die Schule lebt. Frauen bewegen die Schule. München 1984, S. 126-130.

Schaeffer-Hegel, B.: Plädoyer und Thesen für ein feministisches Bildungskonzept. In: Prengel, A. et al. (Hrsg.): Schulbildung und Gleichberechtigung. Frankfurt/M. 1987, S. 121-129.

Scheffler, I.: Die Sprache der Erziehung. Düsseldorf 1971.

Schenk, H.: Frauen kommen ohne Waffen. Feminismus und Pazifismus. München 1983.

Schirmacher, K.: Der Sexualismus in der Sprache (1906). In: Frauen & Schule. Zeitschrift für Mädchen- und Frauenbildung Nr. 22. 7. Jg., August 1988, S. 8-10.

Schlüter, A.: Neue Hüte – alte Hüte? Gewerbliche Berufsbildung für Mädchen zu Beginn des 20. Jahrhunderts – Zur Geschichte ihrer Institutionalisierung. Düsseldorf 1987.

Schlüter, H.: Grundkurs der Rhetorik. München 1986 (10).

Schmerl, C.: Sozialisation und Persönlichkeit. Zentrale Beispiele zur Soziogenese menschlichen Verhaltens. Stuttgart 1978.

Schmerl, C.: Die Gewalt der Bilder – Frauenfotografie im Patriarchat. In: Pusch, L.F. (Hrsg.) Feminismus. Inspektion der Herrenkultur. Frankfurt/M. 1983, S. 233-258.

Schmerl, C.: Sexismus. In: Fuchs, W. et al. (Hrsg.): Lexikon zur Soziologie. Opladen 1988 (2), S. 689-690.

Schmid, P.: Wesen statt Wissen. Zu Voraussetzungen bürgerlicher Konzepte von Mädchenbildung. In: Prengel, A. et al. (Hrsg.): Schulbildung und Gleichberechtigung. Frankfurt/M. 1987, S. 131-135.

Schmidt, G. R.: Friedrich Schleiermacher (1768-1834). In: Scheuerl, H. (Hrsg.): Klassiker der Pädagogik I. München 1979, S. 217-233.

Schräpel, B.: Nicht – sexistische Sprache und soziolinguistische Aspekte von Sprachwandel und Sprachplanung. In: Hellinger, M. (Hrsg.): Sprachwandel und feministische Sprachpolitik: Internationale Perspektiven. Opladen 1985, S. 212-230.

Schreiner, G.: Die Herausforderung durch die „andere Stimme“. Zur Konstruktion einer weiblichen Moral durch Carol Gilligan. In: Zeitschrift für Pädagogik, 33. Jg. 1987, Nr. 2, S. 237-246.

Schriftenreihe des Bundesministers für Jugend, Familie und Gesundheit. Band 13, „Mehr Chancen für die Jugend“. Stuttgart 1974.

Schröder, H.: Olympe de Gouges` ‚Erklärung der Rechte der Frau und Bürgerin‘ (1791). In: Nagl-Docekal (Hrsg.): Feministische Philosophie. Wien/München 1990, S. 202-228.

Schultz, D.: Ein Mädchen ist fast so gut wie ein Junge. Sexismus in der Erziehung. Interviews, Berichte, Analysen 1. Berlin 1980 (2).

Schultz-Medow, E.: Nehmen Sie kein Blatt vor den Mund. Reinbek bei Hamburg 1988.

Schwarzer, A.: Der kleine Unterschied und seine großen Folgen. Frankfurt/M. 1977.

Schwarzmann, J.: Die Verwahrlosung der weiblichen Jugendlichen. Entstehung und Behandlungsmöglichkeiten. München/Basel 1975.

Schwarzrock, U.: Frauenemanzipation als Thema eines Deutschkurses in der reformierten Oberstufe. In: Heuser, M. (Hrsg.): Frauen – Sprache – Literatur. Fachwissenschaftliche Forschungsansätze und didaktische Modelle und Erfahrungsberichte für den Deutschunterricht. Paderborn u.a. 1982, S. 221-234.

Segal, L.: Ist die Zukunft weiblich? Probleme des Feminismus heute. Frankfurt/M. 1989.

Seidenspinner, G./Burger, A.: Mädchen ’82. Eine Untersuchung im Auftrag der Zeitschrift „Brigitte“. Hamburg 1982.

Seligmann, M.E.P.: Erlernte Hilflosigkeit (1975). München u. Weinheim 1986 (3).

Sherman, J. A.: Sex-Related Cognitive Differences. An Essay on Theory and Evidence. Springfield 1978.

Sichtermann, B.: Weiblichkeit. Berlin 1983.

Simmel, M.: Erziehung zum Weibe. Mädchenbildung im 19. Jahrhundert. Frankfurt/M. 1980.

Smaus, G.: Reproduktion der Frauenrolle im Gefängnis. In: STREIT. Feministische Rechtszeitschrift 1/91, S. 23-33.

Snyder, M. L./Stephan, W. G./Rosenfield, D.: Selbstgefälligkeit und Attribution (1976). In: Herkner, W. (Hrsg.): Attribution. Psychologie der Kausalität. Bern u.a. 1980, S. 209-221.

Spender, D.: Frauen kommen nicht vor (1982). Frankfurt/M. 1985.

Spender, D.: Mit Aggressivität zum Erfolg: Über den doppelten Standard, der in den Klassenzimmern operiert. In: Trömel-Plötz, S. (Hrsg.): Gewalt durch Sprache (1984). Frankfurt/M. 1990, S. 71-89.

Spranger, E.: Stufen der Liebe. Über Wesen und Kulturaufgaben der Frau. Tübingen 1965.

Steinbrügge, L.: Die Aufteilung des Menschen. Zur anthropologischen Bestimmung der Frau in Diderots Encyclopedie. In: Brehmer et al. (Hrsg.): Frauen in der Geschichte IV. „Wissen heißt leben...“. Beiträge zur Bildungsgeschichte von Frauen im 18. und 19. Jahrhundert. Düsseldorf 1983, S. 51-64.

Steuber, H.: Jugendverwahrlosung und Jugendkriminalität. Stuttgart 1987.

Strauss, A.L.: Spiegel und Masken. Die Suche nach Identität (1959). Frankfurt/M. 1974.

Streufert, S./Streufert, S.C.: Effects of conceptual structure, failure, and success on attribution of causality and interpersonal attitudes. J. Pers. Soc. Psychol., 11. 1969, S. 138-147.

Stubbe, J.: Wir können alles! Unterrichtsmodell für den Anfangsunterricht. In: Heuser, M. (Hrsg.): Frauen – Sprache – Literatur. Fachwissenschaftliche Forschungsansätze und didaktische Modelle und Erfahrungsberichte für den Deutschunterricht. Paderborn u.a. 1982, S. 159-168.

Swoboda, E.: „Es ist an der Zeit für eine neue Frauenbewegung" (Zitat aus dem Müttermanifest) – aber es ist alles schon einmal dagewesen. In: Beiträge zur feministischen Theorie und Praxis. Mamalogie 21/22, Köln 1988, S. 29-41.

Tenorth, H.-E.: Geschichte der Erziehung. Einführung in die Grundzüge ihrer neuzeitlichen Entwicklung. Weinheim und München 1988.

Tillmann, K.-J.: Sozialisationstheorien. Eine Einführung in den Zusammenhang von Gesellschaft, Institution und Subjektwerdung. Reinbek b. Hamburg 1990.

Treichler, P./Kramarae, C.: „Women`s Talk in the Ivory Tower". In: Communication Quaterly, Vol. 31, No. 2. 1983, S. 118-132.

Trömel-Plötz, S.: Sprache, Geschlecht und Macht. In: Heuser, M. (Hrsg.): Frauen – Sprache – Literatur. Fachwissenschaftliche Forschungsansätze und didaktische Modelle und Erfahrungsberichte für den Deutschunterricht. Paderborn u.a. 1982, S. 31-42.

Trömel-Plötz, S.: Frauensprache: Sprache der Veränderung (1982). Frankfurt/M. 1987.

Trömel-Plötz, S. (Hrsg.): Gewalt durch Sprache. Frankfurt/M. 1990.

Trömel-Plötz, S., et al.: Richtlinien zur Vermeidung sexistischen Sprachgebrauchs. In: Heuser, M. (Hrsg.): Frauen – Sprache – Literatur. Fachwissenschaftliche Forschungsansätze und didaktische Modelle und Erfahrungsberichte für den Deutschunterricht. Paderborn u.a. 1982, S. 84-90.

Vaerting, M.: Neubegründung der Psychologie von Mann und Weib. I. Band. Die weibliche Eigenart im Männerstaat und die männliche Eigenart im Frauenstaat (1921). Berlin 1975, Nachdruck 1980.

Volkmann S.: Die Dame mit der Wölfin – Frauenbilder der Jahrhundertwende. In: Frauenforschungsgruppe des ASTA-Frauen-Referats der Universität zu Köln (Hrsg.): Frauen & Wissenschaft. Ringvorlesung. Dokumentation der Vorträge aus dem Sommersemester 1984. Köln 1984, S. 165-180.

Wagner, A.C.: Der Männerbonus in Diskussionen. In: Psychologie Heute, Februar 1984, S. 7-8.

Wagner, A.C et al.: Geschlecht als Statusfaktor in Gruppendiskussionsverhalten von Studentinnen und Studenten – eine empirische Untersuchung. In: Linguistische Berichte /71. 1981, S. 8-25.

Wagner-Winterhager, L.: Gibt es Unterschiede im Denken und moralischen Urteilen von Männern und Frauen? In: Horstkemper, M./Wagner-Winterhager, L. (Hrsg.):

Die Deutsche Schule. Zeitschrift für Erziehungswissenschaft, Bildungspolitik und Pädagogische Praxis. 1. Beiheft 1990, S. 8-16.

Wallwork, E.: Moralentwicklung bei Durkheim und Kohlberg. In: Bertram, H. (Hrsg.): Gesellschaftlicher Zwang und moralische Autonomie. Frankfurt/M. 1986, S. 163-191.

Watzlawick, P.: Wie wirklich ist die Wirklichkeit? München 1977.

Weedon, C.: Wissen und Erfahrung. Feministische Praxis und poststrukturalistische Theorie. Zürich 1991 (2).

Weiner, B.: Theories of motivation: From mechanism to cognition. Chicago 1972.

Weininger, O.: Geschlecht und Charakter. Wien 1922.

Werner, F.: Gesprächsarbeit und Themenkontrolle. In: Linguistische Berichte/71. 1981, S. 26-45.

Werner, F.: Gesprächsverhalten von Männern und Frauen. Frankfurt 1983.

Wildt, C.: Weiblichkeit ist keine Befreiungsperspektive. In: Wolff, M. et al (Hrsg.): Dokumentation der 1. und 2. Heidelberger Frauenringvorlesung (SS 1985/86). Heidelberg 1987, S. 126-146.

Wortmann, R.: Heim, Knast – und dann? Frankfurt und New York 1978.

Young, I: Humanismus, Gynozentrismus und feministische Politik. In: List, E./Studer, H. (Hrsg.): Denkverhältnisse. Feminismus und Kritik. Frankfurt/M. 1989, S.37-65.

Zinnecker, J.: Emanzipation der Frau und Schulausbildung. Weinheim/Basel 1972.

Zinnecker, J.: Sozialgeschichte der Mädchenbildung. Weinheim/Basel 1973.